Karin Jäckel

Du bist doch mein Vater...

Der schockierende Bericht
eines Inzestopfers

Originalausgabe

WILHELM HEYNE VERLAG
MÜNCHEN

HEYNE SACHBUCH
Nr. 19/2037

Dieses Buch gehört
MARIE-CLAIRE
geboren am 27. Februar 1968
gestorben am 4. April 1980
weitergelebt in derselben Haut
aber
bin ICH das noch?

Redaktion: Bernhard Michalowski

Diesre Band erschien bereits unter der Titelnummer 10/48
in der Reihe »Report« und unter der Titelnummer 19/88
in der Sachbuchreihe.

Printed in Germany 1994
Umschlagillustration: Zentrale Farbbild Agentur GmbH, Düsseldorf / D. Mason
Umschlaggestaltung: Atelier Adolf Bachmann, Reischach
Satz: Fotosatz B. Hopfengärtner, München / Völkl, Puchheim
Druck und Verarbeitung: Ebner Ulm

ISBN 3-453-07809-8

Inhalt

Vorwort der Herausgeberin 7

Zu diesem Buch 17
von Dorothea Rula

Schluß mit dem Tabu 21

Wer sind die Täter – Wer sind die Opfer? 39
von Michael C. Baurmann

Das Tagebuch der Marie-Claire 44
Februar bis Oktober

Ein Mann darf schon mal 81

Bewußte Jungenarbeit und sexueller
Mißbrauch 81
von Rudi Slobodian

Das Tagebuch der Marie-Claire 90
Oktober bis Dezember

Nicht nur Lehrer sein 115

... sondern zumindest auch erzieherischer
Begleiter 116
von Gudrun Martiny

Das Tagebuch der Marie-Claire 121
Weihnachten

Schuldig ist letztlich der erwachsene Täter . . . 129

Brief eines Vaters 130

Das Tagebuch der Marie-Claire 135
Silvester bis April

Man hätte doch was merken müssen 167

Die Aufdeckung des sexuellen Mißbrauchs –
Krise und Chance 167
von Heinz Wolffram

Das Tagebuch der Marie-Claire 173
Juni bis Oktober

Männer können sich halt nicht beherrschen . . 199

Strukturen und Einstellungen,
die sexuelle Gewalt fördern 199
von Michael C. Baurmann

»Ich bin so froh, daß mein Baby ein Junge ist« ... 207
von Gerhard Clauss

»Vielleicht trägt er Handschellen« 231

Das Tagebuch der Marie-Claire 235
Juli, die Verhandlung

Marie-Claire war nicht gefragt worden 243

Männer mißbrauchen Mädchen –
Männer zerstören Frauen. – Warum? 245

Überlegungen zu einer Täter-Biographie 246
von Michael Heilemann

Die wichtigsten Beratungsstellen 260

Literaturverzeichnis 267

Vorwort

Ende des Jahres 1986 erfuhr ich erstmals nicht nur vom Hörensagen, sondern ganz persönlich und hautnah, Auge in Auge, von einem Mädchen, das von seinem leiblichen Vater vergewaltigt worden war. Fassungslos hörte ich zu, erahnte die unsägliche innere Verletztheit und Verlassenheit des bei den ersten Übergriffen des Vaters siebenjährigen Kindes und erkannte zugleich, daß diese Verletzungen noch immer, zwanzig Jahre danach, offene Wunden waren. Ohne die geringste Spur einer Vernarbung.

Niemandem hatte das Kind sich anvertraut. Es hatte nicht gewagt, von dem zu sprechen, was der Vater ihm antat, immer wieder, mit immer unbegreiflicherer böser Lust, in tagelangen Abständen erst, dann nahezu täglich. »Es ist unser Geheimnis«, hatte er gesagt. »Wenn du es sagst, hat dich keiner mehr lieb. Keiner wird dir glauben. Wenn du es sagst, bist du ein schlechtes Mädchen. Dann wird man dich wegbringen und in ein Heim für schlechte Kinder einsperren. Und keiner wird dich dort je wieder herausholen.«

Viele hatten bemerkt, daß sich das Mädchen veränderte. Daß es scheu wurde und nicht mehr lernen konnte, daß es seine Fingernägel abbiß und schrie, wenn es sich vor dem Schlafengehen nackt ausziehen und waschen sollte. Daß es wieder in die Hose machte und gierig nach allem Eßbaren war, daß es oft Bauchschmerzen hatte und Ausschlag am Mund bekam. Die Mutter hatte sich Sorgen gemacht und den Kinderarzt aufgesucht. Der hatte Cremes und Sälbchen verschrieben und von einer Allergie gesprochen und daß das Mädchen wohl eifersüchtig auf die soeben erst geborene kleine Schwester sei. Die Lehrerin hatte die Mutter angerufen und verwundert gefragt, warum das Mädchen nicht mehr mitturnen wolle, was denn geschehen, ob es wirklich krank sei. Dann brauche das Kind aber ein ärztliches Attest. Immer nur einfach so vom Sportunterricht befreien könne sie das Kind leider nicht. Da hatte die Mutter mit dem Vater gesprochen. Und der Vater hatte später zu dem Mädchen gesagt: »Es ist unser Geheimnis, vergiß es nicht. Ich helfe dir, aber nur, wenn du lieb zu mir bist!«

Das Mädchen hat geschwiegen. Aber irgendwie, irgendwann hat die Mutter doch einen Verdacht geschöpft. Sie hat es nie ausgesprochen, nie gefragt. Aber sie ließ das Mädchen spüren, daß sie es wußte. Und daß sie die eigene Tochter haßte. Was der Vater tat, war schlimm und grausam. Und hätte das Mädchen sich wehren können? Hätte es gewußt, daß es dazu ein Recht hatte, es hätte sich gewehrt. Doch die Mutter gab nicht dem Vater die Schuld. Sie schrie nicht in alle Welt hinaus, was er seinem Kind antat. Sie verließ ihn nicht, zeigte ihn nicht an. Sie schwieg und ließ damit zu, was er tat, denn für sie war dieses Mädchen nicht mehr ihr Kind. Es war nicht ihr unschuldiges Kind, dem der leibliche Vater bitteres Unrecht und grausamen Schaden zugefügt hatte. Nein, in den Augen der Mutter war dieses Mädchen eine weibliche Konkurrenz, eine Hure, die sich nicht schämte, der eigenen Mutter den Mann wegzunehmen. Und dieser Haß, die Tatsache, von der eigenen Mutter zutiefst verachtet und abgelehnt zu werden, war fast noch unerträglicher als der sexuelle Mißbrauch durch den Vater.

»Wie schlecht«, dachte das Mädchen, »wie schlecht und verdorben, wie so gar nicht wert zu leben muß ich sein, wenn mein Vater das Schlimmste mit mir tut, was ein Vater mit seinem Kind tun kann, und meine Mutter mich am liebsten nie geboren hätte.«

Aber das Mädchen dachte nicht: »Wie schlecht und verdorben, wie so gar nicht wert zu leben muß ein Mensch sein, der ein Kind sexuell mißbraucht!« Und zwanzig Jahre später, als das Mädchen längst eine Frau geworden war, konnte auch diese noch nicht ohne Gewissensbisse und panische Angst vor irgendwelchen schlimmen Folgen laut aussprechen: »Ich hasse meinen Vater!«

Das Gehörte ließ mich seit jenem Gespräch nicht mehr los. Wie war es möglich, daß Kinder so litten, auch in meiner unmittelbaren Nachbarschaft vielleicht, und niemand nahm es wahr? Warum nicht? Nur, weil die Familie etwas Unantastbares ist, weil man sich nicht in anderer Leute Angelegenheiten mischt, weil anderer Leute Kinder niemanden etwas angehen? Aber gehen sie uns wirklich nichts an? Wenn eines von ihnen auf der Straße stürzt oder den Heimweg nicht mehr findet, weil es sich verlaufen hat, hilft man ganz selbstverständlich. Ein Schuft, wer sich da gleichgültig abwenden wollte.

»Sexueller Mißbrauch ist ein gesellschaftliches Problem«, sagten viele Leute, mit denen ich zu diskutieren versuchte, und schoben eine wie auch immer geartete Beziehung dazu weit von sich. »Da hat der Gesetzgeber einzugreifen. Der einzelne kann da doch nichts machen. Stellen Sie sich vor, ich mache da so eine Beobachtung und renne damit gleich zur Polizei und zeige den Kerl an. Der zerpflückt mich hinterher doch in der Luft. Wie soll ich das denn jemals beweisen, was ich da behaupte? Da steht doch Aussage gegen Ausage.«

Ein gesellschaftliches Problem also. Aber damit kann ich mich nicht zufriedengeben. Jede Gesellschaft setzt sich aus Individuen zusammen. Nicht eine Masse ohne Namen und Gesicht bedient sich kleiner Mädchen und Jungen, um sexuelle Hemmungslosigkeit an ihnen auszutoben. Es sind einzelne. Sind Erwachsene, sind erschreckenderweise meist Väter und Brüder und Onkel und Großväter. Seltener, aber doch auch, sind es Mütter, Schwestern, Tanten. Fast alle, die es tun, bedienen sich der Unschuld von Kindern unter dem Deckmantel der Familie, des Freundeskreises. Und sind sicher darunter. Sicher, weil das Schweigen der Opfer und das Schweigen derer, die nichts sehen, nichts hören, nichts wissen wollen, sie schützt.

Ich begann zu lesen, was immer ich über sexuellen Mißbrauch von Kindern in die Finger bekommen konnte. Zunächst nur zur eigenen Information, bald aber schon mit dem Bewußtsein, daß Schweigen Verschweigen gleichkommt und mit schuld ist an dem, was sexuell mißbrauchten Kindern angetan wird. Für mich war die Zeit des Schweigens zu Ende. Von da an suchte ich gezielt und mit journalistischem Spürsinn nach anderen Betroffenen. Ich fand sie, überall und immer mehr, viel mehr, als ich erwartet hatte.

Eines Tages im Frühsommer 1987, als ich soeben an meinem ersten Buch über sexuellen Mißbrauch an Kindern, »Inzest – Tatort Familie«, schrieb, stieß ich auf Marie-Claire. »Vielleicht können Sie etwas damit anfangen«, sagte sie und legte mir schüchtern und unsicher und so, als wollte sie es bei dem geringsten verdächtigen Zug in meinem Gesicht wieder an sich reißen, einen dünnen, mit einem Wollfaden verschnürten Stapel verblichen blauer und schwarzer Schulhefte sowie ein poesialbumgroßes, ledergebundenes Büchlein mit zerschnittenem Schloß in den Schoß. »Es ist mein Tagebuch oder meine Tagebücher«, erklärte sie. »Ich habe sie noch nie jemandem gezeigt. Aber ich glaube, ich muß es jetzt tun. Ich will reden. Ich will, daß andere, die auch so gequält wurden wie ich, es erfahren und dann wissen, daß sie nicht allein sind, daß es Hilfe gibt, daß es aufhören kann.« Ich wagte nicht, den Wollfaden zu lösen, der die Hefte über dem ledernen Tagebuch festhielt. Marie-Claire tat es für mich. »Sie dürfen damit machen, was Sie wollen«, sagte sie. »Sie gehören Ihnen. Nur eines dürfen Sie nicht: Meinen Namen verraten. Ich will keine Reporter und keine Kameras und keine Leute, die auf der Straße mit dem Finger auf mich zeigen. Versprechen Sie mir das?« »Ich verspreche es!« sagte ich.

Marie-Claires Aufzeichnungen waren rasch eher verschlungen als gelesen. Trotzdem habe ich lange gezögert, dieses Tagebuch als Dokument eines sexuellen Mißbrauchs herauszugeben. Die teilweise sehr detaillierte Schilderung des Tatgeschehens schien mir eine Gratwanderung zwischen Grauen und perverser Lust. Wie leicht ließe sich der Text von dem einen oder anderen Leser, der einen oder anderen Leserin mißverstehen und ins Gegenteil dessen verkehren, was wirklich ausgesagt werden sollte!

Und dennoch: Gerade die Einmaligkeit des Dokuments, die zeitweilig unerträglich nahe an den Leser, die Leserin herangerückten Szenen des Mißbrauchs, rechtfertigen, ja erzwingen geradezu die Veröffentlichung. Wie anders, wenn nicht durch tiefe Erschütterung und persönliches Mitfühlen mit dem Kind Marie-Claire könnte eine stärkere und intensivere Sensibilisierung für das Grauen der Mißbrauchshandlung erzielt werden? Eine Sensibilisierung, deren es bei jedem Menschen in hohem Maße bedarf, damit für alle Kinder die Kindheit Kindheit bleibt und nicht täglich Tausenden durch das Überstülpen der Sexualität eines Erwachsenen zerstört wird. Marie-Claires Wunsch, ihre Geschichte als Mutmach-Geschichte zu verstehen, gab schließlich den Ausschlag für meine Entscheidung.

Ehe ich daran denken konnte, Marie-Claires Aufzeichnungen an die Öffentlichkeit zu bringen, mußten diese allerdings dringend überarbeitet werden. Die manchmal allzu kindlichen Formulierungen und auch die Chronologie der Berichterstattung waren zu korrigieren. Längen mußten gerafft und etliche der zu detailreichen Schilderungen übersprungen oder stark gekürzt werden. Hin und wieder galt es, Monate zu streichen, auf deren Handlungsabläufe im Sinne der Gesamthandlung verzichtet werden konnte. Anderes mußte aus Marie-Claires Erinnerung ergänzt werden. Endlich stand das Skript. Eine leichte Arbeit war es nicht.

Heute ist Marie-Claire, wie ich die junge Frau aus dem Tagebuch hier nenne, noch immer jung, doch erwachsen. Ihr Traumziel Abitur hat sie aufgrund der Turbulenzen ihrer Kindheit nicht erreicht. Da sie jedoch eine abgeschlossene praktische Berufsausbildung hat, nahm sie die Chance des zweiten Bildungsweges wahr. Auch dieser Weg liegt bereits hinter ihr. Seit einiger Zeit widmet sie sich beruflich verhaltensgestörten Kindern. Hier liegt, wie sie meint, ihre Bestimmung. Bei ihren Großeltern, die ihr nach dem Verlust des Elternhauses bereitwillig Schutz und Zuflucht boten, ist Marie-Claire inzwischen ausgezogen. Sie hat eine eigene kleine Wohnung angemietet, verbringt jedoch immer noch viel Zeit bei den Großeltern. Ohne die Gewißheit, bei ihnen immer willkommen zu sein, könnte Marie-Claire ihre Unabhängigkeit kaum ertragen.

Schwierig ist es bis zum heutigen Tag um Marie-Claires Seelenleben bestellt. Die Zeit des sexuellen Mißbrauchs durch ihren Vater läßt sich nicht einfach aus dem Gedächtnis streichen, aufarbeiten und abhaken. Da sind Erinnerungen wach, die zum Beispiel eine liebevolle Partnerbeziehung von der ersten Umarmung an belasten und immer wieder scheitern lassen. Angst vor der seelischen und mehr noch vor der körperlichen Ausdrucksform der Liebe ist nun einmal keine Basis für ein Leben zu zweit. Welches Leben aber ist ohne Liebe lebenswert?

Marie-Claire hat ihr Problem erkannt. Seit Jahren schon unterzieht sie sich regelmäßig einer psychotherapeutischen Behandlung. In Krisenzeiten, die einander oftmals mit nur Tage währenden Erholungspausen folgen, kann es sein, daß Marie-Claire jeden Morgen bei ihrer Therapeutin verbringt. Es ist ihr großes Glück, daß ihr Arbeitgeber viel Verständnis aufbringt, großzügig ist. Er ist einer der wenigen Männer, zu denen Marie-Claire Vertrauen gefaßt hat. In seiner Gegenwart bekommt sie fast nie vor Angst Schweißausbrüche und Atembeklemmungen. Nur im Fahrstuhl kann sie nicht einmal mit ihm zusammen fahren. Sie eilt lieber, wenn es sein muß, hundert Stockwerke zu Fuß hinauf und herunter, als auf engstem Raum mit einem Mann zusammen stehen zu müssen.

Die Gespräche mit ihrer Therapeutin helfen Marie-Claire, aus immer wieder über sie hereinbrechenden Depressionen herauszufinden und sich den Eindrükken der Vergangenheit zu stellen. »Ich habe mir ziemlich lange eingeredet, daß alles gar nicht so schlimm ist«, sagte sie in einem unserer ersten Gespräche. »Ich wollte einfach nicht wahrhaben, daß die Geschichte von damals bis jetzt und noch heute mit mir zu tun hat. Aber das ist falsch. Du mußt das alles mit dir abmachen. Du mußt dir immer wieder klar und bewußt machen, daß du es tatsächlich selbst, an deinem eigenen Körper und in deiner eigenen Seele erlebt hast und daß du nicht daran kaputtgegangen bist, sondern es irgendwie doch alles geschafft hast und jetzt mit all diesen Erfahrungen als relativ heiler Mensch neu durchstarten willst. Wobei der Gedanke, neu durchstarten zu wollen, sehr wichtig ist. Du mußt dir immer wieder ganz deutlich klarmachen, was du willst, und zwar, was du selbst willst. Das ist verdammt schwer und oft sogar so schwer, daß ich mich am liebsten in einem Erdloch verkriechen und nie mehr herauskommen möchte. Aber in solchen Augenblicken ist dann schon wieder die Frage da, was will ich, was will ich nicht. Will ich sterben und wirklich und wahrhaftig keine Freundin mehr sehen, keine Sonne mehr, keine Blume? Oder will ich bloß mal lange, lange schlafen, nicht nachdenken, abschalten und dann klammheimlich ins Leben zurückkehren? Wenn ich dann lange genug in mich reinhorche und meinen eigenen Wahrnehmungen trauen kann, weiß ich immer wieder, daß ich leben will, egal, wie schwer es ist. Aber oft traue ich mir eben selbst nicht. Und dann ist es gut, wenn meine Großeltern da sind und der Opa mich einfach in den Arm nimmt und festhält. Das tut gut.«

Marie-Claires Therapeutin, die sich in diesem Buch nicht mit einem schriftlichen Beitrag festlegen oder identifizierbar machen lassen wollte, macht ihr Mut, an sich selbst zu glauben. Marie-Claire wird es schaffen. Eines Tages führt sie ihr Leben am langen Band spazieren und freut sich daran. Aber es wird dauern. Und die Jahre bis dahin, die wird ihr niemand ersetzen.

Das Tagebuch Marie-Claires endet in Wahrheit nicht mit dem Schluß, den es in diesem Buch findet. Marie-Claire setzte es über die nachfolgenden Jahre hinaus bis heute fort. Es half ihr zur Zeit des Mißbrauchs und hilft ihr noch immer, ein wenig besser zu verstehen und zu verarbeiten, was sich wie ein unbezwingbarer Berg vor ihr auftat. Schon oft hat sie staunend vor ihren eigenen Gedanken gestanden und kaum glauben können, daß diese aus ihr selbst hervorgebrochen sind.

Zum besseren Verständnis des gesamten Problemfeldes des sexuellen Mißbrauchs von Kindern haben namhafte und kompetente Fachleute an sinnfälligen Stellen der Tagebuchaufzeichnungen Kommentare zum Thema abgegeben. So entsteht ein vielschichtiges, möglichst umfassendes Bild aus Forschungsergebnissen, Arbeitserfahrungen und Hilfsangeboten. Nur wenn wir uns mit den unterschiedlichsten Aspekten der Problematik befassen und ernsthaft auseinandersetzen, werden wir in Zukunft hellhöriger sein, sobald uns ein junger Mensch mit seinem heimlichen Hilfeschrei nahekommt. Mit einem Hilfeschrei, der hinter den undenkbarsten Tarnungen und Ausreden laut werden kann und eines Tages auch laut wird. Sexueller Mißbrauch von Kindern ist eines der bestgetarnten Verbrechen der Welt. Aber es endet, wenn das Schweigen endet.

Allen, die in irgendeiner Form an der Entstehung dieses Buches beteiligt waren, möchte ich an dieser Stelle danken. Mit Respekt und Anerkennung würdige ich ihren Einsatz gegen eine der menschlich verwerflichsten und zerstörerischsten Gewalthandlungen, die an Kindern verübt werden. Jeden Tag werden Tausende von Kindern sexuell gequält und mißbraucht. Wie hoch die statistisch erfaßte Anzahl auch immer ist: Jede sexuelle Handlung eines Erwachsenen gegenüber einem unmündigen Kind ist ein Verbrechen, jeder Mißbraucher ein Täter zuviel. Das geht uns alle an. Und Schweigen ist Schuld.

Karin Jäckel
Januar 1994

Zu diesem Buch

Durch eigene Betroffenheit und durch die Mitarbeit bei **Wildwasser** (Arbeitsgemeinschaft gegen sexuellen Mißbrauch an Mädchen im Familienkreis), wohin sich täglich hilfesuchende Frauen und Mädchen wenden, weiß ich, daß der sexuelle Mißbrauch, den Tagebuchschreiberin Marie-Claire erfährt, kein Einzelfall ist.

Die Täter gehören hauptsächlich dem engeren Familienkreis an, nur wenige sind Unbekannte. Die ›Mißbraucher‹ setzen die Mädchen mit dem Schweigegebot unter Druck. Trotz dieser Bedrohung geben die Mädchen aber deutliche Signale, versuchen sich mitzuteilen. Diese werden von der Umwelt des Mädchens jedoch nicht wahrgenommen, da in unserer Gesellschaft Erwachsene noch nicht die Bereitschaft haben, das Tabu des sexuellen Mißbrauchs zu erkennen und zu brechen.

Oft können Mädchen den sexuellen Mißbrauch nicht benennen, d. h. sie haben keine Worte für das, was man ihnen antut. Mütter können ihren Töchtern nicht die notwendige Hilfe geben, da durch den sexuellen Mißbrauch die Kommunikation innerhalb der Familie, also auch zwischen Müttern und Töchtern gestört ist.

Die Mädchen sehen sich alleingelassen und hilflos, zu einem Sexualobjekt reduziert, dem ›Mißbraucher‹, oft ihrem eigenen Vater, ausgeliefert.

Der benützt das Mädchen, um seine Sexualität zu befriedigen, ohne Rücksicht auf das Mädchen. Er nützt seine Position als Vertrauensperson aus, indem er nicht im Interesse des Mädchens, sondern rücksichtslos im eigenen Interesse handelt. Dies bedeutet für das Mädchen einen Mißbrauch ihres Körpers zum einen und einen Mißbrauch ihres Vertrauens zum anderen. Das Mädchen hat nicht mehr die Möglichkeit, ihre Sexualität selbstbestimmt zu entdecken.

Der sexuelle Mißbrauch hat eine Funktion als Sozialisationsfaktor einer männlich geprägten Sexualität.

Sexueller Mißbrauch hat für die betroffenen Frauen schwerwiegende psychische und physische Folgen in allen Lebensbereichen. Das heißt, in ihrer Kindheit sexuell mißbrauchte Frauen haben Schwierigkeiten, ihre sexuellen Wünsche in eine Partnerschaft einzubringen. Folgen davon können ein häufiges Scheitern von Partnerschaften oder das genaue Gegenteil, ein Festklammern an einen Partner sein. Neben den Schwierigkeiten mit der Sexualität innerhalb einer Partnerschaft ist eine weitere Folge des sexuellen Mißbrauchs, kein Vertrauen innerhalb einer Partnerschaft längerfristig herstellen zu können. Der Vertrauensmißbrauch in der Kindheit hat tiefgreifendes Mißtrauen als erwachsene Frau zur Folge. Sexueller Mißbrauch bedeutet eine Beraubung der sich entfaltenden Persönlichkeit des Mädchens. Dies kann dazu führen, daß die Frau nicht in der Lage ist, entscheiden zu können, was für sie im Alltag hilfreich ist oder was ihr schadet. Sie kennt nicht mehr die eigenen Grenzen ihrer Belastbarkeit, bis zu dem Punkt, nur noch fremdbestimmt handeln zu können. Es ist ihr durch den sexuellen Mißbrauch die Möglichkeit genommen worden, selbstbestimmt ihr eigenes Leben in die Hand zu nehmen.

Betroffene Frauen haben jedoch, seitdem das Tabu über dieses Thema gebrochen ist, die Möglichkeit, in Therapien oder in Selbsthilfegruppen den sexuellen Mißbrauch und seine Folgen aufzuarbeiten. Neben Wildwasser in Berlin gibt es auch in anderen Städten der Bundesrepublik Deutschland Anlaufstellen für betroffene Frauen und Mädchen.

Hier wird Beratung angeboten, Selbsthilfegruppen finden sich zusammen, und intensive Öffentlichkeitsarbeit wird betrieben. Mädchen und Frauen werden darin bestärkt und unterstützt, gegen den Mißbraucher zu prozessieren.

Bislang war es für ein Mädchen sehr schwer, einen Prozeß durchzustehen, da die Mädchen in den seltensten Fällen die Unterstützung erhielten, die in ihrer Situation vonnöten gewesen wäre.

Kommt es zur Anzeige oder gar zum Prozeß, steht das Mädchen einem Polizei- und Justizapparat von Erwachsenen gegenüber, die, falls sie ihr überhaupt glauben, hilflos und völlig überfordert sind und mit dem Thema des sexuellen Mißbrauchs an eigene Grenzen stoßen.

Wir hoffen, daß mit Hilfe dieses Buches ein weiterer Schritt unternommen wird, sexuellen Mißbrauch innerhalb des Familienkreises verstärkt zu unterbinden und das daran anknüpfende Tabu dieses Themas aufzuheben.

Dorothea Rula
und die Wildwasserfrauen

Dorothea Rula
(Wildwasser)

wurde 1956 in Berlin geboren. Sie erlernte zunächst den Tischlerberuf, ließ diesen jedoch zugunsten einer Ausbildung als Gymnastiklehrerin fallen.

Bereits als 10jähriges Mädchen sexuell mißbraucht, lag ihr das Öffentlichwerden des Problemfeldes sehr am Herzen. So engagierte sie sich spontan bei den Wildwasser-Frauen in Berlin und wirkt dort seit Bestehen der Gruppe (1982) mit.

Sie ist im Frauenselbsthilfebereich tätig, in deren Rahmen sie sowohl Einzelberatungen als auch Berufsgruppenbetreuungen durchführt.

Die Wildwasser-Frauen

In der Bundesrepublik werden nach neueren Schätzungen jährlich 300000 Kinder, davon über 90% Mädchen sexuell mißbraucht. Aus eigener Betroffenheit wurde ›Wildwasser‹ 1982 von zwei Frauen initiiert, die bei Auslandsaufenthalten in den USA und in Großbritannien Selbsthilfegruppen und Therapieeinrichtungen kennengelernt hatten und hier in der Bundesrepublik keinerlei Hilfe für betroffene Frauen und Mädchen finden konnten. Durch Aushänge, Zeitungsartikel und Hörfunkbeiträge entstand die erste Selbsthilfegruppe betroffener Frauen. Um weitere Frauen zu erreichen, wurde im März 1983 die erste öffentliche Veranstaltung durchgeführt, an der 150 Frauen, die zum größten Teil selbst von sexueller Gewalt betroffen waren, teilnahmen. Eine weitere Selbsthilfe- und die Berufsgruppe von ›Wildwasser‹ wurde gegründet.

Da es bald dringend notwendig wurde, den Frauen, die mit den Wildwasser-Frauen Kontakt aufnehmen wollten, eine Anlaufstelle und Zeit für Beratungsgespräche anzubieten, wurde Ende 1983 ein Raum gemietet und später dann noch eine Ladenwohnung, die inzwischen rege als Anlauf- und Kontaktstelle für sexuell mißbrauchte Mädchen und Frauen und auch von Frauen, die sich über das Thema informieren möchten oder an ihm arbeiten, benutzt wird.

Schluß mit dem Tabu

Sexueller Mißbrauch von Kindern ist eines der letzten und zugleich strengsten Tabu-Themen der Gegenwart. Eingebettet in die Unantastbarkeit der Familie als kleinste Keimzelle des Staates, ereignen sich allein in der Bundesrepublik Deutschland jährlich rund 280 000 Vergewaltigungen an Mädchen und 20 000 Vergewaltigungen an Jungen durch männliche Familienangehörige oder engste Familienfreunde. Untersuchungen, die im Auftrag des Bundeskriminalamtes durchgeführt wurden, beweisen, daß nur etwa fünf Prozent der Täter Fremde waren. Erfahrene Therapeuten und Betroffene, die ihre Isolation durchbrochen und gelernt haben, sich in Gesprächen zu öffnen, schätzen die Dunkelziffer des sexuellen Mißbrauchs eher noch höher ein als diese Anzahl von 300 000 Kindern. Fast jede Frau, so glauben sie, und auch weit mehr Knaben als erhoben, haben in irgendeiner Weise sexuelle Übergriffe im Kindesalter erlebt. Und mit dieser Vermutung sind keineswegs nur Personen der sogenannten Unterschicht gemeint.

Sexueller Mißbrauch ist kein Schichtproblem. Es gibt ihn in Akademikerkreisen ebenso wie im Arbeitermilieu, bei sogenannten Asozialen ebenso wie in Pfarrhaushalten. Keiner ist auszuklammern. Das Problem geht jeden an. Und gerade weil es ein ›Jedermann-Gesicht‹ hat, läßt es sich nur schwer fassen.

Väter und Stiefväter sind, wie die Berliner Rechtsanwältin Ingrid Lohstöter auf einer Tagung feststellte, mit 75 Prozent die Haupttäter. Die restlichen 25 Prozent verteilen sich auf Brüder, Onkel und Großväter sowie Freunde der Eltern oder vertraute Nachbarn. Hinter diesen Zahlen verbirgt sich, daß in der Bundesrepublik Deutschland alle drei Minuten ein Kind sexuell belästigt und ausgebeutet wird. Eine erschrekkende Statistik, angesichts derer die standhafte Ignoranz der Bevölkerung und Politiker sich als nackte Angst vor den Folgen entpuppt. Lieber nach dem Motto der Vogel-Strauß-Politik leben als den Fakten ins Auge sehen, die eigene Rat- und Hilflosigkeit zugeben und eingestehen müssen, daß männliche Sexualität, wie sie alltäglich gelebt wird, so nicht akzeptabel ist.

Sexueller Mißbrauch – was ist das überhaupt?

Allgemein gültig ist die Erklärung, daß sexueller Mißbrauch stattfindet, sobald die kindliche Sexualität im Erwachsenensinn mißdeutet und zur Befriedigung erwachsener Sexualität stimuliert und/oder abverlangt wird.

Ob dies unter seelischem oder körperlichem Zwang geschieht oder von beidem geprägt wird, mag dahingestellt sein. Immer aber ist das Kind zutiefst in seinem Urvertrauen in die Eltern verletzt, erlebt es seine Ganzheit aus Leib und Seele als nichtig, wird es in seiner Menschenwürde erniedrigt und für sein Leben dauerhaft geschädigt. Wie tief und irreparabel diese Schäden zumindest die Seele in Mitleidenschaft ziehen, vermag wohl nur jemand abzuschätzen, der selbst betroffen ist. Schreckensvisionen, Erinnerungen und Beobachtungen, die nahezu jeder in erstaunlicher Gedankenlosigkeit selbst gemacht hat, werden geweckt, sobald Betroffene sich aussprechen, sich und ihre Erlebnisse preisgeben. Die wohl häufigste Reaktion auf ihre Berichte ist ungläubiges Staunen, gepaart mit der spontanen Bereitschaft, alles Gehörte als psychopathische Lüge abzutun. Erklärungen und Entschuldigungsgründe werden aufgeboten, die den Täter als Opfer pervertieren, das Opfer als die ewige

Erbsünde des Menschen abstempeln. Seltener gelingt es mit einem Bericht, unser Verständnis von Elternschaft und Erziehung, von Verantwortung und Liebe, ja, unser Selbstverständnis als Krone der Schöpfung fundamental zu erschüttern.

Sexueller Mißbrauch ereignet sich in den vielschichtigsten Formen. Sie auf einen gemeinsamen Nenner bringen zu wollen, ist absurd.

Auf einer Tagung des Schweizer Kinderschutzbundes am 23. 5. 1987 in Bern versuchte man, ein allgemeingültiges Spektrum aufzustellen: Als sexueller Mißbrauch kann gelten,

1. sich nackt vor einem Kind zu zeigen
2. sich vor dem Kind auszuziehen, besonders wenn der Erwachsene mit dem Kind allein ist
3. das Exponieren der Geschlechtsteile
4. das Beobachten des Kindes beim Ausziehen, Baden, Stuhlgang u. ä.
5. das Küssen des Kindes auf intime und verführerische Weise (Zungenkuß)
6. das Berühren und Manipulieren an den Geschlechtsteilen des Kindes
7. das Kind zu veranlassen, die Geschlechtsteile des Erwachsenen zu berühren
8. das Masturbieren vor dem Kind
9. das Verführen des Kindes zum Masturbieren
10. der genital-orale-Verkehr
11. das Eindringen in die Vagina und/oder den Anus des Kindes mit Finger, Penis oder Fremdkörper
12. das Reiben des Penis gegen den Genitalbereich des Kindes.

Jeder ethisch verantwortungsbewußt denkende und lebende Mensch wird die Punkte 5 bis 12 als verwerflich und verboten anerkennen. Sie sind über jeden geringsten Zweifel erhaben.

Zumindest skeptisch jedoch stimmt die Auflistung der Punkte 1 bis 4. Führen diese uns in dieser krassen, absolut anmutenden Form nicht bedenklich nahe zu längst abgelegt geglaubten Prüderien und Verklemmtheiten zurück?

Sollte wirklich das Erinnerungsbild der keusch aufkreischenden Mutter, die von ihrem kleinen Sohn im Unterkleid ertappt, halb ohnmächtig ins Fauteuil sinkt, zu neuen Ehren gelangen?

Wohl kaum. Schon eher lassen uns die fraglichen Punkte die Vielzahl der Anschauungsfacetten ahnen, die es in Familienverbänden gibt. Mit anderen Worten: Was in einer Familie selbstverständlich und keineswegs gefährend ist – beispielsweise nackt durchs Haus gehen oder sich in Gegenwart eines anderen Familienmitgliedes ausziehen – kann in einer anderen Familie schwere Erschütterungen nach sich ziehen.

Maßgeblich für die jeweiligen Auswirkungen eines Verhaltensmusters ist stets die alltägliche Lebenshaltung und -weise innerhalb einer Familie. So kann es also in einem Kind einen bleibenden Schock auslösen, wenn der Vater, den es sonst nicht einmal bei Dunkelheit nackt erahnte, plötzlich splitternackt im Bad erscheint und sich betrachten läßt oder das Kind dazu auffordert, ihn zu betrachten. Eine solche Szene prägt sich tief in die Erinnerung ein, gepaart mit dem Eindruck von Scham, Angst und Unbehagen, welcher künftig jede Nacktheit als etwas Böses, Verwerfliches verdächtigt. Bedenklich ist jedoch nicht allein die mögliche Verletzung instinktiven Schamgefühls oder von Intimität. Nur zu gut weiß man, daß aus scheinbar harmlosen Anfängen sexuellen Kontaktes mit einem Kind in der großen Mehrheit aller Fälle sehr rasch und nachhaltig ein intensiver Geschlechtsverkehr erwächst.

Ist die – wenn bei Tätern überhaupt vorhandene – innere Barriere vor einem Übergriff auf Leib und Seele eines Kindes erst einmal überwunden, zieht sich der sexuelle Mißbrauch in der Regel über Jahre hin und endet erst mit der finanziellen Unabhängigkeit des Opfers und dessen Auszug aus der elterlichen Wohnung.

Zum Schutz sowohl des Individuums als auch unserer Gesellschaftsform ist sexueller Mißbrauch strafrechtlich verboten und mit Haftstrafen belegt, die abschrecken könnten, wähnten sich die Täter in den Abschottungen der Familie nach außen nicht nahezu vollkommen sicher.

Nur die wenigsten sexuell mißbrauchten Kinder wagen, über ihre qualvolle und in ängstlichem Leiden erlebten sexuellen Begegnungen zu sprechen. Ihre Scham und gleichzeitig ihre Schuldgefühle, gepaart mit der Angst vor Strafe oder Verleugnung, ersticken jede Anklage im Keim.

Johanna aus Friedberg erklärt dies so: »Du schaust doch zu deinem Vater auf. Für dich ist der doch der Supermann. Der hat dich huckepack getragen, dein Fahrrad geflickt und immer alles wieder in Ordnung gebracht, was du verbockt hast. Den himmelst du an. Den liebst du total. Wenn der dann plötzlich was mit dir macht, das du nicht kapierst, obwohl du irgendwie weißt, das darf er nicht, dann denkst du doch sofort, der Fehler liegt bei dir. Bei ihm, wo er doch immer alles richtig macht, kann er schließlich nicht liegen. Und dann quälst du dich und möchtest am liebsten nie geboren sein. Und du denkst, daß du schlecht bist bis unter die Haarwurzeln, und weil das ja keiner wissen soll, weil du ja gut sein willst und auch, daß dich jeder liebt, sprichst du nie darüber. Das ist das Schlimmste von allem, daß du so verdammt allein damit bist.«

Agnes aus Solingen denkt ähnlich. Aber sie konkretisiert ihre Erfahrungen noch mehr: »Mein Vater sagte mir dauernd, daß ich ihn ja verführt hätte, daß er das alles ja gar nicht wollte. Er sagte, ich wäre so süß und so hübsch, daß er nicht anders könnte. Er sagte, wenn ich irgendwem etwas erzählen würde, würde er auch sagen, daß ich schuld wäre. Dann wären meine Mutter und meine Oma – die liebte ich besonders – böse auf mich und würden mich an Zigeuner herschenken. Zu der Zeit war nämlich bei uns gerade so eine Geschichte in Umlauf, daß Zigeuner kleine Mädchen stehlen würden und so. Das war natürlich alles Quatsch. Aber als Kind glaubst du so was doch immer.

Manchmal sagte er auch, wenn ich ihn verpetzen würde, käme er nie mehr heim. Dann müßten wir verhungern und unser Haus verkaufen.

Da hatte ich auf einmal die Schuld an allem und war ein ganz schlecht geratenes Ding. Und die Verantwortung für die Familie, die hatte ich auch. Ich wußte gar nicht, wie ich damit leben sollte. Da habe ich dann den ersten Selbstmordversuch unternommen. Nur das hat keiner erkannt. Alle dachten, ich wäre beim Spielen in den Fluß gefallen. Ich konnte ja nicht schwimmen. Und ich hatte nicht den Mut zu sagen, wie es wirklich war. Dann wäre ja alles rausgekommen. Und das durfte es doch nicht.«

Es ist ein heimlicher Kampf, den sexuell mißbrauchte Kinder führen. Ein Kampf, für den sie weder seelisch noch körperlich gerüstet sind. Richtet er sich doch gegen einen Menschen, den sie lieben (möchten), dem sie rückhaltlos vertraut haben. Aber auch gegen einen Menschen, der ihnen durch sein Verhalten den sicheren Boden des intakten Elternhauses entzieht, den jedes Kind zu seiner gesunden und glücklichen Entfaltung so dringend benötigt.

Ein Kind, das sexuellen Übergriffen ausgesetzt ist, lernt, daß seine Sehnsucht nach Zärtlichkeit im Mißbraucher eine böse, verbotene und geheimzuhaltende Lust weckt. Es erkennt auch, daß sein eigener Wille keine Bedeutung hat. Die Folge ist, daß ein solches Kind nie die eigene persönliche Wertigkeit erkennt; nie aus der sicheren Geborgenheit eines selbstlosen Geliebtseins heraus sein Leben annehmen und angehen kann. Gewohnt, mißachtet und benutzt zu werden, entwickelt es zum einen Abscheu und Haß gegen sich selbst, ist zugleich aber auch bestrebt, sich weiterem Benutztwerden dadurch zu entziehen, daß es sich nun vollkommen verweigert oder ein nur ins Innere gerichtetes Leben führt.

Ein solches Kind vereinsamt innerlich wie äußerlich. Es vermag sich keine Freundschaft mehr zu erschließen, weil es Angst hat, seine Wünsche nach Zuneigung zu offenbaren. Die Lektion, daß ausgelebte und dargebotene Liebe durch deren Mißbrauch bestraft wird, sitzt lebenslang fest. Gleichzeitig ist es unfähig geworden, ihm angetragene Freundschaft zu erwidern. Der Glaube an den eigenen Wert und daran, in diesem akzeptiert zu werden, ist so völlig zerstört, so daß es nicht mehr möglich ist, Liebesbeweise eines anderen als wahr zu erkennen.

Daß es den Vater in seiner Seele verloren hat, bedrückt jedes Kind ein Leben lang.

Kein Mädchen, keine Frau, die ich während der Monate meiner Recherche sprach, war imstande, den Vater innerlich loszulassen.

Die Diskrepanz zwischen kindlicher Erwartungshaltung und väterlichem Mißbrauch schafft ein immerwährendes Kreisen der Gedanken und Gefühle um diesen einen schrecklich bedeutsamen Mann.

»Mein Dilemma ist«, sagte Marion aus Bückeburg dazu, »daß ich meinen Vater immer verstanden habe. Als Kind schon. Meine Mutter, das ist so eine harte Frau. Die kann ihre Gefühle nicht zeigen. Die ist nach außen hin richtig kalt und ungerührt. Wenn du ihr mit einem Wehwehchen kommst, kann sie dir noch eins hinten vor verpassen. Als Merkzeichen. Mit meinem Vater war sie auch nicht anders. Probleme klärte er mit mir. Ich bekam alles mit, Arbeit, Ärger, Erfolg. Alles. Und wenn er Zärtlichkeit brauchte, war ich auch da. Das war zuerst auch ganz okay. Ich war ja genauso ausgehungert wie er. Aber als er dann so richtig massiv wurde, da wollte ich nicht mehr. Ich konnte nur nicht anders. Er tat mir so leid. Und geliebt habe ich ihn schließlich auch. Ich wollte ihn nicht zurückweisen. Ich wollte einfach nicht, daß er wegen mir leidet. Ich meine, auch wegen mir.«

Um ihr aus diesem Verständnis und ihrer Wehrlosigkeit erwachsenes Schuldgefühl in den Griff zu bekommen, hat Marion sich schon vor Jahren in psychotherapeutische Behandlung begeben. Sie ist stolz, mit dieser Hilfe Wut und auch Haß auf den Vater entwikkelt zu haben, statt alle Anklagen auf sich selbst zu wenden. Sie wünscht sich nichts sehnlicher, als ihm ihre Gefühle entgegenzuschreien und Rache zu nehmen, endlich einmal sein Leiden, seine Reue zu erleben.

»Wenn er nur einmal sagen würde, es tut mir leid«, sagte sie. »Wenn er nur einmal so richtig Rotz und Wasser heulen würde wegen dem, was er mir angetan hat – ich denke, es wäre mir leichter. Vielleicht würde das Eingeständnis seiner Schuld mir meine Schuldkomplexe nehmen. Vielleicht könnte ich dann endlich normal zu leben anfangen.«

Doch ihr Vater ist tot. Selbstmord.

Selbst wenn er lebte, bezweifelt Marion, je die Kraft aufgebracht zu haben, ihn zu einer Aussprache zu zwingen. »Wahrscheinlich hätte er mir dann doch wieder zu leid getan«, meinte sie. »Und wenn du Mitleid mit so einem Scheißkerl hast, kannst du ihn einfach nicht genug hassen, um ihm den letzten Rest zu geben.«

Marion, ein Einzelschicksal?

Keineswegs.

Es ist normal, daß Betroffene den Vater als Täter schonen. Die Beziehung Vater–Kind ist anscheinend nicht ausrottbar. Die meist angewandte Form der Bestrafung wendet sich gegen Täter und Opfer gleichermaßen. Es ist ein stillschweigendes Fernbleiben der Tochter von ihrer Familie.

Susanne nennt es, »ihn im eigenen Saft schmoren lassen«.

»Für ihn ist es das Schlimmste, daß keiner mehr kommt«, sagte sie. »Ich weiß, wie er an unseren Kindern hängt. Daß wir wegbleiben, er selbst nicht bei uns sein kann und die Leute über ihn reden, das genügt. Ich habe ihm damals alles ins Gesicht geschrien. Meiner Mutter auch. Sie wissen beide, was los ist. Seitdem ich dazu die Kraft aufgebracht habe und gelernt habe, Nein zu sagen, geht es mir und meiner eigenen Familie besser.«

Trotz dieser mit Füßen getretenen Liebe der Tochter zum Vater schmerzt der Verlust der Mutter meist noch viel tiefer. Sylvia aus Hagen meint dazu: »Mein Vater hat mich sexuell ausgebeutet. Er hat mir etwas angetan, was mir immer anhängen wird. Aber er hat mich auch geliebt. Und wenn er mich nahm, wußte ich trotz allem, daß er mich schön findet und sich nicht von mir abwendet, als ob ich aussätzig wäre.

Meine Mutter hat mich gehaßt. Sie hat mich wie eine verkommene Hure behandelt. In ihren Augen habe ich ihr den Mann weggenommen und sie betrogen. Sie hat nie gesehen, daß er das nicht tun durfte. Sie hat nur gemeint, daß ich es nicht tun durfte.

Ich hasse meine Mutter heute viel mehr als früher. Sie hat mich nie beschützt. Sie hat mich abgelehnt. Und ich weiß genau, daß ich sie so sehr gebraucht hätte.«

Die Gefahr, als Mutter eines sexuell mißbrauchten Kindes von der Öffentlichkeit als Mitwisserin oder gar Alleinschuldige verteufelt zu werden, ist groß.

Denn da ist zum einen das Kind, dem die Mutter Schutz schuldet. Da ist aber auch der Mann, als dessen Geliebte die Ehefrau vorrangig vor ihrer Mutterpflicht eingestuft wird. Anders ausgedrückt: Versagt die Ehefrau als Geliebte, bringt sie ihr Kind automatisch in die Gefahr, dem Vater, der ja zuallererst Mann ist, sexuell auszuliefern. In den Augen des größten Teils unserer Bevölkerung ist der Mann ein Triebwesen, unfähig, seine sexuelle Lust zu beherrschen und geradezu gezwungen, diese an einer – beliebigen? – Frau abzureagieren. Das heißt, wird ein Kind vom Vater, Bruder usw. vergewaltigt, hat immer die Ehefrau/Mutter schuld.

So einfach ist die Sache jedoch keineswegs.

Der Mann ist so wenig Triebwesen wie die Frau. Es ist seiner Willenskraft und Einsichtsfähigkeit anheim gestellt, seine sexuelle Lust oder Lüsternheit zu kontrollieren und zu bändigen. Ob dies für ihn schwieriger ist als für die Frau, mag dahingestellt sein. Wenn es jedoch schwieriger ist, so ist ein großer Prozentsatz an Veranlassung dafür in der Erziehung bereits des Jungen zu sehen.

Allen Bemühungen von Gesetzgebern, Frauenrechtlerinnen oder allgemein selbstbewußten Frauen um Gleichberechtigung und Gleichwertigkeit der Frau zum Trotz, ist unser Blickfeld in puncto Junge/Mann bzw. Mädchen/Frau immer noch stark eingeengt. Tradition und auch Gedankenlosigkeit spielen in unsere elterlichen Erziehungsversuche nach wie vor hinein.

So wird wie selbstverständlich von einem Jungen Leistung erwartet, gepaart mit Durchsetzungsvermögen, sportlicher Kraft und Ausdauer sowie dem Bewußtsein, dereinst als Familienoberhaupt Frau und Kindern verantwortlich vorstehen zu müssen.

Ein Mädchen darf immer noch schwächer in der Schule sein – zuviel Wissen ist schließlich ›wie Licht im Schlafzimmer‹. Es darf vor Schwierigkeiten kapitulieren und weinend um Hilfe rufen. Es soll schmiegsam sein und zärtlich, sich nicht verweigern und verständnisvoll zuhören können.

Unmännlich scheinen hingegen Tränen, Verletzbarkeit sowie das ›Verraten‹ von Gefühlen. Daraus resultiert auch, Liebe gleichzusetzen mit ›besitzen wollen‹, ›verteidigen müssen‹ und einem gewissen ›Anrechtsanspruch‹.

Unweiblich und als ›Emanzenmanier‹ verrufen, sind bei einem Mädchen bzw. einer Frau alle zuvor erwähnten sozusagen männlichen Qualitäten.

Der Siegerzwang des Mannes führt letztendlich zu einer Fehleinschätzung zahlreicher Verhaltensmuster. So wird der sein Handeln nicht durchdenkende Mann leicht Gefahr laufen, Widerstand als Zweifel an seiner männlichen Aura zu mißdeuten und mehr oder minder Gewalt anwenden, um sich in der Erfüllung seiner Ansprüche zu bestätigen. Dazu gehört etwa das Phänomen, das ›Nein‹ einer Frau als keusch verbrämtes ›Ja‹ zu werten. Da der Mann Eroberer und Sieger in einer Person sein will, auch mit dem schmunzelnd gewährten Recht ausgestattet ist, beliebig viele amouröse Abenteuer zu genießen, gerät ihm seine sexuelle Potenz unversehens zum Frei- und Kaperbrief.

Erstaunlich ist, wie selbst ansonsten hochgebildete seriöse Männer von der völlig anders gearteten männlichen, sprich weiblichen, Sexualität ausgehen und der Frau oder dem Mädchen den Schwarzen Peter in jeder Schuldfrage zusprechen. Die Phrase von Nadelöhr und Faden ist gang und gäbe. Die Peniserektion des Mannes angesichts eines Objektes seiner Lust ist Rechtfertigung für alles Folgende.

Wahrhaft erschreckend ist jedoch, daß selbst die Mehrheit aller Frauen diese Meinung teilt und an ihre heranwachsenden Söhne weitergibt. Vergewaltigte und/oder sexuell mißbrauchte Frauen und Mädchen haben daher keine schärferen und unerbittlicheren Kritikerinnen als andere Frauen (siehe hierzu auch das Taschenbuch der Autorin ›Es kann jede Frau treffen‹, Heyne Report Nr. 42).

Das ist der Punkt, wo wir alle umdenken müssen.

Es ist an uns Frauen, uns auf unseren Selbstwert zu

besinnen und zu begreifen, daß wir nicht geboren wurden, um in totaler seelischer und geistiger, körperlicher und materieller Abhängigkeit des Mannes als willenloses Schattenwesen zu leben. Es genügt nicht, geliebt zu werden, weil man Erwartungen entspricht. Als geachtete und respektierte Partnerin dem Mann zur Seite stehen zu wollen und zu können, auch mit einer konträren Meinung, erst das gibt der Liebe Sinn.

In diesem Verständnis unserer selbst sollten wir unsere Kinder erziehen, sollten wir ihren Umgang miteinander lenken. Wir sollten ihnen Mut machen, ihre Ansichten zu äußern und zu vertreten und ihnen verständlich machen, daß es kein Gesichtsverlust ist zu bitten, wo man zu befehlen gewohnt war, zu verweigern, wo Gehorsam erwartet wird und sowohl dieses als auch jenes zu akzeptieren.

Nur wenn ein Kind frei und ohne Angst ›Nein‹ sagen gelernt hat, wird es sich vor sexuellem Mißbrauch bewahren können. Und nur wer in Achtung und Respekt vor dem einen wie dem anderen Geschlecht heranwächst, wird beides leben und weitergeben.

Daß ein in diesem Sinn erzogenes Kind es meist unvergleichlich schwerer hat als andere, im Umgang mit seinen Altersgenossen anerkannt zu werden, soll nicht verschwiegen bleiben. Ab einer gewissen Altersstufe ist es für Jungen beispielsweise obligatorisch, abschätzig von ›Weibern und Weiberkram‹ zu reden, sich mit Sexualeroberungen zu brüsten und Gefallen an all den öffentlichen Darstellungsformen der Frau zu finden, welche unsere Zeitungen ebenso zieren wie Plakat- und Kinowände. Dennoch sollten Eltern ihr Kind bewußt in der Achtung vor dem eigenen wie dem Partnergeschlecht heranbilden, sollten Rollenklischees nach dem Motto »Ein Junge weint nicht, ein Mädchen schlägt nicht« endlich aus unserem Leben verschwinden.

Früher leidenschaftlich bestritten oder sogar totgeschwiegen, wurde die Tatsache des hunderttausendfachen sexuellen Mißbrauchs vornehmlich kleiner und junger Mädchen in den letzten Jahren endlich ans Licht der Öffentlichkeit getragen. Wie so oft preschten uns die USA als Vorreiter voraus und ließen in ihrem Schlepptau zunächst vereinzelt, jetzt immer zahlreicher Selbsthilfegruppen aus dem Nichts wachsen, Beratungs- und Hilfsorganisationen entstehen und machen Mut, nicht länger mit eigenen Kindheitserlebnissen hinter dem Berg halten zu müssen.

Untersuchungen in den USA, wo jede vierte Frau als Kind sexueller Gewalt ausgesetzt war, oder in Großbritannien, wo von zehn Erwachsenen eine/r als Kind sexuell mißbraucht wurde, haben die Öffentlichkeit aufhorchen, das Ungeheuerliche namhaft werden lassen.

Es befriedigt zu sehen, wie engagiert sich mittlerweile der Kinder- und Jugendschutz dieser Sache annimmt oder wie rückhaltlos Frauengemeinschaften dafür auf Barrikaden gehen. Auch die Polizei wird zunehmend wachsamer, kritischer und bemüht sich in speziellen Trainings um breiteres Fachwissen und besseres Verständnis der Opfer.

Die Folgen eines sexuellen Mißbrauchs sind im allgemeinen weniger körperlicher als seelischer Natur. Die Täter wenden selten äußerlich sichtbare Gewalt an, da sie zum einen befürchten müssen, entdeckt zu werden, zum anderen ein sexuelles Verhältnis im Normalfall nur im friedlichen Miteinander angestrebt wird. Perversitäten sind die Ausnahme.

Es bedarf subtiler Beobachtungen und Aufmerksamkeit, um dennoch sichtbare Anzeichen zu erkennen.

Diese können sein:
– Geschlechtskrankheiten

- Schwangerschaft im kindlichen oder jugendlichen Alter
- wiederkehrende Infektionen im Genitalbereich
- Verletzungen der Geschlechtsteile
- Blutungen und Ausfluß im Geschlechtsbereich
- Fremdkörper in den Geschlechtsöffnungen
- ungewöhnlich weit gedehnte Geschlechtsöffnungen
- blutunterlaufene Flecken an Brust und Gesäß, Oberschenkelinnenseiten und Unterbauch.

Wer glaubt, betroffene Kinder müßten bei der Schwere ihres Schicksals unbedingt um Hilfe schreien, irrt.

Ihr Schweigen ist beharrlich. Wohl aber signalisieren sie uns in sprachlosen Zeichen ihre Lage und Not. Zeichen allerdings, die nur zu oft nicht verstanden werden.

Es können dies sein:

- Waschzwang
- betont unmodische Kleidung, unter deren weiten Flatterstoffen alle Anzeichen von Figur verschwinden
- Kontaktarmut
- Panik im Umgang mit dem anderen Geschlecht
- die Weigerung, sich etwa zum Schulsport umzukleiden oder mitzumachen
- plötzliches Bettnässen
- provozierendes oder altersuntypisch desinteressiertes Sexualverhalten
- Diebstahl
- Fluchtversuche und Ausbruchversuche aus der Familie
- Selbstmordversuche usw.

Nicht zuletzt sind es die Mediziner, die die Mauer des Schweigens zur Klagemauer umfunktionieren. Allen voran engagieren sich der derzeitige Präsident der Ärztekammer H. Olbing vom Universitätsklinikum und Zentrum für Kinderheilkunde in Essen oder

der Berliner Arzt Jörg Fegert von der Freien Universität Berlin für einen besseren Schutz unserer Kinder vor sexuellen Übergriffen. So appellieren sie an ihre Fachkollegen, offensichtliche Hinweise nicht zu ignorieren oder sich etwa von plausibel und harmlos scheinenden Erklärungen der die kleinen Patienten begleitenden Eltern beruhigen zu lassen. Kein Kind werde sich bei der Erforschung des eigenen Körpers, sei diese auch lustvoll erlebt, selbst so nachhaltig verletzen, daß bei einer medizinischen Untersuchung Narben, Fremdkörper, Blutergüsse und dergleichen zu diagnostizieren sind. Der Arzt als Ganzheitsmediziner ist aufgefordert, körperliche wie seelische Leiden des jeweiligen Kindes zu erkennen, ernst zu nehmen und bei deren Bewältigung zu helfen. Mit der medikamentösen Behandlung und Heilung von Verletzungen ist es nicht getan. Ebensowenig mit einer Strafanzeige bei der Polizei, die dem Kind in Folge der notwendigen Untersuchungen neue, nicht minder belastende Konflikte aufzwingt. Tiefgreifende Hilfe muß mehr bedeuten. Sie muß den Täter in seinem Frauenbild, in seinem Selbstverständnis wandeln. Sie muß die Familiensituation von Täter und Opfer erfassen, muß grundlegend verändern und langfristig zu einem anderen Lebenswandel führen. Dabei ist es weit weniger bedeutsam zu strafen und/oder dem Täter sein Opfer zu entziehen, als dem sexuell mißbrauchten Kind die – vielleicht nie erlebte – Geborgenheit in einer herzlich liebevollen Familiengemeinschaft zu retten.

Schöne Erfolge lassen sich beispielsweise mit den unterschiedlichsten, individuell angepaßten Familientherapien erzielen, die den Täter nicht isolieren und durch einen Gefängnisaufenthalt zu bessern versuchen, sondern alle Familienmitglieder gleichermaßen einbeziehen. Basis dafür ist die Auffassung, daß Täter, Opfer und Umfeld in einer ganz bestimmten Beziehung zueinander stehen, von ganz bestimmten Verhaltensweisen geprägt werden. Und daß sich jeder bzw. alles ändern muß, damit ein echter Wandel eintreten kann.

Ähnliche Grundgedanken kennzeichnen auch die Wiederholungstaten vorbeugenden Therapien mit jugendlichen Vergewaltigern.

Die Erfolge geben diesen Ansätzen eines gedanklichen Strukturwechsels recht, so daß nur noch auf breitere Anwendungschancen zu hoffen bleibt.

So zwiespältig der Umgang mit dem Problemfeld auch sein mag – wendet doch die Mehrheit schamhaft den Blick und fast lüstern das Ohr –, die Öffentlichkeit ist alarmiert.

Frauenrechtlerinnen stachen sozusagen ins Wespennest. Nun ist Inzest oder – wie man heute lieber, weil umfassender sagt – der sexuelle Mißbrauch von Kindern beileibe kein Phänomen, keine menschliche Entartung der Gegenwart. Viel wahrscheinlicher ist, daß er so alt ist wie die Menschheit selbst und in allen Kulturen sowohl bekannt als auch verpönt. Schriftliche Zeugnisse sind uns von den Anfängen der Schreibkunst bis in die Neuzeit überliefert. So wurden beispielsweise im Lande Sumer Tontafeln gefunden, die die sexuelle Beziehung eines erwachsenen Gottes zu einer Kind-Göttin beschreiben. Auch die Talmud genannten hebräischen Schriftensammlungen jüdischer Rabbis aus dem ersten Jahrhundert unserer Zeitrechnung sowie breite Passagen unserer christlichen Bibel künden davon. In letzterer ist vornehmlich das Buch Mose ein reicher Zitatenschatz.

Denken wir einen Schritt weiter, stoßen wir auf Liebesbegegnungen zwischen Verwandten auch in unserer sogenannten großen Literatur. Thomas Mann oder auch Hermann Hesse mögen hier stellvertretend für alle anderen stehen.

Gab der Talmud die Ehe- oder Verlobungsreife eines Mädchens mit genau drei Jahren und einem Tag an – wobei die Verbindung mit Erlaubnis des Brautvaters durch den vollzogenen Geschlechtsakt gültig wurde –, waren Mädchen im Mittelalter zunächst mit sieben, bis ins 19. Jahrhundert hinein mit zwölf Jahren ehemündig.

Erst in unserer Zeit wurden weltweit zahlreiche Abkommen zum Schutz des Kindes getroffen und Verstöße dagegen mit meist empfindlicher Strafandrohung belegt. Bundesdeutsches Recht heißt auch Kinderschutz und sexuelle Selbstbestimmung vom Tage der Geburt an.

Daß dieses Recht nicht ausschließlich in der Strafandrohung gültig, sondern im zwischenmenschlichen Bereich alltäglich gelebt wird, sollte oberstes Anliegen sein.

Nicht zuletzt den Vätern als Nicht-Tätern möchte ich angesichts der Mißbrauchszahlen an dieser Stelle das Wort reden.

Es kann und darf nicht Sinn der Aufklärungsbemühungen sein, Väter zu verteufeln, Mißtrauen zu säen und selbstverständlich-zärtliches Miteinander von Vater–Tochter mit blutschänderischen Verdächtigungen zu vergiften.

Im Gegenteil!

Wir brauchen den familiennahen Vater mehr denn je. Von klein auf muß ihm sein Kind vertraut und anvertraut werden, muß er sich einbringen und auch einbringen dürfen in die Vater-Aufgabe, die nicht als Lust- und Laune-Rolle mißdeutet werden darf.

Nur wer ein Kind als die zarte, aber vollwertige Persönlichkeit zu lieben und zu achten gelernt hat, wird es zu würdigen wissen. Dies gelingt aber nicht aus der Entfernung oder wenn Familiensinn sich in ehrenhafter Versorgerpflicht erschöpft.

Die ersten Schritte hin zu einem schöneren Familienverständnis – gedacht ist hier etwa an gemeinsam besuchte Babykurse, die Aufgabenteilung im familiären Bereich, an Teilzeitarbeit, Familienurlaub usw. – dürfen nicht durch die Diskussion um sexuell mißbrauchte Kinder zum Stillstand kommen.

Vielmehr ist zu wünschen, daß Familien-Männer sich immer besser als Familien-Väter zu begreifen lernen und dieser Aufgabe ohne die heute noch so häufig zu beobachtende Verlegenheit gerecht werden.

Wer sind die Täter? – Wer sind die Opfer?

Bei den Tätern handelt es sich fast ausschließlich um Männer. Es sind bei weitem nicht nur die ›bösen, fremden Männer‹, sondern häufiger Männer aus der Nachbarschaft, dem Bekannten- oder Freundeskreis der Familie und manchmal sogar aus der Verwandtschaft.

Die Öffentlichkeit registriert strafbare Handlungen gegen Kinder in aller Regel nur dann, wenn Täter Gewalt angewandt haben, was leider immer wieder vorkommt. Allerdings: Die meisten Täter wenden keine körperliche Gewalt an. Sie versuchen vielmehr, durch besondere Freundlichkeit die Zuneigung des Kindes zu gewinnen, indem sie z. B.

- Versprechungen und Geschenke machen,
- die sexuelle Unerfahrenheit und Neugier des Kindes ausnutzen (›Nachholen‹ der versäumten Sexualaufklärung),
- dem Kind die Zärtlichkeit geben, die es von den Eltern nicht bekommt.

Andere Täter spekulieren auf die Erziehung des Kindes zum Gehorsam, die es dazu veranlassen kann, Erwachsenen widerspruchslos zu folgen. Oder sie nutzen – als Verwandte und Bekannte des Kindes – vorhandene Abhängigkeitsverhältnisse aus.

Die Gründe, warum die Täter sexuelle Kontakte mit Kindern aufnehmen, sind vielfältig:

- Einige machen bei ihren sexuellen Bedürfnissen keinen Unterschied zwischen Kindern und Erwachsenen,

– einige sind jung und unreif, haben Schwierigkeiten mit ihrer sexuellen Entwicklung,
– einige sind selbst noch Kinder und nutzen die Neugier jüngerer Kinder für ›Doktorspiele‹,
– einige ziehen es vor, nur Kinder als Sexualpartner zu haben,
– einige sind älter und haben Schwierigkeiten, zu Gleichaltrigen Kontakt aufzunehmen,
– einige mißbrauchen Kinder als sexuelle Ersatzobjekte, weil ihnen erwachsene Partner nicht zur Verfügung stehen,
– einige brechen unvermittelt aus der Normalität aus und wenden überraschend Gewalt an, um zu ihrem sexuellen Ziel zu kommen.

Den ›typischen‹ Sexualtäter, dem man seine kriminellen Neigungen äußerlich ansehen kann, gibt es also nicht.

Die meisten Opfer sind zwischen sieben und dreizehn Jahre alt. Gewalt wird häufiger bei älteren Kindern angewendet.

Kinder im Vorschulalter werden nur in Ausnahmefällen Opfer von Sexualstraftaten.

Leider haben viele Kinder es nicht gelernt, sich gegenüber fragwürdigen Forderungen von Erwachsenen zu behaupten. So können sich die Täter oft leicht gegen den Willen der Kinder – also gegen deren ›sexuelle Selbstbestimmung‹ – durchsetzen. Dabei könnten viele Sexualstraftaten verhindert werden, wenn das Kind gelernt hätte, einfach NEIN zu sagen. In manchen Fällen ist das Kind aber sogar mit dem sexuellen Kontakt einverstanden.

Gründe können sein:
– es fühlt sich einsam und von den Eltern ungeliebt,
– es ist dankbar, weil sich ein Erwachsener um es kümmert und es ernst nimmt,
– es hat Bedürfnisse, die bisher unerfüllt blieben,

- es hat unbewußte sexuelle Wünsche, die den Sexualkontakt erleichtern,
- es wurde sexuell nicht richtig aufgeklärt und ist daher neugierig,
- es glaubt, mitmachen zu müssen und hat niemanden, dem es sich anvertrauen kann.

Nach Aussagen von Kinderpsychologen erleben Kinder Sexualstraftaten, die ohne Gewalteinwirkung oder Drohung verlaufen, oft nicht als wesentlich. So wird etwa die Begegnung mit einem Exhibitionisten (›Gliedvorzeiger‹) von den Kindern nur sehr selten als schädigend empfunden. Eltern und Erwachsene vermuten dagegen in solchen Fällen oft eine schwere seelische Beeinträchtigung des Kindes und handeln entsprechend. Die Überreaktion der erwachsenen Umwelt kann für Kinder häufig belastender sein als die Tat selbst. Wie können Sie Ihr Kind vor Sexualstraftaten schützen?

Als Polizei können und wollen wir Ihnen keine Ratschläge zur individuellen Erziehung Ihres Kindes geben. Aber:

Mit einer sachgerechten Sexualaufklärung können Sie Ihr Kind davor bewahren, Opfer einer Sexualstraftat zu werden. Dazu gehört auch, daß Sie Ihr Kind über mögliche sexuelle Belästigungen im Rahmen der allgemeinen Sexualerziehung möglichst selbstverständlich und anhand von konkreten Beispielen informieren. Denn es ist absolut sinnlos, ein Kind vor etwas zu warnen, von dem es keine Ahnung hat.

Falls Sie sich scheuen, mit Ihrem Kind über Sexualität zu sprechen, wenden Sie sich z. B. an:

- eine Erziehungsberatungsstelle
- den Schulpsychologischen Dienst
- Pro Familia
- den Deutschen Kinderschutzbund
- die Aktion Jugendschutz

- die Lehrer, die Ihr Kind in Sexualkunde unterrichten
- einen Elternkreis
- eine Selbsthilfegruppe, die sich mit diesem Problem befaßt.

Außerdem gibt es eine Reihe von guten Büchern zu diesem Themenkreis, die Ihnen helfen können, Ihr Kind problemgerecht aufzuklären. Machen Sie bitte nicht den Fehler, Ihr Kind nur sehr allgemein vor Gefahren zu warnen. Damit kann Ihr Kind wenig anfangen, und Sie ängstigen es unnötig. Vermitteln Sie Ihrem Kind

- daß es viele gute, aber auch einige böse Menschen gibt;
- daß man den bösen Menschen die Bösartigkeit nicht ansehen kann, sondern daß sie sehr freundlich wirken können;
- daß es versucht, zu anderen Leuten zu laufen, wenn es jemand mit Gewalt mitnehmen will oder es zwingt, etwas Ungewöhnliches zu tun;

Und denken Sie bitte immer daran, daß es für Ihr Kind gefährlich werden kann, wenn es sich die Liebe und Zuneigung, die es zu Hause nicht bekommt, an anderer Stelle holen muß.

Ein Wort zum sexuellen Mißbrauch von Kindern durch Familienangehörige:

Achten Sie bitte auf die Kinder in Ihrer Nachbarschaft und Kinder, die Ihnen – z. B. in der Schule – anvertraut sind. Denn leider kommt es auch vor, daß Kinder von ihren eigenen Eltern mißbraucht oder auf andere Weise mißhandelt werden. Darauf können schon scheinbar bedeutungslose Anzeichen – z. B. plötzliche Verschlossenheit des Kindes – hinweisen. Diese Kinder können sich nicht wehren, sondern sind auf Ihre Hilfe angewiesen. Sollten Sie also den Verdacht haben, daß ein Kind von seinen Eltern sexuell mißbraucht oder mißhandelt wird, wenden Sie sich bitte an eine der oben genannten Institutionen, an das Jugendamt oder an die Polizei.

Der Beitrag stammt aus der Broschüre ›Angst lähmt – Aufklärung hilft‹. Durch die freundliche Genehmigung des Innenministeriums Baden-Württemberg konnte der Beitrag in diesem Buch nochmals veröffentlicht werden. Die Broschüre entstand im Anschluß an eine wissenschaftliche Untersuchung des Bundeskriminalamtes über angezeigte Sexualstraftaten.

Dr. Michael C. Baurmann, Fachmann auf dem Gebiet der kriminalistischen Sexualforschung, Mitarbeiter des Bundeskriminalamtes und Autor zahlreicher Fachschriften, veröffentlichte sie 1985 in Zusammenarbeit mit dem WEISSEN RING zur Unterstützung von Kriminalitätsopfern und zur Verhütung von Straftaten e. V.

Als Herausgeber fungierte das Innenministerium des Landes Baden-Württemberg.

Das Tagebuch der Marie-Claire

– Februar bis Oktober –

27. Februar

Heute ist mein Geburtstag. Jetzt bin ich elf. Endlich! Von Mama habe ich Lackschuhe bekommen, die ich schon so lange wollte. Die mit Absatz und vorne so einer kleinen Lasche mit Fransen dran. Wenn das die anderen sehen, platzen sie vor Neid. Vati sagt, wenn ich brav bin, bringt er mir Tanzen bei. Wo ich jetzt die richtigen Schuhe dafür habe. Als ob ich nicht immer brav wäre. Naja, meistens.

Von Vati habe ich eine Kette bekommen, echt Gold, mit einem Marienkäfer als Anhänger. Weil er doch immer sagt, ich wäre sein süßer Käfer.

Von Tante Mia habe ich diesmal kein Geld und auch keine neue Wäschegarnitur bekommen. Sie hat mir dieses Tagebuch geschenkt. Eigentlich habe ich gar keine Lust zu schreiben. Aber sie sagt, wenn ich groß wäre, hätte ich eine schöne Erinnerung an alles. Ich müßte wirklich alles reinschreiben, was passiert oder was ich denke. Sie sagt, sie selbst hätte jede Menge Tagebücher, in denen sie immer wieder mal liest. Das hätte ihr viel gegeben. Weil, wenn man etwas aufschreibt, man vorher gut darüber nachdenken muß. Ich weiß ja nicht. Aber eigentlich finde ich es jetzt doch ganz toll, alles aufzuschreiben. Da kann ich nächstes Jahr genau vergleichen, was ich zum Geburtstag kriege.

Heute hat auf meinem Platz in der Schule ein Briefchen gelegen. Der Umschlag war zugeklebt. Aber ich wußte trotzdem sofort, daß ER ihn da hingelegt hat. Die Biggi hat ihn natürlich auch gesehen und gleich in der Klasse herumgekreischt: »He, Leute, unsere Marie-Claire hat einen Liebesbrief gekriegt!« Doof! Und so was will meine beste Freundin sein. Die gucke ich nicht mehr an. Nie mehr! Die kann mich doch mal. Die blöde Kuh.

Die anderen fingen an zu lachen und zu schreien, und Alexandra, die Raffzahnzicke, hat sogar versucht, mir den Brief wegzureißen. Aber ich habe mir nichts gefallen lassen. Wie wir mitten im Raufen waren, kam der Fips rein und donnerte los, was da für ein Spektakel wäre und daß er uns ins Klassenbuch eintragen würde. Die Alexandra machte mir hinter dem Rücken eine Faust. Aber ich hatte meinen Brief. Und den Kratzer auf der Backe hatte sie.

Den Brief habe ich dann in meine Bluse gesteckt. Vorn rein. Da hat er die ganze Zeit geknistert und ein bißchen gekratzt. Aber das hat mir nichts ausgemacht. Als es zur großen Pause geschellt hat, bin ich schnell aufs Mädchenklo. Da habe ich ihn gelesen (und geküßt habe ich ihn auch. Aber das schreibe ich nur, weil das Tagebuch ja einen Schlüssel hat, den ich immer bei mir tragen kann.) Es war wirklich ein Brief von IHM. Ich klebe ihn hier rein.

> »An Marie-Claire
> Hallo!
> Nach der Schule am alten Tor.
> Dein Tommy«

Dein Tommy – wie das klingt. Ich bin so glücklich.

ER wartete dann auch schon auf mich, als ich kam. ER hatte wieder diese Jacke an, die ich nicht leiden mag. ER hatte mir ein Geburtstagsgeschenk mitgebracht: einen ganz dünnen Silberring mit einem Glasstein.

»Für mehr hat's nicht gelangt«, hat ER gesagt. Und dann hat ER ihn mir angesteckt, und seine Hände waren ganz zittrig. Ich wußte gar nicht, was ich sagen sollte. Ich hab einfach nichts rausgebracht. Aber als ER mich dann auf die Backe geküßt hat, bin ich weggerannt.

So was Dummes! Ich weiß auch nicht, warum ich das gemacht habe. Jetzt ist ER bestimmt traurig und meint, ich wäre zickig oder eben doch noch ein richtiges Baby. Dabei hab ich IHN unheimlich lieb. Und den Ring zieh ich nie mehr ab. Nie! Auch nicht, wenn ich tot bin.

Ich versteh das nicht von mir, das mit dem Wegrennen.

Wenn ER mich jetzt nicht mehr mag?

10. März

Heute hat ER am Haupttor gewartet. ER hatte sein neues Fahrrad bei sich. Die Biggi, die Blöde, hat gleich zu kichern angefangen und ihre albernen Sprüche losgelassen, was ich für einen treuen Verehrer hätte und so. Aber die ist ja bloß neidisch, und eifersüchtig ist sie obendrein.

ER hat dann meine Mappe auf seinen Gepäckträger geklemmt und mich heimbegleitet. Geredet haben wir nicht viel. Nur von der Schule, und daß seine Eltern zur Zeit total meschugge sind, wenn ER mal mit einer Drei heimkommt. Ich bin froh, daß Vati das nicht so eng sieht. Obwohl, die Mama, die wäre schon ziemlich böse. Die ist viel strenger, weil sie meint, ein Mädchen muß doppelt so gut sein wie ein Mann, wenn sie im Beruf später mal eine Chance will.

Als wir bei mir ankamen, war der Vati schon zu

Hause. Er hat ganz komisch geschaut, als der Tommy meine Mappe bei sich runternahm und zu mir gesagt hat: »Also bis morgen, Marie-Claire. Ich hol dich um halb acht ab.«

Der Vati wollte sofort wissen, wer das denn war und wieso der mich begleitet hat. Dabei hat er mich fest am Arm gepackt und wütend ausgesehen. Ich war ganz erschrocken, weil er so was noch nie vorher getan hatte. Aber da ist zum Glück die Mama gekommen und hat zu lachen angefangen. Das wäre doch der Thomas aus der Hebelgasse, ob der Vati den denn nicht mehr kennt? Der Thomas hätte mich doch früher schon im Kindergarten verehrt.

Der Vati hat nur noch gebrummt und ist ins Haus zurückgegangen. Aber ich habe beim Essen genau gemerkt, daß er immer noch eine Wut hatte. Als dem Björni die Gabel runterfiel, hat er ihm gleich eine geknallt. Obwohl das doch jedem mal passieren kann und der Björn erst sechs ist. Wir haben uns dann nicht mehr gemuckst, bis der Vati wieder zur Arbeit war. Aber der Björni hat gesagt, an der Backpfeife wäre ich schuld, und die würde er mir noch heimzahlen.

Am Abend war der Vati wieder gut. Er hat mit uns richtig schön getobt und gespielt und vor dem Schlafengehen noch drei ganz lange Geschichten vorgelesen. Ich glaube, er hatte ein schlechtes Gewissen wegen der Ohrfeige. Beim Gute-Nacht-Kuß hat er dann gesagt, daß er mich morgen zur Schule fährt. Ich konnte mich aber gar nicht freuen. Morgen, ausgerechnet! Sonst fährt er mich nie. Wo ich mich schon so gefreut hatte, mit IHM zu gehen.

ER holt mich jetzt jeden Morgen ab. Aber erst hinter dem Coop-Laden. Der Vati stellt sich sonst nur wieder so blöd an.

Letzte Woche hat er mich gefragt, ob ich mir ernstlich was aus dem Tommy machen würde. Ob ich mich mit dem auch schon abgeknutscht hätte und so. Ich hab mich richtig geschämt. Weil ich zuerst nicht geantwortet habe, hat er mich dann auf einmal ganz wild geschüttelt und laut gebrüllt: »Mach schon den Mund auf, los, antworte, du Flittchen!«

Ich hab vor Schreck nichts gesagt und bloß zu weinen angefangen. Da hat's ihm wieder leid getan, und er hat mich ganz lieb umarmt und mit seinem Bart an meinem Gesicht gestreichelt. Das macht er immer, wenn ich ihm wieder gut werden soll. Aber diesmal mochte ich das gar nicht. Ich hätte ihn am liebsten weggestoßen mit seinem pieksigen Bart. Aber das habe ich mich nicht getraut. Ich hatte Angst, daß er wieder toben würde. Und das wollte ich nicht.

Die Mama hat dann später zu mir gesagt, daß der Vati eben Angst um mich hätte und meint, der Tommy könnte mir was antun, weil er ja schon drei Jahre älter ist als ich und auch schon in der Pubertät wäre.

Ich hab das nicht so ganz begriffen. Aber ich glaube, sie meint, was Mann und Frau zusammen tun, wenn sie verheiratet sind. So ein Quatsch! Was Große bloß immer haben! Der Tommy ist doch mein Freund. Der würde mir nie etwas tun. Aber das kapieren die Alten ja nie.

ER war heute krank!

Den ganzen Tag habe ich dauernd an IHN gedacht und konnte mich gar nicht auf meine Hausaufgaben konzentrieren. Hoffentlich wird ER schnell gesund. Ich bin jetzt so an IHN gewöhnt beim Heimgehen und so. Und die Biggi hat heute gesagt, daß sie IHN jetzt auch nicht mehr doof findet. Der Peter hat sie gefragt, ob sie mit ihm gehen will. Sie würde schon gern, aber sie findet, daß der Peter nicht einmal halb so nett ist wie ER. Ich bin bloß froh, daß ER sich nichts aus der Biggi macht, sondern nur aus mir.

Abends war es heute wieder ganz schön. Der Vati hatte gute Laune und hat mit Björn und mir nicht nur rumgemeckert. Ich habe aber auch eine Zwei in Deutsch geschrieben. Das hat ihn gefreut. Da war er richtig stolz. Fünf Mark hat er mir geschenkt. Obwohl die Arbeit echt leicht war. Aber das habe ich nicht verraten.

Später hat der Vati mit uns Lieder gesungen. Er hat mich im Arm gehalten und mich gestreichelt. Das war schön. Ich mag's gern, wenn er mit seiner Hand so an mir 'runterfährt. Und dann hat er gesagt, daß ich schon eine richtige kleine Frau wäre und mal einen tollen Busen bekommen würde. Deswegen würden ihm die Buben bald die Haustür einrennen. Aber denen würde er mit seinem Luftgewehr eins über den Pelz braten, wenn er mal einen erwischte. So richtig lustig hat er das gesagt. Und ich habe mich ein bißchen geschämt. »Quatsch!« habe ich gerufen. »Ich will ja gar keinen von denen. Dich habe ich am liebsten.« Da hat der Vati weitergesungen und mich nur ganz nah an sich gedrückt.

Als ich schon im Bett war, ist der Vati auf einmal leise zu mir ins Zimmer geschlüpft. Er war schon im Schlafanzug und hat nach dem Parfüm gerochen, das die Mama und ich ihm neulich zum Geburtstag geschenkt haben. Er hat gefragt, ob ich schon schlafe. Ich bin gleich auf die Seite gerückt und hab ihm im Bett Platz gemacht. Manchmal, wenn Vati nicht schlafen kann, kuscheln wir nämlich und erzählen uns Märchen. Vati kann toll erzählen, wenn er will.

Diesmal hat er sich gleich an mich rangeschnuckelt. Weil ihm so kalt war, hat er gesagt. Zuerst hat er mich ein bißchen gekitzelt und gestreichelt. Dann hat er mich am Hals und an der Brust geküßt. Das war aber anders als sonst. Das hat mir weh getan. Als ich es ihm gesagt habe, hat er nur gelacht und geflüstert, ich müßte doch jetzt endlich lernen, wie ein Mann das bei seiner Freundin macht. Ich wäre jetzt schon alt genug dafür. Wenn ich das nicht lernen würde, bekäme ich nie einen Mann und würde eine alte vertrocknete Jungfer wie Tante Mia.

Ich habe mich dann nicht mehr gewehrt. Eigentlich war's auch nicht so schlimm, weil der Vati nicht mehr so wild getan hat wie zuerst.

Plötzlich hat er aber meine Hand genommen und sie auf seinen Penis gelegt. Der war ganz groß und hart. Ich bin so erschrocken und hab ihn nicht berühren wollen. Aber der Vati hat meine Hand nicht losgelassen und gesagt, ich sollte ihn doch auch mal streicheln. Und daß ich ihn nicht wirklich lieb hätte, wenn ich das nicht tue. Das mit dem Penis wäre ganz normal und immer so, wenn ein Mann ein Mädchen sehr gern hätte. Das müßte jede lernen. Und er wollte ja nur, daß es mir kein anderer zeigt. Weil er mich am allerallerliebsten auf der Welt hätte. So lieb wie er würde mich nie ein anderer Mann haben. Und er würde auch ganz gut auf mich aufpassen, damit nichts passiert.

Das hat er aber alles ganz schnell und total durcheinander geflüstert und mich dazwischen immer wieder geküßt. Meine Hand hat er dabei immer an seinen Penis gedrückt. Auf einmal ist alles naß geworden, und der Vati hat gestöhnt, als ob ihm etwas weh täte.

Ich mußte gleich an Onkel Theo denken. Als der bei uns seinen ersten Herzanfall bekam, stöhnte er nämlich genauso. Und dann war er fast tot, so daß der Arzt ihm eine Spritze ins Herz geben und ihn ganz fest massieren mußte.

Aber wie ich Licht gemacht habe und die Mama rufen wollte, hat der Vati mich mit beiden Armen festgehalten. »Alles okay, Kleines!« hat er gesagt und ist aufgestanden. »Die Sache geht keinen was an, verstanden? Die Mama schon gar nicht. Die würde dir davon sowieso kein Wort glauben.«

Danach konnte ich lange nicht einschlafen. Immer, wenn bei meinen Eltern nebenan ein Bett knarrte, erschrak ich. Und als irgendwann die Schlafzimmertür leise klappte, kniff ich die Augen ganz fest zu und tat, als ob ich schliefe. Aber ich weiß auch so ganz genau, daß es der Vati war. Und ich bin froh, daß er nicht zu mir reingekommen ist. Ich dachte: »Nie mehr soll er kommen!« Und dann habe ich geweint.

10. Mai

Ich dachte, es wäre vorbei. Ich war so froh. Aber heute ist es wieder passiert. Der Vati hat es mir wieder gezeigt.

Er war im Keller und hat neue Regale eingebaut. Ich mußte ihm dabei helfen. Die Bretter hochhalten und ihm die Dübel reichen. Da fing er wieder an, daß ich einen richtigen kleinen Sexybusen bekommen hätte und so. Und daß ich wohl bald einen BH tragen müßte. Ich gab gar keine Antwort, weil mir das zu blöd war und weil ich auf einmal Angst bekam.

Dann sagte er, ich sollte mal die Kellertür schließen, ihm wäre kalt im Durchzug. Ich merkte zwar nichts davon. Aber weil er wollte, machte ich sie halt zu.

Als ich zurückkam, saß er auf einer umgedrehten Apfelsinenkiste und hatte seine Hose vorn offen. Da war sein Penis zu sehen.

Er verlangte dann, daß ich ihn reibe und mir alles ganz genau ansehe. Ich wollte nicht, aber er hielt mich ganz fest am Arm und redete so wild, daß ich nicht anders konnte. Ich machte dann alles.

Auf einmal drückte mir Vati seine Hand ganz fest an meine Scheide. Das tat so weh, daß ich von ihm wegsprang. Er versuchte nicht mehr, mich festzuhalten. Aber wie ich aus der Tür rannte, sah ich noch, wie etwas Weißes aus seinem Penis lief.

Oben fragte mich Mama, was ich denn hätte. Aber ich sagte nichts. Ich rannte nur ins Bad und schrubbte mir die Hände mit der Wurzelbürste ab. Ich dachte, mir wird gleich schlecht. Aber ich mußte nicht brechen. Und dieses verrückte Zittern im Bauch hörte auch bald auf.

Ich saß dann ziemlich lange auf dem Klo. Die Mama klopfte und sagte, ich soll zum Essen kommen. Sie schaute mich an, und ich dachte, sie weiß alles. Aber ich traute mich nicht, ihr etwas zu verraten. Als der Vati das Tischgebet sprach, konnte ich ihn nicht ansehen.

20. Mai

In der Schule habe ich heute einen Tadel bekommen, weil ich schon wieder keine Vokabeln konnte. Ich verstehe gar nicht, warum die anderen Mädchen in meiner Klasse immer alles können. Macht das denen nichts aus, was ihre Väter mit ihnen machen?

Ich kann nachts fast gar nicht mehr schlafen. Dauernd wache ich auf, weil ich glaube, Vati käme zu mir ins Bett.

Ich habe mir heimlich Mamas dickes Gesundheitslexikon aus dem Bücherschrank genommen und darin gelesen. Ich wollte wissen, ob da drinnen steht, warum der Vati neulich dies weiße Zeugs an sich hatte. Aber ich habe das nicht richtig kapiert, was da stand. Da waren so viele Fremdwörter. Vielleicht muß er mir das alles deshalb zeigen und erst mal so beibringen, weil das in einem Buch für mich sonst zu schwierig wäre.

Ich glaube, ich spinne irgendwie. Vielleicht bin ich ja nicht ganz normal. Ich meine, wenn ich mir so viel aus allem mache und die anderen Mädchen gar nichts dabei finden.

22. Mai

Wir waren alle zum Baden am Mückensee. Mama, Björn, Vati und ich.

Der Vati hatte für Mama und mich neue Badeanzüge gekauft. Die sollten wir unbedingt einweihen. Für die Mama hatte er einen schwarzen einteiligen Badeanzug ausgesucht und für mich einen Bikini. Ich glaube, die Mama hätte auch lieber einen Bikini gehabt. Aber der Vati sagte, sie wäre dafür nicht mehr knackig genug. Und sie sollte mich mal angukken.

Zuerst habe ich mich darüber gefreut. Komplimente machen mich immer verlegen. Aber plötzlich konnte ich mich nicht mehr freuen. Am liebsten hätte ich mich sofort angezogen und wäre heim. Ich merkte, wie der Vati wieder diesen Blick hatte, wie er mich anguckte und so. Ich kann das so nicht aufschreiben. Aber ich spürte, daß das nicht richtig von ihm war. Und ich wollte auch nicht, daß er mich so anstarrt. Wie ich aufsprang und wegrannte, ins Wasser, hörte ich noch, wie die Mama sagte: »Du machst die Kleine noch eitel mit deinem Gerede.«

Der Vati lachte ziemlich laut und sagte: »Und du benimmst dich wie eine eifersüchtige alte Gans. Gewöhn dich mal daran, daß jetzt sie an der Reihe ist!«

25. Mai

Als ich heute mitten in der Nacht aufwachte, saß der Vati an meinem Bett. Er war ganz still und sprach kein Wort. Er faßte mich auch nicht an.

Es war so unheimlich. Ich hörte, wie schwer er atmete. Und dann ging er wieder auf Zehenspitzen raus. Ohne ein Wort.

Ich konnte nicht mehr einschlafen. Dauernd mußte ich nachdenken, was das jetzt wohl wieder werden soll.

In der Schule bekam ich einen Eintrag wegen Unaufmerksamkeit und Nichtbeteiligung am Unterricht.

30. Mai

Tommy hat mich gefragt, ob ich krank bin. Ich wäre so blaß die letzte Zeit und würde kaum noch mit ihm reden.

Ich hab gesagt, ich hätte jetzt ziemlich oft Migräne. Das kenne ich von der Mama. Bei Migräne ist man arm dran und hat damit für alles eine Entschuldigung. Viel lieber hätte ich aber nicht gelogen.

2. Juni

Vati hat mich ins Eiscafe Torino eingeladen. Er hat nach der Schule im Auto auf mich gewartet. Ein Geschenk hatte er auch dabei. Ein Blüschen mit ganz vielen kleinen gestickten Blüten und eine passende kurze Hose dazu. Er sagte, wir müßten doch feiern, daß ich jetzt eine richtige Frau wäre. Die Mama hätte ihm nämlich verraten, daß ich schon meine Periode bekommen hatte.

Ich wollte, sie hätte ihm nichts gesagt. Immer muß sie alles verpetzen und mit ihm bereden! Ich kann doch auch nicht alles überall austratschen. Sie ist wirklich zu blöd manchmal. Ich werde ihr nichts mehr sagen. Soll sie doch sehen, wie das ist, wenn man sich mit seinem ›Drüberschwätzenmüssen‹ alles verdirbt.

Ich war so enttäuscht, daß ich am liebsten losgeheult hätte. Aber der Vati hatte es ja schließlich gut mit mir gemeint. Ich durfte mir meine miese Stimmung nicht anmerken lassen. Und die Sachen waren ja auch wirklich süß. Wenn ich nur nicht immer diese Angst hätte, daß er dafür wieder einen Kuß will, oder daß ich mich von ihm überall streicheln und anrühren lassen muß.

5. Juni

Gestern habe ich Tommy mit der Annemarie von gegenüber gesehen. Sie hielten Händchen und lachten zusammen. Als ER mich sah, winkte ER 'rüber und sagte: »Na, Kleine!«

Ich war den ganzen Tag fix und fertig. Ich kann auch jetzt erst darüber schreiben. Ich dachte, ER mag mich. So ganz richtig. Und jetzt geht ER mit der. Und bestimmt lachen sie über mich.

7. Juni

Es ist nichts mit der Annemarie, sagt ER. Es ist nur, weil die ihn gerade getroffen hatte und da taten sie wegen der Leute so, als ob sie ein Liebespaar wären. Sie wollten die einfach ein bißchen schocken.

Der Vati hat mich wieder mit IHM zusammen gesehen. Wir waren die ganze Zeit so vorsichtig und haben immer aufgepaßt, daß uns keiner sieht. Und jetzt hat er doch alles mitbekommen. Er ist im Auto an uns vorbeigefahren, wie ER mich eben auf die Querstange von seinem Fahrrad hat aufsitzen lassen.

»Du, da fährt dein alter Herr«, hat ER noch gerufen und hinter dem Vati hergezeigt. Ich bekam einen Riesenschreck.

»Mach dir nichts draus, wenn er mit dir tobt«, hat der Tommy gemeint. »Ich schalte da bei meinem Alten einfach auf Durchzug. Die brauchen das eben, das Geschrei und den ganzen Käse.«

Ich hatte trotzdem unheimlich Angst. Der Vati wird nämlich oft so gemein. Er sagt dann Sachen, daß ich wohl wieder mal seine neuen Tennisbälle verschluckt hätte, oder daß ich ihm nicht dauernd mit meinem unschuldigen Augenaufschlag kommen soll. Er spielt auch fast nie mehr mit mir.

Meistens lümmelt er nur auf dem Sofa herum und kommandiert die Mama. Früher war er ganz anders. Da hätte er den Björni auch bestimmt nicht verhauen, wenn er mal ein Gassenwort heimbringt oder so. Jetzt findet er fast immer einen Grund, ihn auszuzanken, ihm Hausarrest zu geben oder ihn nach dem Ledergürtel zu schicken. Der Björn tut mir oft unheimlich leid. Ich nehme ihn dann fast jedesmal in Schutz und bitte den Vati, ihn doch sein zu lassen. Wenn ich mich dann ein bißchen bei ihm einschmeichle und ihm schön tu, läßt er den Björn sofort zufrieden.

Die Mama hat schon gesagt, der Vati ließe sich von mir um den kleinen Finger wickeln. Ich glaube, sie ist deswegen irgendwie böse auf mich. Dafür kann ich aber nichts.

Als ich heute dann heimkam, stand der Vati schon in meinem Zimmer. »Die Geschichte mit diesem kleinen Ganoven hört auf!« hat er mich angebrüllt. »Wenn ich den Knilch noch einmal in deiner Nähe erwische, haue ich ihn windelweich. Das kannst du ihm mit einem schönen Gruß von mir ausrichten. Der soll sich anderer Leute Kinder zum Befummeln aussuchen.«

Ich schrie ihn an, daß der Tommy mein Freund ist und daß wir doch gar nichts getan hätten.

»So!« schrie der Vati zurück. »Nennst du das nichts, wenn der Lümmel an dir rumspielt? Hat er seine dreckigen Pfoten an dir gehabt oder nicht? Meinst du, ich hätte keine Augen im Kopf?«

Ich mußte sehr weinen. Das passiert in letzter Zeit immer öfter. Aber das machte dem Vati überhaupt nichts aus. Er rannte in meinem Zimmer auf und ab, auf und ab und wurde immer wilder.

»Wenn deine Mutter dich nicht erziehen kann«, sagte er plötzlich und riß mich an den Haaren, so daß ich ihn genau anschauen mußte, »dann werde ich das von jetzt an in die Hände nehmen. Dieser Bengel kommt mir jedenfalls nicht mehr in deine Nähe. Verlaß dich drauf!«

In der Nacht kam er wieder zu mir. Ich hatte ihn schon gehört, wie er zuerst ins Bad schlich und dort herumkramte. Ich tat, als schliefe ich ganz fest. Manchmal, wenn er mich nicht wachkriegen konnte, war er nämlich schon aus meinem Zimmer abgehauen. Das klappte diesmal aber nicht. Er legte sich einfach zu mir ins Bett und deckte sich bis über den Kopf zu. Unter der Decke schob er dann mein Nachthemd ganz hoch und fing an, mich zu küssen und überall zu streicheln. Ich lag ganz steif da und versuchte weiterzuschlafen. Da merkte ich, wie der Vati mir seinen Penis zwischen die Beine drückte und sich an mir rieb. Ich zog die Knie an und drehte mich um, als würde ich langsam wach werden. Der Vati schrie dabei leise auf und fluchte dann vor sich hin.

Ich weiß nicht, warum, aber er ließ mich plötzlich los und stand ganz krumm vor meinem Bett. Dann ging er endlich weg.

Ich war hellwach. Zwischen meinen Beinen war es ein bißchen klebrig. Aber ich konnte mich jetzt nicht waschen gehen. Dann hätte er doch gewußt, daß ich in Wirklichkeit wach gewesen war.

Als ich mich umdrehte, merkte ich, daß mein Kopfkissen naß war. Ich hatte die ganze Zeit geweint und es nicht gespürt.

11. Juni

Ich habe IHM alles erzählt, was der Vati uns angedroht hat. Daß er IHN verhauen will und so. Von dem anderen zwischen dem Vati und mir habe ich nichts gesagt. Darüber kann ich nicht reden. Das geht einfach nicht, obwohl ich möchte. Immer öfter sogar. Weil ich zu gerne wissen würde, ob die anderen das alles auch so eklig finden. Aber die anderen sagen zu mir ja auch nie was. Vielleicht wollen denen ihre Väter ja auch, daß ES ein Geheimnis bleibt? Ich kapier' das alles nicht. Wenn es doch bei allen so ist und immer so war, ist es doch kein Geheimnis. Aber der Vati sagt, daß es heimlich sein muß, weil man über alles, was mit den Geschlechtsteilen zu tun hat, nicht spricht. Das würde sich eben nicht gehören. Und dann hat er noch gesagt, daß ich nur ihm gehören soll und sonst keinem auf der Welt.

ER hatte auch keine Idee, wie wir den Vati beruhigen könnten. ER meint, wir dürften uns jetzt nur noch selten treffen. Oder nur wie zufällig. Ich glaube, ER hat Angst vor dem Vati, weil der ihn bei seinen Eltern anschwärzen könnte oder so. Seine Eltern spinnen ja im Moment sowieso wegen seiner Noten. Mathe kapiert ER eben jetzt nicht. Aber das sehen seine Alten anders. Die wollen bloß immer, daß ER überall der Beste ist. Meine Eltern würden das nie von mir verlangen. Wenn der Vati mich nicht dauernd aufklären wollen würde, wäre es bei uns echt spitzenmäßig.

12. Juni

Die Biggi ist lieb. Sie hat gesagt, wir könnten ja manchmal ihren und meinen Eltern erzählen, wir beide würden uns irgendwo treffen. Und in Wirklichkeit kann ich dann mit dem Tommy zusammen sein. Sie sagt, mein Vater hätte sich selbst zuzuschreiben, daß ich ihn anlüge. Wenn er sich wegen Tommy nicht so verdreht anstellte, müßte ich mir ja gar nichts ausdenken. Darum wäre das auch nur eine Notlüge. Die müßte ich nicht einmal beichten. Das wäre so ähnlich wie Notwehr.

Tommy meint auch, die Idee sei dufte.

Ich habe trotzdem ein schlechtes Gewissen. Die Mama sagt immer, man muß sich auf einen verlassen können. Wenn ich sonst irgendwo hingegangen bin, hat sie sich garantiert auf mich verlassen können. Ich hab sie nie angelogen. Auch dann nicht, wenn ich mal irgendetwas verbockt hatte.

Aber eigentlich mache ich das ja auch nur wegen dem Vati. Wenn sie ihm nicht immer alles weitersagen würde, könnte ich wenigstens ihr die Wahrheit anvertrauen. Ich fänd's echt viel toller, wenn sie ausnahmsweise mal zu mir halten würde. Aber bei ihr kommt ja immer der Vati zuerst.

14. Juni

Wir haben uns am Lauterbachbrückle getroffen. Da kann kein Auto fahren, nur Räder. Und wenn man sich an die Böschung setzt, sieht einen vom Weg aus auch keiner.

Ich hatte unheimlich Herzklopfen. Aber es war trotzdem wahnsinnig schön. Tommy hatte seine Edelsteinsammlung dabei. Die hat er mir erklärt. Da sind riesig starke Steine dabei. Einen hat er mir sogar geschenkt. Er heißt ›Tigerauge‹. Weil der aussieht wie meine Augen, sagt Tommy.

Die Biggi meint, von uns hätte keiner bei ihnen wegen mir angerufen. Mir sind echt Steine von der Seele geplumpst.

20. Juni

Jetzt haben wir uns schon dreimal dort getroffen. Gestern hat uns Herr Franz gesehen. Er hat richtig neugierig geschaut und gegrinst. Und dann hat er mich gefragt, ob das mein Vater wüßte. Ich bin ganz rot geworden und hab nur rumgestottert.

Wenn der das dem Vati weitertratscht! Die arbeiten doch zusammen und treffen sich jeden Tag. Wenn ich doch nur nicht so gelogen hätte! Der Vati schlägt mich bestimmt halbtot. Oder IHN. Bitte, lieber Gott, laß alles noch einmal gut ausgehen, bitte!

24. Juni

Der Vati scheint nichts erfahren zu haben. Er hat keine Bemerkung gemacht. Ich kann's immer noch nicht glauben, daß alles gutgegangen ist.

Heute mußte ich mich beim Mittagsschlaf zu ihm

aufs Sofa legen. Er hat so getan, als dürfte ich seinen Arm als Kopfkissen benutzen. Aber in Wirklichkeit hat er ihn unter meinen Po geschoben und mich dauernd von hinten berührt und gekitzelt.

Ich hab ihm gesagt, daß er mich in Ruhe lassen soll, weil ich das nicht ausstehen kann. Er hat trotzdem weitergemacht und mich mit dem anderen Arm um die Taille genommen, so daß ich nicht ausreißen konnte. Weil die Mama am Fenster gesessen und gestrickt hat, habe ich mich auch nicht so stark wehren können wie sonst. Sie hat sowieso schon dauernd mißtrauisch zu uns rübergeblickt. Ich wollte nicht, daß sie etwas merkt.

30. Juni

Letzte Nacht kam er wieder zu mir rein. Ich habe sofort das Licht angeknipst und das Radio angedreht. Wenn die Mama hört, daß ich nachts den Kasten laufen lasse, wird sie jedesmal unheimlich wild und spurtet sofort aus dem Bett zu mir ins Zimmer. Dann läßt sie einen Heidenspektakel los und nimmt mir das Radio auch meistens gleich für ein paar Tage weg.

Der Vati hat mich bloß wütend angeschnauzt und so getan, als wäre er wegen der Musik aus dem Bett gekrochen.

Ha, diesmal habe ich ihn reingelegt!

2. Juli

Ich habe mir von meinem Taschengeld ein ganz enges Miederhöschen gekauft. Das war ziemlich teuer. Ich habe alles Spargeld gebraucht. Aber das ist mir egal. Ich habe gesagt, es ist für Mama. Das Miederhöschen ziehe ich jetzt immer unter dem Schlafanzug an. Das ist ziemlich unbequem, weil es so drückt. Aber ich will nicht, daß der Vati DAS noch mal mit mir macht. Wenn ich das Miederhöschen anhabe und das so schwer auszuziehen geht, läßt er mich bestimmt. Dann kommt er einfach nicht mehr an mich ran. Das wäre gut.

Oder die Mama merkt 'mal was. Also, hundertprozentig, wenn ich eine Mutter wäre und meine Tochter würde mit einem Miederhöschen ins Bett gehen, dann würde mir das auffallen. Aber ganz sicher. Und dann würde ich sofort fragen: »Sag mal, was ist denn das?« Und dann würde ich so lange bohren, bis ich alles weiß. Und dann würde ich meinem Mann den Kopf waschen. Und wie! Da würde ich gar nichts kennen. Und meiner Tochter würde ich sagen, daß sie mich sofort rufen soll, wenn er DAS wieder versucht, obwohl sie gar nicht will.

5. Juli

Die erste Nacht mit dem Vati, seit ich das Miederhöschen trage. Ich hatte mir alles so gut vorgestellt. Und dann war's wieder nichts.

Natürlich hat der Vati sofort gespannt, daß ich meinen Panzer anhatte. Zuerst hat er keinen Ton gesagt, und ich dachte schon, jetzt läßt er mich wirklich. Auf einmal hat er aber angefangen zu lachen und versucht, sich auf mich zu legen. Ich bekam fast keine Luft. Ich weiß gar nicht, wie die Mama das aushält. Ich hatte Angst, ich ersticke.

»Wenn du dich so verbarrikadierst«, hat er dann geflüstert, »macht mir die Sache noch mehr Spaß.«

Ich habe mich doll gewehrt, wie ich nur kann. Ich wollte ihn hauen und kratzen. Aber ich schaff das nicht. Ich muß immer denken, daß er doch mein Vater ist. Ich darf doch meinen Vater nicht schlagen.

Ach, ich weiß auch nicht.

Er hat mich dann doch ausgezogen gekriegt. Und dann kam das Schlimmste. Er hat mich da unten geküßt. Ich hab mich immer gedreht und versucht, die Beine zusammenzukneifen. Aber er hat sie doch auseinandergedrückt und immer weitergemacht.

Irgendwann hat das dann angefangen, ich meine, daß das in mir drinnen unheimlich gekribbelt hat und heiß wurde. Und dann habe ich geschrien, und der Vati hat mir den Mund zugehalten, und aus seinem Penis ist das weiße Zeugs auf meinen Bauch getropft. Und dann ist mir schlecht geworden, und alles ins Bett.

Und auf einmal stand die Mama in der Tür und hat gefragt: »Was ist denn hier los?«

Der Vati hat blitzschnell seinen Hosenlatz zurechtgeschoben und hat gesagt, ich hätte wohl einen Albtraum gehabt, und er hätte mich schon länger stöhnen gehört und da hätte er sich eben zu mir ins Bett gelegt.

Die Mama ist dann kurz rausgegangen, um einen Putzeimer zu holen. Inzwischen hat der Vati mich wieder voll angezogen. Ich konnte gar nichts mehr allein. Ich hab nur geheult und mein Taschentuch gesucht.

Dann hat er das Bettlaken mit allem drin abgerissen, damit die Mama nichts merken soll und alles sofort in die Waschmaschine gestopft.

Die Mama war unheimlich zornig, weil ich so eine Sauerei ins Bett gemacht hatte. Sie hat gewischt und geschrubbt. Und dann hat sie zum ersten Mal ›Miststück‹ zu mir gesagt.

7. Juli

Ich habe gefragt, ob ich dieses Jahr im Urlaub bei Oma und Opa bleiben darf. Aber der Vati erlaubt es nicht.

Seit neulich hat er mich noch nicht wieder berührt. Nur einmal, im Flur, da hat er mich von hinten mit beiden Händen über der Brust angefaßt und mir ins Ohr geflüstert: »Du bist echt eine Kanone, Kleines. Wir beide, wir werden noch jede Menge Spaß zusammen kriegen.«

10. Juli

Ich kann IHN nicht mehr treffen. Immer muß ich jetzt denken, daß ER auch ein Mann ist und so einen dicken Penis haben kann und vielleicht auch so was machen will wie der Vati.

Ich habe IHN auch wieder mit der Annemarie gesehen. ER hat sie geküßt. Nicht nur so auf die Backe wie mich. Ganz richtig, wie die im Film. Mit offenem Mund und so. Ich stand hinter der Plakatsäule und hab sie dabei beobachtet.

Ich will IHN nie mehr sehen! Soll er sich doch die Annemarie als Freundin halten!

12. Juli

Ich habe seinen Ring abgenommen. Die Stelle an meinem Finger sieht ganz weiß aus, weil ich sonst überall ziemlich braun bin. Die Biggi sagt, auf so einen wie IHN würde sie pfeifen, wegen dem wäre sie nie down.

Ich bin aber trotzdem down.

Sie weiß ja auch nicht, wie nett ER sein kann. Ich

habe mit IHM echt reden können. Nicht so albern rumlabern wie mit den anderen. ER hat mich ernst genommen. Ich muß dauernd aufpassen, daß ich nicht in Tränen ausbreche.

Die Mama hat schon wissen wollen, ob ich Kummer habe und warum. Ich glaube, sie sorgt sich ein bißchen um mich. Ich will aber nicht mit ihr reden. Sie verpetzt mich sonst doch nur wieder.

15. Juli

Wir fahren bald in Urlaub. Der Vati hat Prospekte mitgebracht. Spanien. Es sieht ganz toll aus.

Ich wollte, wir könnten heute schon wegfahren. Dann brauchte ich IHN nicht dauernd mit seiner doofen Annemarie zu sehen.

17. Juli

Die Mama muß für drei Tage zu ihrer Freundin nach Ulm. Der Vati will sich in der Zeit Urlaub nehmen und auf Björn und mich aufpassen. Die Mama wollte der Oma Bescheid geben. Aber der Vati hat gemeint, er möchte lieber mal ganz allein mit uns bleiben. Die paar Tage würden wir auch ohne Hilfe schaffen. Die Mama sollte sich nur keine Sorgen machen. Und wenn es sein müßte, könnte sie auch ruhig die ganze Woche über fortbleiben.

Ich habe gefragt, ob ich in der Zeit bei der Biggi schlafen kann. Aber der Vati hat gesagt, er braucht mich daheim.

Ich weiß schon, wozu.

18. Juli

Ich weiß nicht, ob ich das Gefühl, das der Vati mir macht, schön finden soll oder nicht.

19. Juli

Der Vati hat neulich Karten mitgebracht, da sind lauter nackte Männer und junge Mädchen abgebildet. Er hat gesagt, damit ich sehe, daß das ganz normal ist, was er mit mir macht.

20. Juli

Heute habe ich meine Tage bekommen. Der Vati hat mich deswegen geschlagen. Ich bin froh, wenn die Mama endlich heimkommt. Wenn man als Frau jede Nacht so mit einem Mann zusammen sein muß, wie das Vati mir zeigt, will ich erst gar keine werden.

23. Juli

Die Mama ist zurück. Ich bin so erleichtert. Als sie ankam, bin ich ihr um den Hals gefallen, so habe ich mich gefreut. Aber sie hat mich nur ein Stück weggeschoben und hat gesagt: »Na, na, na, schließlich bist du doch schon ein großes Mädchen. Stell dich mal nicht so an!«

Wir haben dann den ganzen Nachmittag zusammen den Hausputz gemacht. Sie hat mich ganz allein aufwischen lassen und nicht einmal nachgeputzt. Ich glaube, sie merkt jetzt, daß ich wirklich schon ziemlich alt bin.

Der Vati hat schlechte Laune. Bestimmt, weil er jetzt nicht mehr splitterfasernackt zu mir reinschlüpfen und an mir rumspielen kann.

Ob er eigentlich mit ihr auch so was macht wie mit mir?

24. Juli

Ich habe den Vati gefragt, warum er so gern an mir rumspielt, wo er doch die Mama dazu hat. Da hat er mich ausgelacht. Ich wäre ein Dummerle, hat er gemeint. Und wäre ja wohl eifersüchtig. Aber das brauche ich nicht zu sein. Wenn er mit der Mama zusammen wäre, hätte er nicht halb so viel Spaß wie bei mir. Ich bin überhaupt nicht eifersüchtig. Vati soll das nicht mehr mit mir machen. Es ist so häßlich und gemein, und ich will es auch nicht. Gar nicht. Nie.

30. Juli

Der Vati hat jetzt fast jeden Tag eine Laune zum Wegrennen. Er hat gesagt, die Mama würde ihn nachts aussaugen. Sie wäre ein Vampir.

4. August

Die Mama meint, daß sie vielleicht auch noch mal ein Baby bekommt. Sie ist ja auch noch nicht alt.

Ich hätte schon gern ein Brüderchen oder ein Schwesterchen. Da könnte ich immer mit dem Kinderwagen spazierengehen und das Kleine in frische Windeln wickeln. Ich glaube, die Mama ist bei ihrer Freundin auf den Geschmack gekommen.

6. August

Heute habe ich den Tommy wiedergesehen. ER war ziemlich verlegen, weil wir uns ganz allein auf der Straße getroffen haben. Ich habe IHN gefragt, wie es ihm mit seiner Neuen gefällt. »Och«, hat ER gesagt und mit den Schultern gezuckt.

Hinterher habe ich noch lange auf dem Mäuerchen an der Friedhofseite gesessen. Da waren auch wieder die Eichhörnchen, die einem aus der Hand fressen, wenn man Nüsse hinhält. Aber ich habe gar nicht richtig auf sie geachtet. Ich dachte, es müßte schön sein da hinten unter den dicken alten Bäumen und gar nichts mehr merken von allem und Ruhe haben.

12. August

Urlaub. Spanien.

Den ganzen Tag mit dem Vati. Ich halte das nicht mehr aus!

14. August

Ich muß die Biggi fragen, wenn wir heimkommen. Wegen ihrem Vater und so. Wenn ihrer echt auch so ist wie meiner? Bin ich irgendwie krank im Hirn?

Ich kann Mama schon nicht mehr anschauen. Und andere Frauen auch nicht. Immer muß ich denken, daß, wenn ich erwachsen werde und DAS dann immer mit einem Mann machen muß und Kinder von ihm haben soll und so, ich sicher wahnsinnig werde.

Ich wünschte, ich wäre immer ein Baby geblieben oder tot.

19. August

Ich habe Björn gefragt, ob er jetzt im Urlaub nicht wieder mit mir in einem Bett schlafen will wie früher.

Die Mama hat gemeckert, weil das bei der Affenhitze in Spanien ja völlig verrückt wäre. Aber der Björni, der Goldschatz, war gleich Feuer und Flamme. Der Vati hat nichts dazu gesagt. Aber ich habe auch so gewußt, was er sich denkt.

22. August

Seit Björn bei mir schnarcht, läßt der Vati mich in Ruhe.

Ich bin so froh, so froh, so froh!

28. August

Übermorgen fahren wir zurück. Wir sind alle ganz braun, ich besonders. Mit meinen blonden Haaren und dem neuen grasgrünen Bikini gefalle ich mir ausnahmsweise sogar einmal selbst. Sonst sehe ich ja nach nichts aus. Aber jetzt, wo ich so braun bin, schon. Schade, daß ER mich nicht sehen kann!

Da ist so ein Gastarbeiterjunge, der etwas Deutsch kann. Der starrt mich dauernd an und pfeift hinter mir. Ich muß immer lachen. Die Mama lacht auch. Hier hat sie mich irgendwie viel lieber als daheim. Schade, daß wir schon so bald zurückreisen müssen! Ich habe mich so richtig ans Urlaubmachen gewöhnt. Der Vati hat mich nur einmal SO angerührt, seit er nachts nicht mehr zu mir schleichen kann. Er hat gesagt, ich wäre ein raffiniertes Biest, aber ich brauchte mir nicht einzubilden, daß er sich meine Zicken auch zu Hause gefallen ließe. Ich wünschte, der Björni wäre plötzlich an mich drangewachsen und müßte immer bei mir schlafen. Dann brauchte ich DAS nie mehr mit dem Vati machen. Dann wäre es immer so wie hier und ich müßte keine Angst mehr DAVOR haben. Früher war er doch auch anders zu mir. Und jetzt, wo ich schon bald eine Frau bin, fängt er plötzlich so komisch zu spinnen an und meint, er müßte mich ganz von vorn erziehen.

1. September

Ich habe IHN wiedergesehen. ER hat mich einfach am Arm festgehalten. Ich war ganz erschrocken und bekam wahnsinnig Herzklopfen. Ich dachte, jetzt könnte alles passieren, nur weil ER wieder da war und mich anlachte.

An den Vati dachte ich in dem Augenblick überhaupt nicht.

Tommy war in Jugoslawien gewesen. Seine Eltern und seine Schwester mögen FKK. Ich würde mich da viel zuviel genieren, wenn alle dich so angucken können. Aber ER meint, wenn alle nackt sind, ist das ganz natürlich. Da schaut dann auch keiner. ER findet FKK auch super. Wenn ich alt genug bin, daß ich mit IHM in Urlaub kann, will ER mit mir auch FKK machen.

Na, ich weiß nicht, ob ich das will und erlaube. Ich glaube, wenn alle Männer dann so aussehen wie der Vati, dann will ich das lieber nicht. Ich will eigentlich gar keinen Mann mehr so sehen. Und IHN auch nicht.

3. September

Vati hat Björn eine Eisenbahn versprochen, wenn er wieder in seinem eigenen Bett schläft. So eine Gemeinheit!

Der kleine Blödmann ist natürlich sofort darauf abgefahren. Mit Ehrenwort und Handgeben und alles.

Was soll ich denn jetzt bloß machen?

8. September

Heute, morgen und übermorgen ist die Mama schon wieder verreist. Vati hat gesagt, ich soll so lange neben ihm im Ehebett schlafen. Ich hab die Mama richtig angebettelt, daß sie mich mitnehmen soll. Aber sie hat so ein Klassentreffen mit ihren Freundinnen von früher. Sie kann mich dabei nicht brauchen, sagt sie. Und die anderen würden ihre Kinder ja auch nie mitbringen. Außerdem hätte ich ja auch Schule.

Zu Biggi darf ich natürlich auch wieder nicht. Wegen Björn und weil Vati ohne mich nichts kochen oder einkaufen kann. Ich muß ihm helfen, hat die Mama gesagt. Ich wäre ja nun schon fast zwölf. Andere Mädchen in meinem Alter wären da schon verheiratet. In Indien zum Beispiel oder in Afrika. Viele hätten da sogar schon ein Kind und müßten immer für alles sorgen.

Nach der Schule war Vati schon zu Hause und hat gekocht. Er war richtig lieb und hat lauter Unsinn gemacht. Sich den Bart mit Mehl gepudert und Mamas Stöckelschuhe angezogen und so weiter. Aber ich konnte das alles überhaupt nicht witzig finden. Wenn Vati mich nur mal so aus Versehen mit der Hand streifte, fing ich schon an zu zittern. Darum fiel mir dann auch der Teller mit den Spaghetti aus der Hand. Der ganze Küchenboden war voll mit Nudeln und Sauce und Scherben.

Björni fing gleich zu plärren an, weil er dachte, jetzt würde ich sie aber kriegen. Und da war er ganz mitleidig, weil er ja gut weiß, wie das tut. Aber der

Vati schlug mich kein bißchen. Er lachte nur und sagte, na, da müßte ich jetzt unheimlich lieb zu ihm sein, wenn ich das wieder gutmachen wollte. Lieber hätte ich meine Dresche bekommen.

Nachmittags hat mich die Biggi besucht. Ich hab ein paarmal versucht, sie wegen ihrem Vater zu fragen. Aber sie hat nur dumme Augen gemacht und getan, als kapierte sie nichts.

Naja, vielleicht ist es ja auch wirklich ziemlich Wurst. Oder sie wollte wegen Björn nichts erzählen. Der steht ja neuerdings dauernd hinter der Tür und lauscht. Wenn er nämlich was hört, petzt er gleich alles dem Vati. Der gibt ihm was dafür. So ein Miesling ist das. Ich meine, der Björn.

Am Abend ist mir dann eingefallen, was ich mache. Ich habe mir ein dickes Tampon reingeschoben und gesagt, ich hätte schon wieder meine Tage.

»Auch das noch!« hat der Vati gebrüllt und die Badezimmertür zugeknallt.

9. September

Nachts ist er wieder zu mir ins Bett. Er hatte gar nichts an. Und ich habe gerochen, daß er eine Bierfahne hatte.

Er hat gesagt, das mit meiner Periode wäre Scheiße. Er hätte mir sonst endlich mal richtig beibringen können, wie schön das zwischen Mann und Frau sein kann. Schließlich bekäme ich ja auch schon oft einen Orgasmus, wenn er es bei mir mit dem Mund macht.

Dann hat er mich gestreichelt und an meiner Brust rumgenuckelt. Das tut immer so weh. Aber wenn ich ihm das sage, hört er trotzdem nicht damit auf. Dann hat er gesagt, ich müßte mal was lernen, was die Mama sonst gern bei ihm macht. Das wäre unheimlich schön und würde jeden Mann erst richtig in Fahrt bringen.

Dann hat er meinen Kopf runtergedrückt, und ich mußte seinen Penis in den Mund nehmen. Ich konnte nicht von ihm weg. Ich mußte das einfach machen.

Auf einmal fing er an zu stöhnen. Das kannte ich ja schon. Da war ich froh, weil ich dachte, jetzt ist es gleich aus. Aber dann spritzte er mir einfach alles in den Mund, und ich, ich mußte das schlucken!

Ich hab dann geheult und gekotzt und nach ihm getreten. Da ist er aus dem Zimmer und hat mich mit der ganzen Schweinerei allein gelassen.

Ich hasse ihn. Ich könnte ihn umbringen.

Ich konnte nicht mal zur Schule gehen. Ich habe geschwänzt und den Morgen hinten am Lauterbächle rumgegammelt. Ich hab mir gewünscht, tot zu sein. Oder daß einer kommt, der mich entführt und nie mehr heimgehen läßt. Aber es kam keiner.

Zum Schluß bin ich dann in die Kirche gegangen. Weil ich nicht wollte, daß die anderen aus der Klasse mich am Damm sehen, wenn sie aus der Schule kommen. In der Kirche waren zwei Omis am Beten. Die haben mich gar nicht bemerkt. Aber der Kaplan war da. Natürlich wollte er gleich wissen, ob ich einen Kummer mit mir herumtrüge. Ich würde ganz so aussehen. »Ja«, hab ich gesagt, »aber darüber kann ich nicht reden.«

Ob ich es ihm in der Beichte sagen wollte, hat er dann gefragt. Und ob es etwas Böses wäre. Dabei hat er mich ganz scharf durch seine Brille angeschaut. Ich habe dann nur den Kopf geschüttelt und gesagt, ich wollte bloß beten und der Maria eine Kerze anzünden, aber ich hätte kein Geld mit. Da hat er mir ein Licht geschenkt und ist gegangen. Aber ich habe doch gemerkt, daß er mir nicht richtig geglaubt hat.

Ich bin dann erst heim, als ich genau wußte, jetzt ist die Mama schon zurück. »Kind«, hat sie gerufen, als ich ihr um den Hals gefallen bin und schon wieder geheult habe, »sei doch nicht so übertrieben!«

Manchmal meine ich, daß ich es ihr endlich sagen muß. Das ist in mir, als muß ich davon platzen, wenn ich es nicht rauslassen kann.

10. September

Der Vati hat mir zwei Hefte geschenkt. Wieder mit so nackten Männern und Mädchen. Er sagt, wenn ich besser Englisch könnte, müßte ich sie ihm übersetzen. Er sagt, Scheiße, daß es die bloß in USA gibt. Sein Freund, der ist GI, der bringt sie ihm. Aber er kann sie nicht lesen. Er kann nur ein paar Brocken englisch reden.

Der Vati sagt, die Mädchen hätten richtig Spaß am Sex. Nicht so wie ich, daß ich immer flenne und kotze und alles kaputt mache, wenn's gerade schön würde. An denen sollte ich mir ein Beispiel nehmen.

Ich habe die Hefte unter meine Matratze gelegt. Da findet sie keiner. Sie sind widerlich. Und schmutzig. Ich will sie nicht anschauen. Aber wenn ich sie in den Müll werfe, findet sie vielleicht einer. Die Mama oder der Björni.

15. September

Birgit sagt, ihr Vater würde nie so etwas mit ihr tun oder von ihr verlangen. Sie sagt, das wäre ja auch verboten und Sünde, und wenn einer so was mit seiner eigenen Tochter macht oder einem fremden Kind, dann kommt er ins Gefängnis. Sie sagt, ich müßte das melden und auch beichten. Weil es unkeusch ist und eine Todsünde.

Sie sagt, mein Vater dürfte das nicht. Und sie will

ihre Mutter fragen. Aber das will ich nicht. Ich will nicht, daß es alle erfahren. Ich habe dann gesagt, es wäre ja nur gelogen. Da hat sie gesagt, ich wäre doof, und auf den Arm nehmen läßt sie sich nicht.

Die Birgit hat wissen wollen, wie das geht, wenn ein Mann einer Frau seinen Penis reinsteckt. Ich hab gesagt, das weiß ich nicht. Aber sie hat mir nicht geglaubt und hat gesagt, ich wäre ein ganz verkommenes Ding.

Und eigentlich dürfte sie jetzt gar nicht mehr meine Freundin bleiben. Aber sie würde es trotzdem sein wollen und mir helfen, damit ich wieder fromm werde und dem lieben Herrn Jesus eine Freude. Scheiße!

18. September

Die Birgit macht jetzt immer so blöde Bemerkungen. Ich wollte, ich hätte den Mund gehalten.

24. September

Ich habe den Vati gefragt. Ich habe ihm alles erzählt, was die Birgit mir gesagt hat.

Zuerst ist er unheimlich wütend geworden und wollte wissen, wer mir das ins Ohr geflüstert hätte. Ich habe aber behauptet, ich hätte es nur gelesen und mal so auf der Gasse aufgeschnappt. Er hat dann sofort IHN verdächtigt und gedroht, er will ihn deswegen zur Rede stellen. Ich habe trotzdem nichts verraten. Und da glaubte er mir endlich. Ein Glück!

Er wollte kein Wort mehr davon hören. Aber ich habe nicht nachgegeben und weitere Fragen gestellt. Warum er mir so oft seinen Penis zeigt und mich überall angrabschen will. Alles eben.

Ich habe genau gemerkt, daß er mir nicht antworten will. Dauernd hat er versucht, alberne Witze zu reißen. Oder er hat geschnauft und wütend getan.

Zuletzt hat er aber gesagt, es wäre, weil ich eben seine Liebste wäre und weil er nicht duldet, daß jemand kommt und mich ihm wegnimmt. Ich würde ihm ganz allein gehören.

Schlecht, hat er noch gesagt, wäre das nicht, was wir machen. Früher, ganz früher, hätten das alle Erwachsenen mit kleinen Mädchen getrieben. Und das wäre nur so eine neumodische Erfindung, daß man keinen Sex mit Kindern haben darf.

Ich habe ihm auch das mit der Bibel gesagt und daß man das doch beichten muß, weil es eine Sünde ist. Aber der Vati hat richtig laut gelacht. Die Bibel, hat er gemeint, könnte man so oder so auslegen. Da wüßte doch keiner richtig, was wirklich drinnen steht. Und die Pfarrer wollten solche Sachen doch sowieso nur gebeichtet haben, weil sie ja sonst nie ihren Spaß haben könnten. Wenn die im Beichtstuhl zuhören dürfen, wäre das für die fast, als ob sie alles selbst getan hätten.

Ich glaube aber trotzdem nicht, daß der Vati mir die Wahrheit gesagt hat. Ich glaube der Birgit.

Jetzt weiß ich, daß ich es der Mama und IHM nie sagen darf.

6. Oktober

Ich habe lange nichts mehr in mein Tagebuch geschrieben. Ich weiß, daß der Vati es gesucht hat. Es lag immer hinter meinen Märchenbüchern ganz hinten an der Wand in meinem Regal. Und den Schlüssel trage ich ja immer an einem Band um meinen Hals. Einmal war der Vati in meinem Zimmer, als ich aus der Schule kam. Er hielt die Hände so komisch hinter dem Rücken und wippte dauernd auf den Zehenspitzen. Daran erkennt man immer gleich, daß er nervös ist und gleich zornig wird. Er wollte wissen, ob ich eigentlich noch Tagebuch schreibe und auch immer alles genau reinschreibe. Ich sagte ja und daß ich es außerdem ganz gut versteckt hätte, da, wo es keiner findet. Dann wäre ja alles bestens und roger, sagte er. Ich war riesig erleichtert, als er draußen war.

Irgendwie hatte er sich merkwürdig benommen und dauernd die Hände hinter seinem Rücken versteckt gehalten.

Ein paar Tage danach gab mir die Mama mein Tagebuch. Sie sagte, das hätte im Schlafzimmer unterm Bett gelegen und wie es da denn nur hingeraten wäre. Ich merkte, daß ich vor Schreck knallrot wurde und starrte sie aufgeregt an. Ich wollte fragen, ob sie alles gelesen hätte.

Aber sie ließ mich gar nicht ausreden. Sie nahm mich nur in den Arm und drückte mich. Sie sagte, wenn einer will, daß ihm selbst vertraut wird, dürfte er auch das Vertrauen anderer nicht enttäuschen. Sie wäre doch meine Mutter und hoffentlich auch meine beste Freundin. Jedenfalls möchte sie das sein.

Ich hätte ihr in dem Moment vielleicht alles gesagt. Ich war ganz nah dran. Aber da klingelte dieses verdammte Telefon, und sie nahm den Hörer ab. An meinem Tagebuch war die Lasche mit dem Schloß abgerissen.

Zuerst dachte ich, Björn hätte mir einen seiner miesen Streiche gespielt. Doch dann fiel mir der Tag ein, als der Vati in meinem Zimmer war. Jetzt war mir alles klar. Darum hatte er sich auch so aus dem Zimmer gedrückt. Er hatte mein Tagebuch bei sich. Und das sollte ich nicht wissen.

Heute habe ich nun endlich wieder ein neues Versteck gefunden. Das entdeckt er nie. Jetzt kann ich auch wieder schreiben. Wenn ich nicht schreiben könnte, wäre alles noch viel schlimmer. Dann hätte ich niemand mehr, mit dem ich reden kann. Ich meine, schreiben ist ja beinahe so gut wie reden. Und richtig reden geht ja nicht.

Ich schreibe jetzt nur noch im Bad. Für mein Zimmer habe ich ja keinen Schlüssel. Wenn der Vati nochmal nach dem Tagebuch fragt, sage ich einfach, es wäre im Ofen.

8. Oktober

Die Birgit (Biggi) – ich soll sie neuerdings immer so nennen, weil sie Biggi doof und kleinkinderhaft findet – hat mich schon wieder wegen dem Vati ausgequetscht. Sie sagt, sie hätte mit ihrer Mutter darüber geredet. Die wäre total ausgeflippt und hätte sofort wissen wollen, wie die Biggi – ich meine die Birgit – an so ein ›schmutziges Gesprächsthema‹ gekommen wäre. Sie hätte auch noch gesagt, daß sie sich in der Schule beschweren würde.

Die Birgit war ganz ab und alle vor lauter Angst, ihre Mutter würde das tatsächlich an die große Glocke hängen und alles verraten.

Mir ist es echt Wurscht. Soll sie doch! Dann wär's doch wenigstens draußen. Dann wär's doch mal gesagt, dann könnte der Vati sehen, was los ist.

Aber das ist doch sowieso alles wieder nur Gelaber. Als ob sich der Birgit ihre Mutter je so etwas trauen würde.

12. Oktober

Seit die Mama daheim ist, hat der Vati mir nichts mehr getan. Der hat bloß Schiß, daß sie das ganze Theater mit mir spitz kriegt. Dann läßt sie sich nämlich scheiden und geht mit uns weg von ihm. Dann will sie ihn nie wieder sehen.

Wir könnten bei Opa und Oma wohnen. Ihr Haus ist ja groß genug. Und kochen könnten wir alle miteinander.

Ich würde alles sauberhalten und einkaufen und mit dem Björni den Garten pflegen. Da könnte die Mama beim Opa im Laden mitarbeiten und Geld verdienen. Die Oma hätte dann uns. Sie würde sich bestimmt darüber freuen und kein bißchen mit der Mama wegen der Scheidung schimpfen. Sie behauptet doch immer, daß ihr das Stehen und Bedienen hinter der Ladentheke allmählich zu viel wird.

15. Oktober

Ich habe die Mama gefragt, was sie über Scheidung denkt. Als Beispiel habe ich von dem Mädchen in meiner Parallelklasse erzählt, die geschiedene Eltern hat. Die Mama war völlig entsetzt. Ob sie das Mädchen denn kennt, wollte sie wissen. »Nee«, hab ich gesagt, »die ist neu hier. Die ist mit ihrer Mutter erst ganz kurz zugezogen.«

Wir haben dann ziemlich lange über Scheidung und so gesprochen. Die Mama meint, das wäre so ziemlich das Schlimmste, was ihr passieren könnte. Und uns Kindern auch. Das Geschwätz im Ort, und Geld hätten wir dann auch nur noch ganz wenig. Und ohne den Vati, das wäre doch furchtbar.

Wenn erst mal Kinder da sind, hat sie gesagt, müßte man sich eben immer wieder zusammenraufen und das Beste aus allem zu machen versuchen. Da könnte man nicht wegen jedem Kiki gleich ausrasten. Dafür wäre man ja schließlich erwachsen, damit man auch mal was Unangenehmes wegstecken und verzeihen könnte. Sie würde jedenfalls nie mit einer Scheidung einverstanden sein. Auch nicht, wenn der Vati sich in eine andere Frau verliebt und darum bitten würde, daß sie ihn frei gibt.

17. Oktober

Ich habe IHN gefragt, ob sein Vater auch so ein Theater wegen seiner Schwester macht wie meiner. Ich meine, wenn sie sich mal mit einem Jungen trifft. Der Tommy hat gelacht und bloß mit den Schultern gezuckt. Seine Schwester, das wäre ein Kapitel für sich. Die hätte jede Woche einen neuen Freund und manchmal sogar zwei gleichzeitig. Bei der hätte sein Vater es längst aufgegeben, sich aufzuregen.

Dann hat er noch gesagt, wenn ER ein Freund seiner Schwester wäre, würde ER sich das nicht von ihr bieten lassen. ER würde kein Mädchen wollen, die mit jedem geht. Und das gelte auch für mich.

Da habe ich gefragt: »Ja, aber du und die Annemarie. Was war denn das?« »Das ist was ganz anderes«, hat ER geantwortet. »Ein Mann muß sich schon manchmal mit einer anderen abgeben. Sonst ist er später unzufrieden, wenn er verheiratet ist. Aber eine Frau, die darf eben nur einen haben und muß einem auch treu sein.«

Die Birgit sagt, ER spinnt. Eine Frau ist genauso gut wie ein Mann und hat dieselben Rechte. Sie sagt, so einen, der sich mehr erlauben will als sie, den wollte sie nicht geschenkt. Sie würde sich ihren Mann später genau unter die Lupe nehmen, damit sie mit dem nicht reinfällt.

Ich glaube, die Mama ist mit dem Vati echt reingefallen.

Ein Mann darf schon mal . . .

Die Einstellung Tommys ist für die Erwartungshaltung des Mannes in unserer Gesellschaft bedeutsam.

Von klein auf belehrt, daß ein Mann sich mehr und anderes herausnehmen kann, ja sogar muß, als eine Frau, macht diese Lebenshaltung auch vor dem sexuellen Bereich nicht halt.

Ein Mann kann nicht ›kaputt‹ gemacht werden. Ihm merkt man allenfalls an seiner Routine als Liebhaber die Quantität seiner ›Erfahrungen‹ an. Ein Jungfernhäutchen, das gleich beim ersten Mal springt, hat er ja nicht. Das Risiko einer ungewollten Schwangerschaft muß er auch nicht unbedingt teilen. Kaum jemand würde von ihm erwarten, ein unehelich gezeugtes Kind großziehen zu wollen. Eine mehr oder minder diskrete Geldanweisung reicht als Begleichung der Ehrenschuld aus.

Doch die Mehrzahl der Männer wünschen sich immer noch eine unberührte, unschuldige Ehefrau. Eine Rechnung, die nicht aufgehen kann. Und wenn, dann auf Kosten der Frau.

Rudi Slobodian, Mitarbeiter der Arbeiterwohlfahrt in Essen, setzt sich täglich mit jungen Menschen, vornehmlich jungen Männern auseinander, so daß ihm deren Denk- und Lebensweisen vertraut sind.

Bewußte Jungenarbeit und sexueller Mißbrauch

Es wäre zu schön für uns Männer, wenn diejenigen, die vergewaltigen, die sexuell mißbrauchen, eine besondere Sorte von uns wären. Statistiken und Erfahrungen zeigen aber ganz deutlich, daß dem nicht so ist. Es sind die ganz ›normalen‹ Männer und nicht irgendwelche Psychopathen, die über Sexualität Macht ausüben. Das sollte zu denken geben und einmal genauer hinschauen lassen, was Männer anrichten und warum.

Was ist mit uns geschehen, bis wir in der Lage waren, sexuell zu mißbrauchen und zu vergewaltigen.

›Ursache von sexuellem Mißbrauch ist die Persönlichkeitsstruktur des patriarchalen Mannes. In unserer männerbeherrschten Gesellschaft gehört sexuelle Gewalt zum Verhaltensrepertoire des normalen Mannes. Männer sind gewohnt, ihre Macht- und Dominanzansprüche, ihren Wunsch nach Überlegenheit auch mittels sexueller Handlungen an Frauen und Mädchen zu demonstrieren. Sexuelle Macht gegen vermeintlich Schwächere stärkt das männliche Selbstbewußtsein.‹

(Boten/Stenzel in: Sozial extra, 9/87, S. 7)

›Sexuelle Gewalt gegen Frauen und Mädchen ist nicht ein aggressiver Ausdruck von Sexualität, sondern der sexuelle Ausdruck von Aggressivität und Feindseligkeit gegen Frauen.‹

(M. Baurmann in: S. R. Dunde: Wenn ich nicht lieben darf... Reinbek bei Hamburg 9/87, S. 141)

Diese beiden Zitate bieten eine Menge Zündstoff. Mit dem Wissen, daß sexueller Mißbrauch nicht nur in

Familien, sondern auch im außerfamiliären Bereich wie Kindertagesstätten, Heimen, Schulen, Behindertenwohnheimen, Jugendstrafvollzug etc. an der Tagesordnung ist, wird weiterhin deutlich, daß es sich um ein gesamtgesellschaftliches Problem handelt.

Sinnvolle Prävention ist notwendig. Doch darf es hierbei nicht nur darum gehen, daß Mädchen und Frauen lernen müssen, sich gegen Gewalt der Männer zu wehren. Die Männer selbst müssen Ansätze finden, dieses System von Macht und Ohnmacht entweder von vorneherein zu verhindern oder zu zerstören.

Jungen werden durch geschlechtsspezifische Sozialisation frühzeitig daran gewöhnt, daß es Gleichberechtigung nicht gibt. In einem System von Macht und Ohnmacht lernen sie, daß es ihr Los, ihre Aufgabe ist, sich auf die Seite der Mächtigeren zu stellen bzw. alsbald zu den Mächtigen zu gehören. In einem langandauernden und um so eindringlicheren Prozeß, der sich durch alle Erziehungsinstitutionen zieht, werden Jungen dahin getrimmt, die Stärkeren sein zu müssen, aktiver sein zu müssen, über allem zu stehen, natürlich auch über dem anderen Geschlecht und letztlich sogar über sich selbst und ihren ureigensten Gefühlen.

Wir müssen uns fragen, ob Jungen in ihrer Entwicklung tatsächlich den nötigen Raum haben, ihre eigene Identität zu finden? Mit welchen Vorbildern haben Jungen zu tun, und welche Verhaltensmuster bekommen sie an die Hand bzw. in ihre Seelen gelegt? Ist es nicht so, daß Jungen sich unter vielfältigem Druck eine besondere Identität erkämpfen müssen, nämlich eine sogenannte männliche, die in ihrer Struktur festgelegt ist und durch das, was sie von Männern, also auch von Vätern, Lehrern, Sozialarbeitern, Pädagogen, Lehrherren, Politikern, Polizisten, Soldaten ... etc. erfahren?

Was sie erfahren, ist, daß Männer mächtig sein müssen, um das Leben zu ›meistern‹. Wir geben ihnen

Räume und Träume, in denen sie Macht zu spüren bekommen oder in denen sie Macht ausüben können oder zusehen können, wie Macht ausgeübt wird und das sogenannte männliche Selbstbewußtsein mit der Ohnmacht der anderen wächst. Wir geben den Jungen nicht die Väter, die einfühlsam in Unsicherheit ihr Leben gestalten.

Macht kann nur in Verbindung mit Ohnmacht existieren. Das bedeutet für uns Männer, daß wir nur männlich sein können, wenn wir die Ohnmacht eines anderen in Kauf nehmen. Schlimmer noch – wir sind darauf angewiesen. Schließlich zeigt uns die Gesellschaft dazu den Weg. An jeder Ecke und in jeder Beziehung werden wir darauf aufmerksam gemacht, wie ›man(n) zu sein hat, um Mann zu sein‹. Spaß macht es nicht gerade, diesen Bildern entsprechen zu müssen. Daher ist es notwendig, in der Machthierarchie immer weiter aufzusteigen, um männlicher zu werden. Je weiter oben, desto männlicher, desto mehr Vorbild, desto eher braucht man sich um die Kleinigkeiten der Männlichkeit nicht mehr zu kümmern.

Was ich bisher geschildert habe, klingt sehr vereinfacht. Aber möglicherweise ist es sogar so einfach, nur eben sehr vielschichtig, weil es sich durch nahezu alle Bereiche menschlichen Zusammenlebens zieht. Für uns Männer, die wir versuchen, die Ursachen von Gewalt bei uns aufzuspüren, um dagegen etwas zu tun, enthält gerade bewußte geschlechtsspezifische Arbeit mit Jungen möglicherweise die Chance, dieses verfluchte Macht-Ohnmacht-System zu durchbrechen und Wege zu einer neuen Identität zu finden.

Um die Selbstbestimmung anderer und insbesondere die sexuelle Selbstbestimmung von Kindern, Mädchen und Frauen zu respektieren, ist Voraussetzung, daß ich als Mann mein Leben und meine eigene Sexualität auch selbst bestimme, selbstbestimmt lernen und leben kann. Eine Welt, in der mir ständig gesagt wird, wie ein Mann zu sein hat, in der ich mir als Mann die abstrusesten Stories über ›meine Sexualität‹, wie sie zu sein hat und wie ich sie ausleben darf, anhören muß, fördert nicht gerade männliches Selbstwertgefühl. Die von uns Männern geforderte Männlichkeit ist für uns nicht erfüllbar. Zumindest ist sie nicht realisierbar, ohne auf Kosten unserer Gefühlswelt und – wie wir ja immer wieder beobachten können – auf Kosten der Respektierung und Selbstbestimmung anderer zu gehen. Das muß für die präventive Arbeit mit Jungens mehreres bedeuten.

Ich finde es wichtig, daß wir uns und den Jungen, mit denen wir zu tun haben, Mut machen, Ängste und Unsicherheiten zugeben und diese auch sich selbst zugestehen und sie auch leben. Sie sind nun einmal integerer Bestandteil auf der Suche nach der eigenen Identität. In einer Zeit, in der ich nach alten Bildern nicht mehr leben kann, in der das Überdenken und Verändern alter Werte und Normen überfällig ist, kann es keine Sicherheit mehr geben.

Wir Männer müssen etwas gegen unsere Sprachlosigkeit im Bereich der Sexualität tun, damit Jungen lernen können, daß es möglich ist, mit Männern darüber zu reden. Jungen müssen ehrlich über unsere Sexualität erfahren. Dazu brauchen wir die Sprache und keine Pornos.

Jungen müssen das eigene ›Ich‹ mit all seinen Hochs und Tiefs erleben können. Schöne Gefühle, aber auch Trauer und Angst müssen sein dürfen. Wir Männer müssen lernen, das auch bei uns zuzulassen.

Die eigenen Bedürfnisse lernt man kennen, wenn man den Raum dazu bekommt. Jungenarbeit bedeutet demnach auch, Räume zu schaffen, in denen Ausprobieren, Experimentieren möglich ist. Das gilt natürlich auch für Männer, denn wahrscheinlich sind unsere ureigensten Bedürfnisse zugeschüttet mit all dem, was uns diese Gesellschaft an Ersatz zu bieten hat.

8. Januar 1988

Guten Tag Frau Jäckel,

Ihre Frage nach einem Beispiel für Jungenarbeit ist nicht gerade einfach zu beantworten. Ich betrachte Jungenarbeit als einen Ansatz, der alltägliches Leben von Jungen begleitet, aber auch meinen Alltag beeinflußt. Jungenarbeit ist weniger als therapeutische noch als besondere Methode von Gruppenarbeit gedacht. Vielmehr betrachte ich Jungenarbeit als Lebensbegleitung, die sicherlich auch Einzug in Gruppenarbeit halten kann, nicht aber an derartige Formen gebunden ist. Ein Beispiel für Jungenarbeit kann der Sozialarbeiter aus dem Jugendhaus X sein, der mit seinen Gefühlen nicht ständig hinter den Berg hält, der auch Trauer und Freude mit in seine Arbeit bringt, der Frust und Niedergeschlagenheit nicht durch vermehrten Arbeitseinsatz verdeckt und womöglich sein Verliebtsein ein wenig offener ausbreitet als bisher. Dadurch schafft er Raum für Jugendliche, auch mit ihren Gefühlen offener umzugehen. Das birgt für den einzelnen natürlich Risiken, falsch verstanden zu werden, oder weil Jugendliche den Umgang damit nicht gewohnt sind, möglicherweise dem Spott ausgesetzt zu sein. Aber: »... wer sich nicht in Gefahr begibt, kommt in ihr um ...«

Ein anderes Beispiel: Im Jugendhaus existiert seit einiger Zeit ein Mädchennachmittag. An diesem Nachmittag ist die Atmosphäre nicht wiederzuerkennen. Es ist gemütlicher als sonst. Der Raum, in dem sich die Mädchen aufhalten, ist womöglich geschmückt, Kerzen brennen, Blumen stehen auf den Tischen ...

Auch Jungen haben ein Recht darauf, daß es schön ist. Sie genießen gemütliche Atmosphäre ähnlich wie Mädchen. Und wenn man sie läßt, schmücken sie ihren Raum auch selber. Das geschieht anfangs vielleicht ein wenig unbeholfen, aber mit ein wenig Übung ... In einer solchen Atmosphäre läßt sich dann auch leichter mal darüber reden, daß ›man(n)‹ mit seiner Freundin im Moment Ärger hat und wie der Ärger aussieht, über Erwartungen an sich selbst und über Wünsche. Und wenn der Sozialarbeiter, mit dem ›man(n)‹ vorher noch über Motorräder und Computer gesprochen hat, dann erzählt, wie er mit seinen Problemen klarkommt und welche

Ängste er hat und wie toll es sein kann, wenn ›man(n)‹ mal mit jemandem offen darüber sprechen kann, dann passiert schon ein wichtiger Teil Jungenarbeit.

Um es noch einmal deutlich zu machen: Jungenarbeit muß überall stattfinden, nicht nur im Jugendhaus oder in der Schule. Auch Väter und alle, die mit Kindern und Jugendlichen zu tun haben, sind dazu aufgerufen.

Ihr
Rudi Slobodian

Wir Männer zeichnen uns durch besonders geringe Fähigkeit zur Kommunikation über Sexualität und in Beziehungen aus. Entweder versuchen wir, bestimmte Strukturen beizubehalten, zu versachlichen, oder aber wir führen Metadiskussionen. Viele Informationen werden, wenn wir sie nicht direkt verstehen und einordnen können, in Schubladen gepackt. Redet jemand über das, was er fühlt, ist er ein Schwächling, hat ein zu weiches Herz, ist nicht belastbar oder hat eben nicht verstanden, worum es geht. Körperkontakte als Kommunikation werden durch fehlende Erfahrung und Angst entweder gar nicht erst zugelassen oder gleich sexualisiert. Überprüfen unserer Kommunikationsformen und möglicherweise deren Veränderung ist eine Aufgabe auch für die Arbeit mit Jungen. Neue Identitäten kann man nicht erzwingen. Sie müssen erst einmal aufgebaut werden. Bei sich selbst entrümpeln und Platz schaffen, gibt die Möglichkeit, mit Jungen gemeinsam Neues zu suchen. Nur wenn man Platz hat für Neues, kann man es auch bei anderen zulassen.

Es ist doch anstrengend, immer eine Rolle spielen zu müssen. Wäre es nicht toll, einfach mal man selbst sein zu können? Darunter, daß wir Männer uns überall beschneiden (lassen), unsere Gefühle kaum noch Platz haben, sich auszudehnen, leidet auch unsere Erlebnisfähigkeit. Es fängt an, daß wir uns nicht mal mehr von Herzen freuen können, und hört auf, wo wir einen lächerlichen Samenerguß als Orgasmus bezeichnen. Sensibler zu werden für das, was wir erleben, und das dann auch noch zu genießen, ist ein Anspruch an uns.

Das Denken in Kategorien – was ja so einfach ist, aber auch so an der Wirklichkeit vorbeigeht – hat uns eine Reihe von Frauenbildern beschert, mit denen es nicht nur bei uns, sondern auch in der Jungenarbeit, aufzuräumen gilt.

Vielleicht schaffen wir es so, ein Stück von der Gewalt wegzukommen, die unser Zusammenleben zerstört und so viele Seelen kaputtmacht. Uns Männern hilft es nicht weiter, mit moralischen Appellen beworfen zu werden oder damit selbst um uns zu werfen. Das Erkennen persönlicher Gewaltanteile in diesem System von Macht und Ohnmacht kann uns nur reicher machen und fähiger für die Entwicklung unseres Selbst.

Männer bestehen nicht nur aus Macht und Gewalt. Es gibt viele schöne Seiten an uns, die wir vielleicht mehr als bisher pflegen sollten!

Rudi Slobodian,
33 Jahre alt. Nachdem er als zweiter Sohn einer Bergarbeiterfamilie die Realschule hinter sich gebracht hatte, wurde er Chemielaborant. Über den zweiten Bildungsweg und Studium ist er Sozialpädagoge geworden.

Im Laufe seiner Entwicklung hat er in vielen Bereichen Erfahrungen sammeln können. Neben Jugendarbeit, Obdachlosenarbeit und Arbeit mit jugendlichen Strafentlassenen hat er in der Alten- und Kulturbetreuung gearbeitet.

Seine Erfahrungen in der Erwachsenenbildung sowie alle aufgezählten Bereiche fließen derzeit, d. h. seit etwa 5 Jahren, in seine sexualpädagogische Arbeit ein. Die Idee eines Jugendarbeitskreises im Bereich Essen ist vor ca. dreieinhalb Jahren zusammen mit Kollegen, die in der Jugendarbeit bei der Stadt Essen tätig sind, entwickelt worden.

Er ist Vater einer zweijährigen Tochter.

Das Tagebuch der Marie-Claire

– Oktober bis Dezember –

21. Oktober

Neulich haben die Mama und ich ganz toll miteinander geredet. Der Vati war abends mit Leuten zum Essen aus. Da durfte ich aufbleiben und ihr Gesellschaft leisten.

Wir machten es uns ganz gemütlich. Mit Tee und Gebäck und Kerzen. Ich wollte, das ginge öfter. Ich glaube, ich bin ziemlich unbescheiden, denn dann müßte Vati ja dauernd weg sein. Und das kann man einfach nicht verlangen.

Trotzdem wünsche ich mir jetzt immer öfter, daß er einfach wegbliebe und gar nicht mehr heimkäme zu uns. Ich denke, ich bin ziemlich schlecht.

Die Mama hat mir von ihrem ersten Freund erzählt. Damals war sie sechzehn. Er war ein Jahr älter. Sie haben sich im Kino kennengelernt. Er hat neben ihr gesessen und sie dauernd angesehen. Dann hat er sie gefragt, ob er sie mal wiedersehen darf und sie ins Eiscafe eingeladen. Die Mama hat aber abgelehnt. Ihre Eltern waren nämlich unheimlich streng. Und im Ort kannte sie ja auch jeder. Wenn einer sie mit einem Jungen in einem Cafe beobachtet hätte, wäre bei ihr zu Hause noch viel mehr los gewesen als bei uns, wenn der Vati wieder etwas von Tommy und mir merken würde.

Trotzdem ist die Mama am anderen Nachmittag in die Stadt gegangen. Einfach nur so. Sie hat immer ausgeschaut, ob sie den Jungen irgendwo sieht. Aber richtig treffen wollte sie sich nicht mit ihm. Plötzlich hat sie aber sein Rad an der Hauswand beim Eiscafe entdeckt. Und da konnte sie nicht widerstehen. Der Junge hieß auch Thomas. Witzig!

Er und die Mama waren danach jeden Tag zusammen. Deswegen hat die Mama sogar manchmal den Unterricht in der Schule geschwänzt. Natürlich nur mal für die erste und zweite Stunde, weil sie sonst eine schriftliche Entschuldigung von ihren Eltern gebraucht hätte.

Als sie ihn ein halbes Jahr kannte, haben sie zum ersten Mal miteinander geschlafen. Die Mama hatte wahnsinnig Angst, daß sie ein Kind von ihm bekäme. Aber sie hat es trotzdem gemacht. Sie hatte ihn einfach unheimlich lieb, und das war auch richtig schön mit ihm. Sagt sie.

Ich habe sie gefragt, ob das deshalb so schön war, weil ihr Vater sie vorher über alles aufgeklärt hätte. Ich mußte das einfach fragen, weil mir plötzlich einfiel, daß die Birgit vielleicht ja doch gelogen hätte.

»Nein«, sagte die Mama. »Meine Eltern haben mich nie aufgeklärt. Wir haben nie über Sex miteinander gesprochen.«

»Aber dein Vater hat dir doch alles gezeigt«, habe ich nachgebohrt. »Das machen alle Väter. Das weiß ich genau.«

»Als ich klein war, hat man über so etwas nicht geredet«, sagte die Mama. »Da hätten sich meine Eltern wohl ziemlich geschämt vor mir. Die waren damals einfach anders als heute. Mein Vater vor allem. Wenn ich ihn jemals nach so etwas gefragt hätte, wäre er vor Verlegenheit aus dem Haus gerannt und erst bei Nacht und Nebel wieder heimgekommen.«

Ich habe dann nichts mehr gefragt. Wenn ES bei der Mama nie war und bei der Birgit auch nicht, dann passiert ES nur mir.

Aber warum denn?

Was ist denn mit mir anders?

Die Mama hat natürlich gleich gemerkt, daß irgendetwas mit mir nicht stimmt. Sie dachte, ich wäre von ihr enttäuscht, weil sie damals mit ihrem Freund geschlafen hat. Weil man das doch nicht darf, solange man nicht verheiratet ist. Die Mama hat sich wahnsinnig angestrengt, mir alles zu erklären. Daß sie nicht verdorben war oder so. Daß sie den Jungen richtig geliebt hat. Und daß es deswegen auch nichts Schlechtes war.

Aber sie hat dann auch gesagt, daß der Vati ihr nie verziehen hätte, daß sie vor ihm schon mit einem anderen zusammen war.

»Wenn du nicht mehr unberührt bist und schon mit einem Mann geschlafen hast, bist du für die meisten Männer nichts mehr wert«, sagte sie ganz traurig. »Die wollen sich zwar in ihrer Jugend austoben und vor der Ehe mit möglichst jeder im Gras liegen. Aber heiraten wollen sie dann bloß eine, die noch Jungfrau ist.«

Ich wußte gar nicht, was sie mit Jungfrau meint. Ich kannte nur die Jungfrau Maria.

Aber die Mama sagte, daß jedes Mädchen so eine Haut in der Scheide hat, die kaputt reißt, wenn ein Mann seinen Penis in die Scheide steckt. Wenn die Haut kaputt geht, blutet es und schmerzt auch. Und danach heilt sie nie mehr zusammen. Deshalb kann jeder Mann gleich erkennen, ob ein Mädchen noch Jungfrau ist oder nicht. Aber bei einem Mann kann man an nichts erkennen, ob er schon mal mit einer anderen Frau geschlafen hat.

Ich wollte dann wissen, warum ein Mann das mit einer Frau macht, wenn es doch weh tut und alles.

»Weil es schön ist«, sagte die Mama. »Weh tut es ja auch nur am Anfang. Nachher gewöhnt man sich daran und spürt davon nichts mehr.«

Schön? DAS? Pfui Teufel!

Zum Schluß sagte die Mama noch, wenn ich erst mal einen richtigen Freund hätte, dürfte ich mich nie von ihm rumkriegen lassen. Versuchen würde es jeder. Aber ich müßte immer daran denken, daß ich nur Schaden davon hätte, wenn ich nachgeben würde. Eine Frau müßte eben besser auf sich achtgeben als ein Mann. Weil sie sonst einen schlechten Ruf bekäme und kein anständiger Mann sich mehr mit ihr einlassen würde.

26. Oktober

Wenn ich älter wäre, würde ich vielleicht schon mit IHM schlafen.

27. Oktober

Der Vati hat gesagt, er will mit mir mal ganz allein irgendwohin verreisen. Weil er so selten richtig Zeit für mich hätte.

Ich weiß aber den wahren Grund.

1. November

Als ich im Bad war, kam Vati plötzlich rein. Ich hatte vergessen abzusperren. Ich war schon ausgezogen und wollte gerade in die Wanne steigen. Der Vati mußte eigentlich nur mal. Als er fertig war, ließ er aber die Hose ganz runter und meinte, eigentlich könnte er ja jetzt zusammen mit mir baden, weil er später den Spielfilm anschauen und nichts verpassen wollte.

Früher hatten wir oft miteinander gebadet. Aber

jetzt will ich das nicht mehr. Ich sagte ihm, daß ich lieber allein in die Wanne will. Aber er hörte nicht zu. Er stieg ganz schnell ins Wasser und schaufelte mit beiden Händen einen Schaumberg über seinen Bauch. Ich hatte aber trotzdem bemerkt, daß er schon wieder einen dicken Penis bekommen hatte und den nur verstecken wollte.

Ich setzte mich also ganz hinten in die Wanne, wo der Stöpsel ist. Weil der Vati so lange Beine hat, kam er mit den Zehen trotzdem an mich heran und versuchte dauernd, mich zu kitzeln.

Er wollte dann, daß ich ihn abseife. Überall. Ich mußte mich über seine Beine knien und ihn waschen und reiben, bis es bei ihm losging.

Seit ich ihm das von Birgit erzählt habe, behauptet er nicht mehr, daß er mich nur aufklären will. Ich weiß, daß er ES nur will, weil ES ihm Spaß macht.

Ich hasse ihn!

Ich wollte, er würde eine Krankheit kriegen, damit ihm da unten alles abfault. Das gibt es. Ich habe es mal gelesen.

4. November

Die Birgit wollte schon wieder wissen, ob das mit dem Vati und mir auf Ehrenwort wahr ist. Sie behauptet, ihre Mutter meint, ein Mädchen, das solche Sachen von sich gibt, hätte nur eine dreckige Phantasie und würde sich das alles ausmalen, weil sie gern mit ihrem Vater sexuell verkehren möchte.

Ich habe die Birgit aber angeschrien und ihr Tinte auf ihr neues Kleid gespritzt. Ich will sie nicht mehr als Freundin. Und auch sonst keine. Was wissen die denn DAVON? Die verstehen mich doch nie.

5. November

Am liebsten möchte ich nie mehr zur Schule gehen und weit weg ziehen. Die Birgit hat alles ausgequatscht. Von wegen dreckige Phantasie und so.

Die anderen in der Klasse lachen sich halbtot über mich. Ich trau' mich nicht mehr aus dem Haus. Was wissen die denn DAVON?

6. November

Die Birgit will IHM auch alles erzählen.

Ich habe der Birgit meinen neuen roten Lackgürtel geschenkt, damit sie IHM nichts DAVON sagt. Und ich habe ihr geschworen, daß ich alles nur erfunden habe, um mich vor ihr wichtig zu machen.

8. November

Ich bin nicht zu Birgits Geburtstag eingeladen. Alle dürfen kommen. Nur ich nicht.

Der Vati sagt, wenn er wegen der blöden Schwätzerei von ihr vor Gericht muß, streitet er alles ab. Eher würde ich in ein Erziehungsheim kommen, als er in den Knast. Er sagt, schließlich hätte er mir nichts getan. Das könnte jeder Arzt sofort feststellen. Mir würde nie einer glauben.

9. November

Ich bin heimlich zu Oma gefahren. Das Geld hatte ich von meinem Sparbuch.

Aber wie ich bei der Oma am Küchentisch saß, konnte ich ihr gar nichts erklären. Ich weiß nicht mehr, was ich machen soll.

10. November

Die Birgit will jede Woche fünf Mark, wenn sie IHM nichts weitersagen soll. Ich weiß gar nicht, woher ich so viel Geld nehmen soll. Ich bekomme ja nur fünf Mark Taschengeld im Monat.

11. November

In der Mathearbeit habe ich eine Fünf. Morgen kriegen wir die Englischarbeit wieder. Die habe ich auch versiebt; weiß ich jetzt schon.

Im Sport habe ich heute nicht mitgemacht. Die anderen haben beim Umziehen so blöd getan und wollten, daß ich ihnen zeige, wo ich überall Knutschflecken habe. Dabei habe ich gar keine.

Und wenn, würde ich sie denen doch nicht vorweisen.

13. November

In der Deutschstunde ist mir schlecht geworden. Der Fips hat mich im Auto heimfahren müssen.

Die Mama war ganz erschrocken. Sie hat mich sofort ins Bett gebracht. Dann ist sie aber gleich wieder ins Untergeschoß runter. Kochen, wie immer. Nie hat sie Zeit für mich.

Wenn ich groß bin, will ich nicht bloß Hausfrau sein. Vielleicht werde ich Malerin oder Mannequin. Die müssen nie Haushalt machen und sind reich und berühmt. Das will ich auch sein. Und dann habe ich immer Zeit für meine Kinder. Da renne ich nicht weg und laß sie allein liegen. Bloß wegen Essen. Nie mach ich das, nie. Ganz bestimmt.

14. November

Ich bin nicht krank. Der Arzt sagt, ich hätte Vitaminmangel und zu wenig Blut, weil ich meine Periode zu jung bekommen hätte.

Als er mich untersuchen wollte und mit seinem Gesicht so nah an mich rankam, mußte ich mich unheimlich zusammenreißen. Ich bekam auf einmal so große Angst und hätte fast geschrien. Ich dachte, der langt mich jetzt vielleicht auch SO an.

Er hat zum Glück nichts gemerkt. Ich meine, warum ich so von ihm weg bin. Nur nervös wäre ich, hat er gemeint und daß ich mich vor ihm nicht genieren müßte. Wo er mich doch schon als Baby gekannt und sogar mitgeholfen hat, als die Mama mit mir in den Wehen lag.

Wie er zur Stubentür raus ist, hat er der Mama zugeflüstert, daß ich jetzt in die kribbeligen Jahre käme. Da wären Mädchen manchmal etwas schwierig. Aber das legte sich dann schon wieder.

15. November

Die Mama kümmert sich wirklich gar kein bißchen um mich. Ich habe sie jetzt schon so oft gebeten, ob sie sich nicht zu mir ans Bett setzen und mir etwas erzählen will.

»Ach, Kind«, sagte sie jedesmal, »ich habe doch so viel zu tun. Wenn ich im Haushalt nichts erledige, bleibt es liegen. Es hilft mir ja keiner. Der Vati braucht seine Ordnung, wenn er heimkommt. Das verstehst du doch.«

Manchmal denke ich, ich bin ein Findelkind und gehöre gar nicht ihr. Vielleicht haben sie mich in der Klinik damals vertauscht und meine wirklichen Eltern sind jemand ganz anders.

Wenn die Mama meine echte Mutter wäre, würde sie mich nämlich bestimmt mehr lieben und sich auch mehr mit mir abgeben.

Oder der Vati. Der würde DAS nie mit mir machen, wenn ich ganz wirklich seine Tochter wäre.

16. November

Wenn ich so etwas denke wie gestern, muß ich immer weinen. Was soll ich denn tun, wenn sie nicht meine Eltern sind? Ich weiß ja nicht, wo ich dann hingehöre. Und vielleicht merken sie das ja auch in ihrem Herzen und wollen mich gar nicht haben. Oder behalten mich nur bei sich, weil sie eben müssen. Weil ja alle glauben, daß ich ihr Kind bin. Und sie nicht beweisen können, daß ich vertauscht bin.

Aber ich bin bestimmt ein Waisenkind und nur verwechselt. Und meine arme Mutter sehnt sich nach mir und findet mich niemals wieder.

17. November

Gestern abend hatte die Mama ihr Frauenkränzchen zum Stricken eingeladen. Sonst hat der Vati dann immer Skatabend. Diesmal war aber einer aus der Runde krank geworden und der Herrenabend wurde verlegt. Bei den Weibern in der Wohnstube war's ihm zu blöd und zu langweilig, wie er sagte. Das konnte ich ganz gut verstehen. Aber ich bekam trotzdem sofort Angst, er würde gleich wieder DAMIT anfangen.

Er hat sich nämlich auf meine Bettkante gesetzt und mit dem Finger immer wieder über meine Brustwarzen gefahren. Ich habe versucht, ihn von mir wegzudrängen und das Bettdeck hochzuziehen. Aber er hat nur darüber gelacht und gesagt, ich sollte mich doch nicht jedesmal so zieren und anstellen. Er würde ja nur ein bißchen spielen und wüßte doch, daß ich es gern hätte.

Ich hab ihm gesagt, daß ich so ein doofes Spiel nicht mag und daß er mich bitte in Ruhe lassen soll.

»Ja«, hat er geantwortet und meine Hand auf seinen Hosenlatz gedrückt. »Ich hätte auch Lust, was Schöneres mit dir zu spielen. Aber die Weiber da unten und wir hier oben, das ist mir zu riskant.«

Meine Brust tat dann weh von seinem Finger. Und ich merkte auch, daß er schon wieder unheimlich erregt war und ihm bald die Weiber egal sein würden. Er verlangte dann, daß ich seinen Penis in den Mund nehmen sollte. Einen blasen, nannte er das. Aber ich wehrte mich und sagte, ich hätte zuviel Angst, die Mama käme plötzlich rein, und außerdem würde mir davon nur wieder schlecht werden.

Der Vati war stinksauer auf mich.

Er traute sich zum Glück nicht, mit mir rumzustänkern oder mir eine zu schmieren. Das hätte bestimmt jemand gehört. Und das wäre ihm peinlich gewesen. Er hat mich nur einmal mit den Handknöcheln auf die Brust geboxt. Das tat so furchtbar weh, daß ich fast keine Luft mehr bekam und ganz krumm liegen mußte. Danach ging er endlich weg.

Ich lag noch lange wach.

18. November

Der Vati war heute sehr gemein zur Mama. Er hatte schlechte Laune und Kopfschmerzen, weil er sich letzte Nacht besoffen hatte.

Der Björn und ich traten fast nur auf Zehenspitzen auf und flüsterten. Doch das war dem gnädigen Herrn auch nicht recht. Geheimnisse, hat er gebrüllt, könnte er auf den Tod nicht ausstehen. Und was wir immer über ihn zu tuscheln hätten?

Die Mama versuchte, uns vor ihm in Schutz zu nehmen. Davon wurde aber alles erst richtig schlimm. Der Vati bekam nämlich einen Riesenzorn auf die Mama. Er trat sie voll in den Hintern. Und als sie weinend aus dem Wohnzimmer lief, warf er ihr auch noch seinen Schuh hinterher. Er traf die Mama am Kopf, so daß sie ein richtiges Loch bekam. Ich wollte ihr helfen und ein Pflaster holen. Der Vati ließ mich aber nicht, sondern hielt mich am Rock fest und schrie, wenn ich der alten Hexe hinten reinkriechen würde, wäre ich als nächste reif. Die Mama sah schneeweiß aus, auch an den Lippen. Sie hielt sich den Kopf, wo das Blut über die Finger lief und sagte, ich sollte ganz ruhig sein und mich nicht um sie kümmern. Sie käme schon ganz allein zurecht.

Der Björni war schon früher auf und davon. Ich glaube, er hat einen besonderen Nerv dafür, wann's echt wüst wird.

Die Mama ging ins Bad. Ich hörte, wie sie weinte. Und in der ganzen Zeit mußte ich dem Vati seinen fetten Schniedelwuzz reiben, bis er endlich zu kotzen anfing. Am liebsten hätte ich dazu gekotzt. Mitten auf seinen Schwabbelbauch und alles.

20. November

Die Deutscharbeit wird nicht gewertet. Ein Glück! Ich hatte 15 Fehler und eine Fünf. Früher war ich immer bei den Besten in der Klasse. Aber jetzt bin ich oft zu müde zum Aufpassen. Und Lust habe ich sowieso fast nie mehr.

Der Vati hat mir die Arbeit unterschrieben und versprochen, der Mama nichts zu verraten. Dafür mußte ich ihm aber erlauben, mich an der Scheide zu küssen, bis mir im Bauch wieder alles heiß wurde wie schon öfter. Diesmal war's eigentlich richtig schön; ich meine, das Gefühl dabei. Wenn es in mir so zittrig wird, warte ich immer schon, daß es gleich anfängt. Der Vati sagt, bei ihm ist das so, wenn das weiße Zeug dann kommt. Sperma, sagt er, heißt das. Und das braucht man, wenn man Kinder zeugen will. Will ich aber nicht.

22. November

Der Vati sagt, DAS Gefühl kann ich mir auch selbst machen. Aber er will dann zuschauen, sonst verrät er es der Mama. Die würde dann wütend auf mich, weil sie so verklemmt ist.

24. November

Heute hat ER Geburtstag. Jetzt ist ER schon 14. Ich glaube, ER bekommt sogar schon einen Bart. Aber vielleicht prahlt ER ja auch nur ein wenig und muß sich noch gar nicht jede Woche zweimal rasieren. Ich sehe nämlich noch gar nichts an IHM. Wir haben uns am Eisstadion getroffen. Da sieht uns um diese Zeit keiner, weil die neue Saison noch nicht eröffnet ist. Außerdem wird noch immer am neuen Clubhaus gebaut. Es ist schon fast fertig. Drinnen kann man es gut aushalten, wenn man warm angezogen ist. Tommy und ich haben uns da ein dickes Brett hingelegt, das von den Dachdeckern zurückgeblieben ist. Darauf sitzen wir und reden.

Ich habe IHM zum Geburtstag einen Schal gestrickt mit Fransen dran. Die Mama hat ein bißchen geholfen, aber nicht viel. Nur bei den ersten Reihen und beim Abmaschen. Sie hat zuerst gedacht, daß ich ihn für mich stricke. Aber der Björn, dieses Ekel, hat's ihr verpetzt. Dem sage ich nie mehr etwas Geheimes. Jetzt nehme ich es mir ganz fest vor. Ich hatte tagelang Angst, daß die Mama es dem Vati weitersagt. Aber sie hat's ausnahmsweise mal nicht getan. Sie hat gemeint, ich sollte mit dem Tommy immer an das denken, was sie mir damals an dem Abend erzählt hat.

Ich weiß ja nicht einmal, ob ich dieses Häutchen da unten noch habe. Vielleicht hat der Vati das längst kaputt gemacht.

Ich will jetzt nicht schon wieder darüber nachdenken!

Mit dem Tommy war's heute irgendwie anders als sonst. ER sagt, seine Eltern lassen sich wahrscheinlich scheiden, und dann zieht ER mit seiner Mutter weg von hier. Das bringt ihn echt fast um seinen Verstand. Weil, sagt ER, keiner weiß, bei wem ER dann wirklich bleiben soll. Seine Mutter läßt schon ziemlich lange Andeutungen über einen Freund fallen, mit dem sie zusammen leben will. ER mag aber nicht, daß ER einen anderen Vater kriegt. Mit seinem richtigen hat ER jetzt schon mehr Krach als früher. Bei dem will ER deshalb auch nicht wohnen. Aber bei dem Typ von seiner Mutter erst recht nicht, auch wenn ER könnte. »Wenn so was ist«, sagte ER, »merkst du full power, wie total abhängig du von deinen Alten bist. Die können doch alles mit dir machen. Da gibt's nichts.« Ich mußte furchtbar lachen. Daß der Tommy das nicht viel früher erkannt hat, ist ja auch ein Witz. Wer von uns ist denn älter, ER oder ich? Ich hab dann so laut gelacht, und die Tränen liefen mir runter, daß ER sich keinen Rat mehr gewußt hat. Da hat ER mir eine geklebt. Aber die saß. Und als ich vor Schreck keinen Ton mehr rausbrachte, hat ER mich geküßt. Dann hat ER sich entschuldigt.

Jetzt weiß ich nicht, wofür. Für den Kuß oder wegen der Ohrfeige? Ich weiß nicht mehr, wo mir der Kopf steht.

25. November

Ich habe einen langen Zimmermannsnagel in den Türrahmen geschlagen. Daran habe ich eine Öse aus Paketschnur gebunden. Wenn ich sie über den Türdrücker ziehe, kann ich meine Tür damit abriegeln.

Die Mama meint, sie wüßte, wie das ist, wenn man sich nie zurückziehen kann und immer für andere da sein muß. Sie sagt, sie wünscht sich auch oft ein eigenes Zimmer, ein winzigkleines bloß. Mit einem Schlüssel. Sie war unheimlich ernst. Dann hat sie mich an sich gedrückt und gesagt, ich wäre jetzt eben in einem schwierigen Alter. Da wüßte man nicht genau, wo man eigentlich steht, weil einen die Erwachsenen nicht für voll nehmen und man aber auch nicht mehr klein ist. Trotzdem könnte das mit der Schnur nicht bleiben. Der Vati würde das nie verstehen. Und ich wollte doch nicht, daß sie meinetwegen schon wieder Krach mit ihm bekäme.

26. November

Warum muß ich immer alles verstehen? Verstehen die Großen mich denn?

27. November

Im Sexualkundeunterricht haben wir gelernt, wovon die Babys kommen. Kann man eigentlich auch schwanger werden, wenn das Sperma in den Mund kommt?

28. November

Die Birgit sagt, ihre Mutter hätte behauptet, ich wäre ein frühreifes Ding, weil ich mit dem Tommy liiert wäre. Sie will jetzt endgültig verbieten, daß sich ihre Tochter mit mir rumtreibt.

30. November

Die Mama hat mich gefragt, warum neulich Vatis Hauspantoffeln vor meinem Bett standen.

Warum fragt sie nicht ihn?

Warum mich?

Hab ich sie etwa da stehen lassen?

1. Dezember

Die Mama sagt, ich wäre allmählich zu alt, um mit dem Vati im Bett rumzukaspern. Das gehört sich nicht, sagt sie.

»Gut. Das gehört sich nicht«, habe ich geantwortet. »Aber wenn er sich doch zu mir legt. Ich kann ihm das ja nicht verbieten. Oder?«

»Nein«, sagte sie darauf. »Du sollst ihn bloß nicht immer dazu herausfordern.«

»Ich?« rief ich. »Wie mache ich das denn, was denkst du?«

»Das weißt du ganz genau«, sagte sie und wurde wieder mal so richtig fuchsig. »Darüber brauchen wir kein Wort mehr zu verlieren.«

Ich weiß es aber wirklich nicht.

2. Dezember

Ich habe die halbe Nacht gegrübelt. Denkt sie echt, ich will DAS mit ihm? Sie muß ES wissen!!! Warum spricht sie sonst so mit mir?

3. Dezember

Der Vati hat mal wieder nur gelacht, als ich ihm davon erzählt habe. Er meint, sie weiß gar nichts, weil er ja mindestens dreimal in der Woche Sex mit ihr macht.

Wie ich wissen wollte, warum er ES dann auch noch mit mir macht, hat er zum ersten Mal ziemlich lange darüber nachgedacht. »Dafür kann ich eigentlich gar nichts«, hat er dann zugegeben und ziemlich mürrisch geschaut. »Das kommt halt einfach so über mich, weil ich dich gut finde. So ein kleiner knackiger Busen, das macht mich eben an. Frag halt nicht so blöd.«

Ich habe versucht, ihm alles zu erklären. Daß ich das wirklich nicht will mit ihm und mich schäme und Angst habe, daß es doch einmal jemand rauskriegt.

»Ich paß schon auf«, hat er nur gesagt. »Du brauchst keine Angst zu haben. Auf deinen Vati kannst du dich verlassen, Kleines. Der macht schon nichts Schlimmes mit dir. Das weißt du doch.«

Ich sagte, daß DAS eben doch etwas Schlimmes und sogar Verbotenes ist, wofür er ins Gefängnis gesteckt werden könnte.

Da wurde er doch wieder wütend. Ich bekäme von ihm gleich die Tracht Prügel meines Lebens. Ich brauchte mir nicht einzubilden, ich könnte mir jetzt alle Frechheiten bei ihm rausnehmen und ihn vielleicht sogar noch erpressen. Er wäre immer noch mein Vater und dürfte mich sogar umbringen, wenn er wollte. Da würde er vor jedem Gericht mildernde Umstände bekommen. Er müßte nur angeben, was ich da eben ausposaunt hätte. Richter wären schließlich auch nur Männer und wüßten, was von verlogenen kleinen Gören zu halten ist.

Ich mußte weinen, obwohl ich mich immer zusammenreißen und mir nichts anmerken lassen will. Da hat er nur noch gebrummt und mich in den Arm genommen und zu schmusen angefangen und gesagt, daß ich doch seine kleine Püppi wäre und er alles nicht so meint.

5. Dezember

Der Vati ist bis einen Tag vor Hlg. Abend auf Dienstreise.

Manchmal, abends oder wenn ich ganz für mich bin, male ich mir aus, wie es wäre, wenn er nie mehr käme. Er könnte ja da drüben in Südafrika eine andere Frau treffen, die ihm besser gefällt als die Mama und ich. Oder mit dem Flugzeug. Da passiert so viel.

Aber das will ich nicht denken. Das schleicht sich nur so in meinen Kopf.

Die Mama, Björn und ich haben es jetzt gut zusammen. Keiner, der uns anschnauzt und die Mama durch die Wohnung scheucht. »Bring mir Kaffee, hol mir Bier, wo ist die Zeitung, ich hab Hunger, laß mir ein Bad ein, ich will was Süßes.«

Das gibt's jetzt nicht. Wir helfen alle mit. Wie dem Björn beim Abräumen eine Schüssel runtergefallen und zersprungen ist, hat die Mama ihm nur die Kehrschaufel in die Hand gedrückt und gerufen: »Ein Glück, es sieht ja keiner!«

Wir wußten aber alle, wen sie meint. Und dann haben wir uns angeschaut und gelacht und gelacht, bis die Mama vom Tisch aufgestanden ist und gesagt hat: »Ach, Scheiße!« Da habe ich erst gemerkt, daß sie echte Tränen in den Augen hatte und nicht nur vom Lachen.

Heute hat mich der Tommy besuchen dürfen. Zum Kaffee und Kuchen. Das war schön, auch wenn die Mama besorgt war, von den Nachbarn denkt wer: »Ist die Katz' aus dem Haus, tanzen die Mäuse auf dem Tisch.«

Die Mama hat ihre Lieblingsmusik aufgelegt, und dann haben wir alle zusammen Spiele gemacht.

Warum muß der Vati nur so anders sein?

9. Dezember

Ich könnte jetzt jeden Tag schreiben. Wir haben so viel Spaß miteinander. Und nachts schlafe ich richtig gut. Ich wache nur manchmal erschrocken auf, wenn eine Tür geht. Aber dann schlafe ich gleich wieder ein. Da ist ja keiner, der zu mir reinschleicht. Höchstens Björn. Und der hat nur Eisbeine, die er an mir wärmen will.

12. Dezember

Heute hat mir die Mama von Vati erzählt, wie er noch ein Kind war. Wir haben alte Fotos angeschaut. Die hat Vati alle geerbt, als seine Eltern tot waren.

Schade, daß Oma und Opa so früh gestorben sind! Ich war erst zwei Jahre alt und kann mich nicht an sie erinnern. Mama sagt, sie hätten mich sehr geliebt und mich oft zum Ausfahren abgeholt. Ich hätte sie wirklich gern gekannt.

Oma sieht auf den Bildern ein bißchen wie Vati aus. Aber Mama sagt, er wäre seinem Vater nachgeschlagen. Der hätte seine Frau und die Kinder auch so in der Zucht gehabt und sich von keinem etwas dreinreden lassen. Dabei hat die Mama so tief geseufzt, daß Björn sie sofort in den Arm genommen und abgeküßt hat. Das hätte ich auch gern gewollt. Ich hatte nur Angst, sie weist mich wieder ab, weil sie mich für überdreht hält.

»Wenn ich groß bin, nehme ich dich von Vati weg«, rief Björn. »Und dann heirate ich dich.«

»Ja«, sagte die Mama und blinzelte zu mir hin. »Das hatte deine Schwester auch immer vor. Ihren Vati heiraten.«

»Aber jetzt nicht mehr!« habe ich gerufen und an alles gedacht, was zwischen dem Vati und mir schon vorgegangen ist.

Davon konnten Björn und Mama ja nichts ahnen. Darum haben sie auch nur gelacht.

15. Dezember

Jetzt haben wir endlich alle Weihnachtsgeschenke fertig. Für jeden habe ich etwas gebastelt. Außer für Vati. Ich habe ihm einen Kalender gekauft, so einen schmalen, der die Jackentasche nicht ausbeult. Sonst ist mir nichts eingefallen.

Die Mama hat ein bißchen gelacht, als ich ihr den Kalender gezeigt habe. »Ja, ja«, hat sie gemeint, »wenn man erst mal einen kleinen Freund hat, ist der Vater plötzlich nicht mehr so wichtig.«

Nur weil ich für Tommy eine Pudelmütze mit Fäustlingen gestrickt habe!

Für Björn habe ich ein Bild gewebt. Das habe ich in der Schule gelernt. Bäume und Berge sind drauf und ein Fluß mit Blumen. Richtig hübsch. Fräulein Seibold hat nur so gestaunt darüber. Ich glaube, so etwas Feines hat sie mir gar nicht zugetraut. Die

Mama bekommt ein Seidentuch. Das habe ich selbst umsäumt und dann bedruckt. Es ist ganz weich. Bestimmt gefällt es ihr.

Dann für Tante Mia. Da habe ich eine kleine Geldbörse gehäkelt. Weil sie so gern ins Theater geht und nie ihren normalen großen Geldbeutel mitnehmen will.

Für Oma und Opa habe ich einen Kalender gebastelt. Mit lauter Bildern aus getrockneten Blüten und Blättern. Das reicht ja auch. Mama sagt, Weihnachten sei sowieso fast nur noch Geschäft und so ähnlich wie Jahrmarkt.

Ich wollte von ihr wissen, ob sie sich schon auf Vati freut. »Ja«, sagte sie. Besonders glücklich kam sie mir aber nicht vor. Es kann allerdings auch sein, daß ich mir das nur eingebildet habe, weil ich mich gar nicht auf ihn freue. Ich habe jeden Tag größere Angst, alles fängt von vorn an mit ihm, wenn er erst wieder bei uns ist.

16. Dezember

Ich habe mir vorgenommen, Vati einen Brief zu schreiben. Den schicke ich einfach in sein Büro, damit Mama nichts merkt. Ich glaube, er hört mir nie zu, wenn ich mit ihm rede. Oder er meint, ich lüge. Einen Brief muß er ernst nehmen. Was er schwarz auf weiß hat, muß er glauben. Da kann er nicht einfach verdrehen, was ich sage und etwas ganz anderes daraus machen, als ich meine.

Ich schreibe den Brief mit Kohlepapier und klebe ihn hier ein. Dann weiß ich immer genau, was ich geschrieben habe. Kann ja sein, der Vati behauptet doch wieder, ich hätte alles ganz anders gewollt. Vielleicht brauche ich einen Beweis, wenn er mich in die Zwickmühle nehmen will.

Manchmal denke ich, alles ist nur ein Traum, aus dem ich einfach nicht aufwachen kann. Ich träume oft so verrückte Sachen. Dann wache ich auf, weil ich geschrien habe. Aber nur ganz, ganz kurz. Und wenn ich weiterschlafe, geht auch der Traum weiter. Wie ein Film mit Fortsetzungen.

Aber ich weiß, daß es kein Traum ist. Ich wünsche mir nur, es wäre einer und alles wäre gar nicht wahr. Und ich könnte aufwachen und den Vati wieder liebhaben wie früher. Und alles wäre ein Spuk und vorbei und wieder gut. Ist es das, wenn Tommy zu mir ›Traumtänzer‹ sagt?

17. Dezember

Lieber Vati,

ich schreibe Dir heute einen Brief. Ich mußte viermal neu anfangen, weil es ein sehr wichtiger Brief ist. Du mußt alles gut durchlesen. Wenn Du Angst wegen Mama hast, kannst Du den Brief ja verbrennen oder in Deinen Reißwolf stecken. Aber zuerst lesen, bitte!

Lieber Vati, Du weißt schon, warum ich Dir schreibe. Es ist wegen uns. Wegen Sex und allem. Ich kann das nicht ganz richtig ausdrücken. Aber Du verstehst das bestimmt auch so.

Ich sage Dir immer, daß ich das alles nicht mit Dir machen möchte. Du hörst mir nie zu. Du machst einfach weiter und willst, daß ich es auch will.

Ich will aber nicht!

Es ist mir peinlich. Und ich ekle mich vor Dir und allem, wenn Du von mir diese Sachen verlangst. Du weißt schon.

Außerdem muß es keine von meinen Freundinnen mit ihrem Vater tun. Kein Vater darf das. Ich weiß es genau. Und es ist eine Sünde.

Lieber Vati, bitte, bitte, bitte laß mich in Ruhe! Ich will auch immer ganz artig und gehorsam sein und Dir nie Kummer bereiten. Ich habe Dich doch so lieb. Aber wenn Du DAS von mir verlangst, hasse ich Dich. Und das macht mich ganz unglücklich, weil ich Dich liebe.
Deine liebe Tochter
Marie-Claire

18. Dezember

Nur noch ein paar Tage, bis Vati heimkommt. Ich habe den Brief heute früh in den Kasten geworfen. Hoffentlich öffnet die Sekretärin ihn nicht. Ich habe dick und quer ›PRIVAT‹ über das ganze Couvert geschrieben.

Wir putzen wie wild und haben Vatis Lieblingsessen eingekauft. Mama rennt herum; also unmöglich. Opa sagt, wie ein aufgescheuchtes Rebhuhn. Björn und ich gehen ihr meistens aus dem Weg. Björn hat mir versprochen, mich nie mehr bei Vati oder Mama zu verpetzen. Er hat jetzt eingesehen, wie gemein das ist. Damit Vati nicht mißtrauisch wird, haben wir abgesprochen, daß Björn ihm immer nur erfundene Geschichten erzählt. Er kann nämlich echt Klasse fantasieren. Und wir sprechen uns auch miteinander ab.

Als Gegenleistung werde ich mich öfter mit Björni beschäftigen und ihm auch beistehen, wenn er wieder Knies mit Vati bekommt. Das wird schon hinhauen. Ich glaube, allmählich wird aus dem Kleinen doch so etwas wie ein großer Bruder.

19. Dezember

Vielleicht hätte ich den Brief ohne Absender einwerfen sollen? Wenn die Sekretärin nun bei Mama anruft deswegen?

Sooft das Telefon klingelt, denke ich: »Das ist sie!«

Vielleicht war das mit dem Brief doch keine so gute Idee?

20. Dezember

Bis jetzt ist nichts passiert. Vielleicht denkt die Sekretärin ja, ich hätte solche Sehnsucht nach Vati und würde ihn mit dem Brief überraschen wollen.

Schöne Überraschung!

Na, gucken wird er schon. Hoffentlich schaut er gleich noch ins Büro rein, ehe er heimkommt. Dann findet er den Brief gleich und weiß Bescheid, bevor er bei uns ist.

21. Dezember

Tommy und ich haben uns heute im Eisstadion getroffen. Zu dumm, daß das Clubhaus jetzt fertig ist. Unsere Ecke war so richtig gemütlich.

Wir sind eine Weile zusammen spazierengegangen. Dann haben wir uns einen Tee bestellt. Dabei kann man besser reden.

Tommys Vater hat gedroht, seine Mutter aus dem Haus zu werfen, wenn die Geschichte mit ihrem Freund nicht aufhört. Tommy sagt selbst, seine Mutter wäre schlimmer als seine Schwester. Dauernd würde sie abends abhauen und manchmal erst morgens heimkommen. Mit seinem Vater spricht sie nicht mehr. Sie schreiben sich Zettel, die sie sich gegenseitig an ihren Platz legen oder an den Spiegel kleben.

Auch waschen tut sie nicht mehr für ihn oder bügeln. Tommy sagt, sein Vater läuft rum wie der letzte Lumpensammler aus Hintertupfingen.

Damit will er aber nur überall beweisen, was für eine gräßliche Person er geheiratet hat. Tommys Mutter macht sich nichts daraus. Sie lacht nur und sagt, ihre Klamotten hätte ja schließlich auch nie einer für sie hergerichtet. Und daß sie es leid wäre, immer für alle Aschenputtel zu spielen.

Tommy ist ziemlich unglücklich wegen allem. Er weiß einfach nicht, was aus ihm werden soll. Das verstehe ich schon. Es tut mir ja auch leid.

Aber wenn Mama jetzt so auf die Tonne hauen würde, also ich glaube, ich wäre froh.

22. Dezember

Morgen kommt Vati. Mir ist schlecht, wenn ich nur daran denke.

23. Dezember

Heute war letzter Schultag. Ein Glück. In der Klasse ist es saublöd geworden. Ich bin froh, wenn ich die alle ein paar Wochen nicht sehen muß. Das doofe Geschwätz hat zwar aufgehört, weil ich einfach nicht mehr darauf reagiert habe. Da ist es ihnen langweilig geworden. Aber irgendwie habe ich mit denen nichts mehr am Hut. Wenn die mit ihren Glanzbildle anfangen oder ihren Poesiebüchern, nee danke. Das ist doch alles Kiki. Da habe ich andere Sorgen. Was wissen die denn?

Manchmal denke ich, was ist, wenn einer von den Paukern mal was merkt oder so. Wenn mich einer fragt. Was ich dann sagen soll? Vielleicht: »Jawohl, mein Herr, mein Vater hat mich schon aufgeklärt und probiert mich auch selber aus.« Oder ich sage: »Er macht lauter schlimme Sachen. Er soll das nicht mehr. Bitte helfen Sie mir!«

Oder ich sage überhaupt nichts. Die können ja gar nichts wissen. Die denken sich alles bloß aus. Oder die Biggi hat geschwätzt. Der ist alles zuzutrauen, aber wirklich. Die ist doch so was von blöd geworden. Was soll ich denn sagen? Vielleicht ist das ja bei allen so. Ich blamiere mich doch nicht vor denen, oder? Ich spinne doch nicht. Nachher glauben sie mir nicht mal. Und dann fliege ich von der Schule oder muß wirklich noch in ein Heim. Ich kann ja nichts beweisen. Das sagt Vati auch immer.

Nicht nur Lehrer sein . . .

Die Schulzeit ist oft der prägendste und folgenschwerste Lebensabschnitt im Dasein eines jeden Kindes. Gewohnt, daß insbesondere die Eltern ihnen und ihren Fehlern mit liebevoller Nachsicht begegnen, müssen sie plötzlich erfahren, daß Fehler Bestand und Folgen haben, daß sie Wertigkeiten festschreiben und es auch Abstufungen innerhalb der Klassengemeinschaft gibt. Der Lehrer nimmt erzieherisch auf das junge Leben Einfluß. Täglich für einige Stunden unter seine Kuratel gestellt, bildet sich das Kind an seinem Beispiel. Wie gut dieses Beispiel ist, hängt nicht allein vom Wesen und Charakter des Menschen in der Funktion des Lehrers ab, sondern auch von seiner Ausbildung.

Es ist hinlänglich bekannt, daß der Junglehrer den Anforderungen seines Berufes zunächst nicht oder nur bedingt gewachsen ist. Ausgerüstet mit intensivem Fachwissen, sieht er sich angesichts seiner Erzieherfunktion meist unzulänglich vorbereitet und sogar überfordert.

Gudrun Martiny versucht, sich in ihrem Beruf als Lehrerin in einem besonderen und engagierten Maß der Kinder anzunehmen. Lehr- und Lernziele haben ihre große und wichtige Bedeutung. Wenn auch nicht vorrangig, so ist die Aufgabe als Vertrauensperson doch als gleichwertig anzusehen. So steht nicht das Kind als bildungsfähiges Kopf-Wesen für Gudrun Martiny im Mittelpunkt ihrer Bemühungen, sondern das Kind als Wesen aus Geist und Körper. Beidem gerecht zu werden, ist ihr oberstes Anliegen.

Wie sie ihre Aufgabe sieht und angeht, erfahren Sie in ihrem nachfolgenden Brief an mich, der mich in Beantwortung einiger konkreter Fragen und eines ausführlichen Gesprächs erreichte:

... sondern zumindest auch erzieherischer Begleiter

Liebe Frau Jäckel, ich habe mit viel Interesse Ihren Buchausschnitt gelesen und bin schon gespannt auf die vollständige Ausführung. Da ich mich mal wieder unter Zeitdruck befinde, möchte ich direkt zur Beantwortung Ihrer Fragen kommen.

Während meiner bisherigen Berufstätigkeit als Lehrerin ›mit besonderen Aufgaben‹ in einer Hauptschule hatte ich wissentlich zweimal (vermutlich aber sicher noch mehrmals) Mädchen, die sexuell mißbraucht wurden, und einmal das Kind eines Verhältnisses zwischen Vater und Tochter in meiner Klasse. Ein Mädchen wurde mit 12 Jahren vom Freund der Mutter mißbraucht; das andere Mädchen lebte mit seiner Schwester, nach dem Auszug der leiblichen Mutter, mit deren Zuhälter, der auch der Vater der beiden Kinder ist, zusammen. Das Mädchen schläft meist mit ihrem Vater zusammen in einem Bett. Ein 14jähriges Mädchen lebt im Haushalt der Großeltern mütterlicherseits, wobei der Großvater gleichzeitig auch ihr Vater ist; denn er zeugte dieses Mädchen mit einer seiner Töchter. Alle diese Fälle waren auch dem Jugendamt bekannt, woher ich teilweise meine Informationen habe.

Auf diese und andere Probleme, die auf einen zukommen, wenn man eben nicht nur Lehrerin, sondern auch ›Sozialarbeiterin‹ und ›Betreuerin‹ von Kindern und Familien ist, bereitet das Hochschulstudium und die Referendarausbildung nicht vor. Wie auch?

Dort geht man von manchmal fast realitätsfernen Normen aus, und ich glaube, die meisten Hochschullehrer haben mit solchen Problemen nie oder nur wenig Kontakt.

Nun zu meinen eigenen Erfahrungen, die ich in einem langen Prozeß mit viel Kampf gegen meine eigenen Überzeugungen und Ideale machen mußte.

Ich setze den sozialen Hintergrund dieser Kinder einmal als bekannt voraus, der sich mit Schlagwörtern wie innere Kontaktarmut, Bindungslosigkeit, Instabilität, geringe Belastbarkeit, mangelnde Anregung aus der Umwelt, mangelnde Sprachfähigkeit, kaum intrinsische Motivation (intrinsisch: Interesse an der Sache, aus der Sache heraus; Gegenteil wäre eine von außen gesteuerte Motivation, wie eine Belohnung für eine gute Note – extrinsische Motivation; d. Hrsg.), geringes Selbstwertgefühl, Mißtrauen, Angst, Hilflosigkeit oder Brutalität ausdrücken läßt.

Diesen Mädchen gegenüber hatte ich keine inneren Vorbehalte, aber oft ein elendes Gefühl der Hilflosigkeit, weil ich selbst die Empfindungen dieser Kinder nur schwer nachvollziehen und auch vielleicht nicht begreifen konnte. Dadurch war es oft schwer, einen Ansatzpunkt zu finden, weil alle meine Strategien zur Konfliktlösung vielfach auf Unvermögen und Unverständnis stießen, zum Beispiel über Erlebtes und Gefühle zu reden, Fragen zu stellen, nach Ursachen zu suchen, sich andere Aufgaben zu suchen, etwas zu tun, sich Tricks einfallen zu lassen, um unangenehmen sexuellen Erlebnissen aus dem Weg zu gehen.

Mit den Eltern habe ich immer Gespräche gesucht, jedoch haben diese Eltern alle auch ihre ›eigene Geschichte‹. Die Eltern wollen in solchen Gesprächen oft ihr Selbstwertgefühl steigern. Sie sind ja zu sich selbst unehrlich, können das Dilemma ihres Kindes nicht verstehen, können deshalb auch wenig helfen, selbst wenn sie guten Willens sind. Ich bin oft den

Weg gegangen, ihnen Verständnis entgegenzubringen und in gelockerten Gesprächen hie und da einen Rat einfließen zu lassen. Ich habe Behördengänge übernommen, Briefe geschrieben, Nachmittagsbetreuung für die Kinder besorgt, Hausaufgabenhilfe oder Ferienbetreuung organisiert, um damit kleine Freiräume für die Kinder zu schaffen, vor allem aber auch um sicherzugehen, daß die Gesprächsbereitschaft bleibt, Begebenheiten nicht vertuscht werden, daß das Kind keinen Repressalien ausgesetzt wird und allmählich Vertrauen geschaffen werden konnte. So konnte ich manche Dinge auf den Weg bringen, die unter dem Einsatz der Ämterautorität boykottiert werden. Auf diese Art und Weise wurde zum Beispiel das Mädchen, das mit ihrem Vater, dem Zuhälter, in einem Haushalt lebt, aus seiner Außenseiterrolle zum ›normalen‹ Mitglied der Klasse und zu einer alters- und kindgemäßen Freizeitgestaltung gebracht sowie dem Vater die Einwilligung zu einer Berufsausbildung abgerungen.

Man merkt den Kindern die häusliche Situation schon an, aber bei ›meinen Kindern‹ war es vielfach schwer, sexuelle Delikte zu vermuten, weil auch die anderen häuslichen Umstände derart schlimm für unser Verständnis waren, so daß ich lange Zeit und einige Milieukenntnisse brauchte, um hinter die Ursachen zu kommen, zumal speziell die Mädchen mich als Lehrerin und das schulische Umfeld quasi als ein Eiland angesehen haben, das von den häuslichen Problemen frei war. Die drei Mädchen hatten keine besonderen Schulprobleme in der Klasse, zählten sogar teilweise zur Leistungsspitze. Die Mädchen wollten sich deshalb diese ›Insel der positiven Erfahrungen‹ nicht zerstören lassen; jedenfalls interpretiere ich so die Verhaltensweisen der Mädchen.

Dementsprechend habe ich mich verhalten. Ich beobachtete die Mädchen und war für sie da, drang aber nicht mit Fragen in sie ein. Ich band sie in besondere Klassen- und Schulaktivitäten ein, lenkte sie ab, forderte sie mit besonderen Aufgaben oder ließ ihnen Zeit, sich zu erholen. Ich kam punktuell ihrem Bedürfnis nach, sich hängen zu lassen, sorgte jedoch auch vielfach mit Druck für die Wiederaufnahme eines regelmäßigen Schullebens. Ich nutzte den Unterricht, insbesondere in Biologie und in Sozialkunde, sowie Freizeitstunden für Gespräche zum Thema Sexualität, erzählte von eigenen Jungmädchenerfahrungen, Ängsten, Wünschen und anderes mehr. Die Mädchen fragten viele Dinge und genossen offensichtlich den allgemeinen Charakter dieser Gespräche und die Offenheit meiner Person. Sie wollten ihren Schutzschild nicht ablegen; ich beließ es dabei, weil ich glaubte, etwas in Gang setzen zu können, müsse von ihnen selbst kommen, sonst bewirke es nichts in ihnen.

Ich bin der Ansicht, daß ein Lehrer zumindest erzieherischer Begleiter der Kinder sein muß. Aber in diesen Fällen, von denen hier die Rede ist, reicht dies nicht aus. Hier erlebe ich täglich meine Unzulänglichkeit. Zwar kümmere ich mich täglich einige Stunden um diese Kinder, vernachlässige aber gleichzeitig andere, die ebenso große Probleme haben, und ändere letztlich wenig an dem Kreislauf der individuellen Lebenssituation.

Trotzdem bleibt mir keine andere Chance! Nur das Prinzip Hoffnung!

Abschließend noch ein paar Worte zu Ihrem Buchausschnitt: Ich kann nur sagen, daß Mädchen, die schon einmal in der Lage sind, ein Tagebuch über ihre Erlebnisse und Gefühle zu schreiben, eine große Chance haben, ihre Wunden mit Hilfe von Gesprächen – Therapien – zu heilen und mit den Narben zu leben, während es ein Bemühen bleiben muß, all den anderen dazu zu verhelfen.«

Gudrun Martiny
wurde 1947 in Halle an der Saale geboren.

Nach der Schulzeit absolvierte sie eine Lehre als Medizinisch-technische Assistentin. Mitte 20 entschloß sie sich jedoch, Lehrerin zu werden.

Seit 1977 ist sie als Grund- und Hauptschullehrerin im Schuldienst tätig.

Zunächst durch Zufall, später aus Engagement, arbeitet sie heute an sog. Schulen mit sozialem Brennpunkt bzw. Problemschulen mit sozialen Aufgaben. (Die Bezeichnung differiert von Bundesland zu Bundesland.)

Regelmäßige Treffs mit Arbeitsgruppen ähnlich gelagerter Schulen helfen ihr, in Gesprächen und Erfahrungsaustausch ihrer Aufgabe gerecht zu werden.

Das Tagebuch der Marie-Claire
– Weihnachten –

23. Dezember, 16.00 Uhr

Vati kommt erst gegen Abend. Mama, Björn und ich haben zusammen den Christbaum vom Markt geholt. Mama sagt, das hätte sie noch nie allein gedurft. Sie hat richtig gestrahlt, wo sie einen schönen Baum gefunden hat. Ich glaube, er war ziemlich teuer. Aber Mama hat ihn von ihrem Nadelgeld gekauft. Da muß sie den Preis nicht verraten, weil sie sich das Geld ja vom Haushaltsgeld abspart und es ihr gehört.

Wenn ich groß bin, will ich mein eigenes Geld verdienen. Ich will nicht so leben wie Mama. Gar nichts Eigenes haben und so. Das finde ich nicht gut. Mama findet es auch beschissen, aber sie kann nichts machen, sagt sie. Weil sie keinen guten Beruf hat und alles aufgegeben hat wegen Vati. Er würde nie dulden, daß sie irgendwo arbeitet. Wahrscheinlich hat er Angst, die Leute könnten denken, er verdient nicht genug für seine Familie. Einmal hat er gesagt: »Meine Frau hat es nicht nötig zu arbeiten.« Und darauf war er stolz.

Aber wenn Mama Geld braucht, macht er jedesmal erst langes Theater um ›sein‹ Geld. Mama hat in seinen Augen kein Recht darauf, weil sie nichts verdient und von ihm durchgefüttert werden muß.

Mama sagt, wenn Vati sie für ihre Arbeit im Haus und mit uns bezahlen müßte, würde nichts mehr für ihn übrig bleiben.

Trotzdem verdient Mama keine einzige Mark und

bekommt nicht einmal Taschengeld. Da bin ich mit meinen 5 Mark im Monat fast noch besser dran.

24. Dezember

Als Vati gestern abend in der Tür stand, habe ich mich plötzlich doch gefreut. Er sieht echt spitzenmäßig aus, so braun und mit den ein bißchen zu lang rausgewachsenen Locken. Wenn er die Haare hier bei uns schneiden läßt, merkt man gar nichts mehr von Locken. Dann sind sie nämlich glatt wie ein Maulwurfsfell und auch so kurz. Das gefällt mir nicht halb so gut wie jetzt.

Mama war total happy. Ich glaube, sie liebt ihn immer noch. Sie benahm sich echt wie ein junges Mädchen. Aufgeregt, ob ihm ja auch alles bei uns gefällt und schmeckt und angenehm ist. Als ob er der Kaiser von China wäre.

Als Vati Mami und Björn begrüßt und abgeknutscht hatte, wollte er gleich bei mir weitermachen. Da wurde ich auf einmal so steif wie ein Besenstiel. Ich konnte einfach nicht. Ich meine, ich brachte es nicht fertig, ihm einen Kuß zu geben oder mich an ihn zu drücken. Mir war ganz schwach in den Knien vor lauter Ekel.

»Ach, unser Fräulein Rührmichnichtan!« hat Vati sofort gespöttelt und mich gerade extra abgeküßt und geknuddelt. Dabei hat er jeden Kuß so richtig widerlich laut und naß an mich hingeknutscht. Ich habe gut gespürt, daß er nur wieder beleidigt ist und es mir auf die Art heimzahlen will.

Die Mama hat ihn dann endlich weggezogen. Vati hatte viel zu erzählen. Fotos hat er mitgebracht und ein Körbchen mit exotischen Früchten, die da unten in Südafrika wie bei uns die Äpfel wachsen.

Weihnachtsgeschenke hatte er natürlich auch dabei.

Das war ein Schenken und Auspacken und Freuen! Björn hat ein Auto von ihm bekommen. Solche gibt's hier in Deutschland gar nicht. Ein super Renner. Der würde mir auch gefallen, aber nur in echt natürlich. Mama bekam ein Collier und Ohrringe mit kleinen Diamanten, weil die in Südafrika abgebaut werden. Vati hat da ja Beziehungen wegen des Geschäfts. Wenn Mama vorher beim Frisör gewesen wäre, hätte sie spitze ausgesehen. Na, ja.

Mir hatte er ein kurzes Spitzennachthemd mitgebracht mit einem Pumphöschen dazu. Das wäre zur Zeit da drüben der letzte Schrei, sagte er. Das sollte ich gleich anprobieren. Aber ich mochte nicht. Ich tat so, als hätte ich es vor lauter Freude über die kleinen Ohrclips mit Rubinchen, die ich auch noch von ihm bekommen hatte, total überhört.

So festlich und weihnachtlich war es, glaube ich, noch nie bei uns wie diesmal. Mama lehnte sich dauernd bei Vati an und hatte blanke Augen.

Ich dachte, vielleicht hat er ja meinen Brief schon und alles wird doch wieder gut. Aber so ganz sicher wußte ich es ja nicht. Das hat mich bedrückt. Ich konnte mich nicht so freuen, wie ich wollte. Björni schlief irgendwann auf dem Sofa ein. Ich wurde richtig neidisch. Er muß ja keine Angst haben, einfach so einzuschlafen oder zu Bett zu gehen. Am allerliebsten wäre ich für immer aufgeblieben.

Als ich endlich doch zu Bett mußte und Mama ihren Gute-Nacht-Kuß gab, hielt Vati mich fest und wollte auch einen. Einen ganz langen, dicken, weil er so viele Wochen keinen bekommen hatte. Natürlich sperrte er dabei wieder den Mund auf und versuchte, mir seine Zunge zwischen die Zähne zu schieben. Ich biß den Mund aber ganz fest zu. Wenn er es geschafft hätte, ich glaube, ich hätte ihm die Zunge abgebissen. Vati hat mich dann gehen lassen. Aber wie ich schon an der Tür stand, sagte er: »Wenn du noch wach bist, guck ich später vielleicht zu dir rein. Geschichte erzählen.«

Ich zitterte überall beim Ausziehen und beeilte mich wie nie im Bad. Im Bett lag ich dann eingemummt bis unters Kinn und konnte mal wieder nicht einschlafen.

Schöne Bescherung!

25. Dezember

Vati ist nicht mehr zu mir ins Zimmer gekommen. Die ganze Nacht nicht.

Ich muß ihn wegen dem Brief fragen. Ich bin ganz zappelig.

26. Dezember

Vati weicht mir aus. Ich glaube, er hat meinen Brief gelesen. Er hat noch nicht einmal versucht, mich auf den Schoß zu nehmen oder mich irgendwie SO zu streicheln.

Mama fragt schon, warum ich so vergnügt bin. Ich kann's ihr doch aber nicht sagen.

28. Dezember

Das lag heute unter meinem Kopfkissen. Ich habe Vati nicht ins Zimmer kommen hören. Er muß unheimlich leise gewesen sein.

Meine liebste kleine Marie-Claire,
für Deinen lieben langen Brief recht herzlichen Dank. Ich freue mich sehr, daß du so fleißig an mich denkst und schreibst und mich während der langen Wochen

meiner Abwesenheit nicht ganz vergessen hast. Ich habe auch oft an Dich gedacht und Dich sehr vermißt. Meine Zimmerwirtin in S-Afrika hat übrigens eine Tochter in Deinem Alter. Sie erinnert mich an Dich. Leider ist sie nicht so lieb und süß zu mir gewesen wie Du. Daß Du Dich an unsere kleinen Spielchen erinnert hast, macht mich sehr glücklich.

Du schreibst, Du willst und magst keine Spielchen mit mir. Aber ich glaube, das redest Du Dir nur ein, weil Du darin anders bist als andere. Wenn Du erst ein wenig älter bist, wirst Du anders darüber denken. Ich weiß, daß Du schon manchmal voll bei der Sache warst und wie eine echte Frau reagiert hast. Du kannst mir nichts vormachen. Du kleine Lügnerin. Aber ich mag es, wie Du Dich zierst. Du machst mich damit erst total verrückt.

Weißt Du, meine Kleine, andere Mädels in Deinem Alter interessieren sich für unreife, grüne Knaben, die von Tuten und Blasen keine Ahnung haben. Mit denen probieren sie dann alles aus und haben nichts davon.

Was ich im übrigen von solchen Schlawinern halte, weißt Du. Schau Dir nur die Zeitungen an, und Du wirst es mir bestätigen müssen, daß ich nur zu recht habe. Bevor so ein Mädel eine Frau wird, muß sie allerhand Abenteuer, ich meine jetzt im schlechten Sinn, über sich ergehen lassen. Haben die Bengels dann ihr Ziel erreicht, werfen sie das Mädel in den Dreck.

Die Aufgabe einer jungen Frau ist es, einmal zu heiraten und eine Familie zu gründen und sich selbst und einen Mann, der zu ihr paßt, glücklich zu machen. Ich weiß genau, junge Leute sehen es heute anders; aber glaube es mir, es ist nun einmal so und nicht anders.

Heute zählt ein Mädchen, das nicht von klein auf Abenteuer mit Jungen hinter sich hat, zum alten

Eisen. Ich weiß, daß Sex für Mädchen wichtig ist. Aber ich will nicht, daß Du Sex mit einem grünen Bengel treibst, der Dir irgendwann ein Kind anschafft und Dich sitzen läßt. Ich will, daß Deine körperlichen Wünsche optimal geweckt und befriedigt werden und zwar von einem, der Dich aufrichtig liebt und jederzeit beschützen will. Das tut keiner mehr und besser als ich.

Mir ist ein Mädchen, das vor der Ehe mit seinem Vater Sex hatte, tausendmal lieber als eines mit ›sogenannter Erfahrung‹ von vielen Nichtskönnern. Ein erfahrener Mann wird jedes Mädchen zu einer wunderbaren Frau machen, die ihrem Mann den Himmel auf Erden ins Bett bringt.

Du kannst mir glauben, 99 Prozent aller Männer denken so. Denn in einer Ehe, wo die Frau nie enttäuscht wurde und vollreif ist, gibt es viel weniger Komplikationen als anders.

Ich schreib Dir dieses, weil ich glaube, daß Du mich verstehst. Zum alten Eisen gehöre ich ja Gott sei Dank noch nicht, so daß ich verstehe, was ein junger Mensch denkt und fühlt.

Glaube mir, der Junge, der seine Eroberung mit Dir macht, erzählt es weiter. Und so schnell ist das Leben des Mädchens versaut. So etwas wird Dir mit mir niemals passieren. Ich werde immer ganz für Dich da sein und auf Dich aufpassen, damit Du später einmal glücklich wirst.

Grüne Bengels sollen sich ihre Madonnen da suchen, wo sie welche finden können, nämlich in den Slums der Großstadt. Du, meine liebste kleine Marie-Claire, bist dafür zu schade. Dafür, daß das so bleibt, sorge ich schon. Eines Tages, das weiß ich, wirst Du mir auf Knien dafür danken. Und Dein Mann wahrscheinlich auch.

So, meine Liebste, ich wollte eigentlich viel was Lieberes schreiben, aber meine Gedanken sind nun doch abgeirrt.

Ich freue mich sehr, daß Du uns, Mama und mir, bisher keine Sorgen gemacht hast. Und ich bin dankbar für die Liebe, die Du für uns empfindest.

Mach Dir um unsere Spielchen keine Sorgen, meine Süße. Das ist schon alles in Ordnung so, auch wenn andere Mädchen andere Erfahrungen sammeln. Vergiß nicht, ich liebe Dich als Dein Vati und auch als Mann. Das ist eine Auszeichnung, keine Schande. Du wirst es noch begreifen lernen. Gib uns beiden nur ein wenig mehr Zeit.

Ich küsse und umarme Dich und denke an unsere Zukunft,

Dein Moralapostel und Vati

30. Dezember

Ich will keine Auszeichnung. Ich will keinen Sex lernen. Es macht mir Angst. Ich will ein Kind sein wie alle anderen auch. Warum glaubt mir denn keiner?

Schuldig ist letztlich der erwachsene Täter

Allgemein glaubt man, daß der Vater-Tochter-Inzest weit seltener sei als etwa der Inzest unter Geschwistern. Dies ist jedoch ein Trugschluß. 75 Prozent aller ›Mißbrauch-Täter‹ sind die Väter.

Der nachfolgend wiedergegebene Brief eines Vaters, der seine damals 12jährige Tochter über einen Zeitraum von zwei Jahren sexuell mißbrauchte, erreichte mich aufgrund der drängenden Bitten und Forderungen einer Bekannten, die mit eben diesem Mann eine neue gemeinsame Zukunft eingehen möchte. Es gehört ein nicht zu unterschätzender Mut dazu, seine Gedanken aus der Sicht des Täters zu offenbaren. Auch der Schutz der Anonymität befreit nicht ganz davon. Die Scheu, mit einem solchen Delikt ins Rampenlicht zu treten, ist ungemein groß. Weiß doch ein jeder Täter mit absoluter Gewißheit, wie verächtlich seine Tat ist und daß ihn kein noch so klug eingefädelter Winkelzug von ihr reinwaschen wird. Vorausgesetzt natürlich, man hat sich entschlossen, der Anklage des betroffenen Kindes Glauben zu schenken und den wahren Schuldigen in der Person des Täters zu sehen.

Gerade dieser Entschluß, den Worten eines vermeintlich stets Lügen gefährdeten Kindes zu vertrauen, fällt jedoch den meisten Erwachsenen schwer. Der Versuch des Täters, das anklagende Kind als unglaubwürdig darzustellen oder nur eine Teilschuld zuzugestehen, indem nämlich die Tat zugegeben, die Verführung aber dem Kind angelastet wird, ist durchaus üblich.

Der Briefschreiber gesteht sich auch nach Verbüßen einer längeren Haftstrafe das Ausmaß seiner Schuld und seiner Verantwortung nur bedingt ein. Anzunehmen ist, daß ihn die Tat in der eigenen Wertvorstellung zu tief erniedrigen würde, wollte er sich wahrhaft schuldig bekennen.

Tatsache ist jedoch, daß immer der Erwachsene für sein Handeln verantwortlich ist. Ein Kind mag noch so hinreißend wirken, noch so als kleine Eva locken. Schuldig wird letztlich der Täter.

Brief eines Vaters

»Sehr geehrte Frau Jäckel, mein Name ist Friedhelm M. Ich bin 36 Jahre alt, von Beruf Sportlehrer, derzeit als Tennistrainer tätig. Ich bin verheiratet und Vater von drei Kindern; einem Mädchen und zwei Jungs. Mein Frau lebt mit den Kindern von mir getrennt.

Zuallererst möchte ich Ihnen mitteilen, daß ich mit meiner heute 16jährigen Tochter vor vier Jahren einige Male sexuell verkehrt und dafür eine Haftstrafe von 38 Monaten im Gefängnis abgebüßt habe. Ich habe also, wie man so schön sagt, mein Fett weg und schreibe Ihnen nur, weil meine Aussage vielleicht von einiger Wichtigkeit für Sie sein könnte.

Meine Tochter nenne ich hier Sabine. Sie heißt in Wirklichkeit anders, aber sie soll natürlich nicht erkannt werden.

Mit 12 Jahren war sie in meinen Augen kein Kind mehr. Sie hatte ihre Regel, trug schon einen BH und hatte so einen Hüftschwung drauf, na, Sie wissen schon. Wir hatten immer ein besonders schönes Verhältnis zueinander gehabt. Sie kam immer mit allem zu mir. Sie schmuste auch an mir herum und war regelrecht eifersüchtig, wenn ich ihre Mutter mal in den Arm nahm.

Einmal kam sie zufällig dazu, als meine Frau und ich uns liebten. Sie schmiß die Tür zu und rannte aus dem Haus. Ich zog mich an und lief ihr nach. Sie tat mir irgendwie leid. Sie sollte nicht geschockt werden. Ich fand sie dann in ihrem Baumhaus. Sie saß und heulte. Als ich sie in den Arm nahm, schrie sie, ich wäre ein Schwein. Sie beruhigte sich dann endlich. Als sie fertig war, fragte sie mich, wie das ist, wenn ein Mann mit einer Frau zusammen ist. Ich fragte, ob sie das nicht lieber selbst ausprobieren möchte. Sie sagte wörtlich: ›Ja, aber nur mit dir!‹

Ich war noch ziemlich erregt von vorher. Ich hatte den Verkehr mit meiner Frau ja abgebrochen. Und als Sabine mich am Geschlechtsteil berührte, verlor ich einfach den Kopf.

Ich kam erst wieder ein bißchen zu mir, als Sabine sich plötzlich zu wehren anfing und heulte, daß ihr das weh täte. Da war ich aber viel zu sehr in Fahrt.

Wir waren dann in den folgenden Monaten ziemlich oft zusammen. Ich wollte Sabine zeigen, daß es nicht immer schmerzt. Und ich gebe auch zu, daß es mich stark erregte mit ihr. Sie war so jung, so zart, irgendwie so neu. Die Haut meiner Frau war auch weich. Aber Sabines Haut war unvergleichlich zarter.

Ich glaubte, Sabine hätte genauso viel Spaß am Sex mit mir wie ich mit ihr. Sie wehrte sich nie, weinte nicht, schrie nicht. Aber eigentlich mitmachen tat sie auch nicht.

Ich glaube, mal wollte sie wissen, ob sie jetzt überhaupt noch einen Mann bekommen könnte und so. Ich sagte, natürlich, und die meisten Mädchen hätten schon mit einem anderen geschlafen vor der Ehe. Da sagte sie:

›Ja, aber doch nicht mit ihrem Vater.‹

Ich habe dann viel darüber nachgedacht, wieso ich mich eigentlich gar nicht wie ihr Vater fühle. Ich glaube, es liegt an Sabine. Ich meine, daran, daß sie nicht wie ein Kind war. Sie war eben schon eine Frau. Als kleines Mädchen hat sie mich nie gereizt. Ich bin ja nicht irgendwie pervers. Und dann lag es auch daran, daß sie mich provozierte, richtig dazu herausforderte. Ich merkte, daß sie es will. Und ich bin ja auch nur ein Mann. Ich konnte sie nicht vor den Kopf stoßen. Ich hatte sie viel zu lieb dazu. Und dann dachte ich auch, daß es früher die Cousins doch immer mit ihren Cousinen getrieben haben, zum Ausprobieren sozusagen. Da konnte es nicht so schlimm sein zwischen Sabine und mir.

Ich will damit sagen, daß ich deswegen schon öfter Gewissensbisse hatte. Aber ich benutzte seit diesem ersten Mal immer ein Kondom, damit nichts passieren konnte. Ich beruhigte mich damit, daß ja im Grunde nichts wirklich Böses geschehen war. Ich tat ihr nicht weh. Sie weinte nicht. Eigentlich konnte sie sogar froh sein, daß ich es tat. Es hätte ja auch einer von diesen jungen, unerfahrenen Bengels sein können. Und dann wäre womöglich ihr ganzes Leben verpfuscht.

Nach einiger Zeit erwischte uns dann meine Frau. Sie zeigte uns an. Sie wollte nichts mehr von mir wissen. Sie und ihr Anwalt sorgten dafür, daß Sabine gegen mich aussagte. Sie redeten so lange auf sie ein, bis sie überzeugt war, ich hätte sie vergewaltigt. Vorher hatte sie mit mir geredet und alles. Auf einmal heulte sie nur noch, wenn sie mich sah. Sie behauptete allen Ernstes, es nie mit mir gewollt zu haben. Alles wäre nur Spaß gewesen. Aber ich hätte sie gezwungen.

Das Gericht glaubte ihr jedenfalls. Ich ging ins Gefängnis, meine Frau mit den Kindern auf und davon. Die Wohnungseinrichtung und unser Sparbuch nahm sie mit.

Die Geschichte hat alles kaputt gemacht.

Sie möchten sicher wissen, ob ich meine Tat bereue. Ich bereue sie. Ich weiß heute, daß es eine Riesendummheit von mir war. Ich mußte ganz von vorn anfangen. Dann der kaputte Ruf und die ewigen Unterhaltszahlungen an meine Frau und die Kinder. Ich bin ein ruinierter Mann.

Sabine hat heute alles vergessen. Sie geht noch zur Schule. Bald hat sie einen Beruf, heiratet vielleicht usw. Das bißchen Sex zwischen uns hat ihr nicht geschadet. Sie weiß jetzt höchstens, was sie will, wenn da mal einer an sie ran will. Ich hab bei ihr bestimmt keinen schlechten Eindruck gemacht.

Natürlich weiß ich, daß ich so etwas als Vater nicht darf. Blutschande und schwachsinnige Kinder, die dabei herauskommen können. Weiß ich alles. Aber was war es denn im Grunde? Kinder konnten nicht kommen. Ich schützte uns ja, nicht wahr? Wieso dann also Blutschande? Das bezieht sich doch nur auf die Folgen. Das ist im Gesetz nicht richtig ausgelegt. Ich bin ein freier Mann in einem freien Land. Ich kann lieben, wen ich will. Das Gesetz greift da erst, wenn ein Kind kommt. Das darf nicht sein. Das geht natürlich zu weit. Aber das bißchen Sex, was ist das denn schon? Das wird doch alles nur aufgebauscht.

Ich bin auch dafür, daß Vergewaltiger hart bestraft werden müssen. Keiner darf den anderen zu etwas zwingen und ihn bedrohen. Da müßte die Strafe auch viel härter liegen. Aber wenn das Mädchen auch will, dann ist das keine Vergewaltigung. Bei mir war es jedenfalls keine. Meine Tochter wollte Sex mit mir. Sie hat mich verführt. Ich habe eigentlich nur nachgegeben und mitgemacht.

Vergewaltigt haben sie hinterher meine Frau und dieser Anwalt. Sie haben sie doch gezwungen, gegen mich vorzugehen und zu lügen. Freiwillig hätte meine Tochter mich nie verleumdet. Sie hat mich doch geliebt. Wo gibt's denn so etwas, daß eine Tochter gerichtlich gegen ihren Vater angeht?

Ich weiß, daß meine Tochter heute unter dieser

Sache sehr leidet. Darum habe ich mich auch entschlossen, meine Gedanken zu Papier zu bringen. Wenn Ihr Buch erschienen ist, werde ich Sabine eins schicken. Sie soll endlich wissen, wie ich über alles denke. Sie kann mich dann ja anrufen oder schreiben, wenn sie will. Ich darf ja leider nicht in ihre Nähe kommen. Meine Frau würde mir sofort die Polizei auf den Hals hetzen. Dabei lebt sie jetzt mit einem anderen zusammen. Die Kinder gehören ihm ja nicht. Was weiß man denn, was der ihnen vielleicht tut. Vielleicht etwas viel Schlimmeres, als ich mir je ausgedacht hätte.

Meine Haftstrafe habe ich abgesessen. Da hatte ich Zeit genug zu grübeln. Ich habe oft an Sabine gedacht und an alles. Es war eine schöne Zeit. Trotz allem. Aber ich würde es doch nicht noch einmal machen. Unterm Strich ist dabei nur Ärger herausgekommen. Den machen die paar schönen Stunden lange nicht wett. Wenn ich noch einmal von vorn anfangen könnte, also, ich würde ihr den Arsch verbläuen. Da hätte ich mich dann auch abreagiert.

Ich hoffe, Sie können meinen Brief verwenden. Es würde mich freuen, wenn Sabine ihn auf die Art und Weise auch lesen könnte. Vielleicht würde sie mir dann doch irgendwann sagen, daß es ihr leid tut, was passiert ist und was sie mir angetan hat. Mir tut's auch leid. Mit freundlichen Grüßen.«

Das Tagebuch der Marie-Claire

– Silvester bis April –

31. Dezember

Silvester. Ich darf zum ersten Mal aufbleiben. Toll!

Vati sagt, er hat echten Sekt gekauft, weil das für mich ja ein besonderer Tag ist.

Mama ist, glaube ich, nicht so froh. Sie wäre gern mit Vati ausgegangen wie sonst. Sie hat gesagt, ich wäre doch noch ein kleines Kind und brauchte meinen Schlaf. Aber Vati hat mich in den Arm genommen und verteidigt. Ich wäre immerhin schon fast 12. Da wäre man kein Kind mehr und schon gar nicht klein. Björn ist richtig neidisch geworden. Aber er ist ja wirklich noch zu jung. Er würde sicher mittendrin einschlafen. Ich habe ihn dann getröstet und ihm versprochen, daß ich ihm alles erzähle. Aber er hat trotzdem geweint.

Der Tag geht gar nicht rum. Mama läßt sich von mir nicht helfen. Sie sagt, ich würde mich langsam überall reindrängen. Sie sagt, ich soll bloß abhauen aus ihrer Küche und mich hinter Vati stecken. Dem seine Beste wäre ich ja sowieso. Da würde ich sie ja nicht mehr brauchen.

Ich habe gesagt, daß ich sie doch brauche. Aber sie hat mich aus der Küche geschubst und die Tür hinter mir zugeschmissen.

Mama ist ganz anders geworden.

Vati war vorhin bei mir im Zimmer. Er merkte sofort, daß ich geweint hatte. Da nahm er mich sofort in den Arm und hat mich festgehalten. Bei ihm fühle ich immer, daß er mich richtig doll liebt. Wenn er mich so hält, ist gleich alles besser. Er muß gar nichts sagen.

Manchmal stelle ich mir vor, er wäre nicht mit Mama verheiratet, nur ein Freund oder so und käme bloß zu Besuch her. Daß er schon ziemlich alt ist, wäre mir egal. Ich würde gern seine Frau werden. Wir wären bestimmt immer sehr lieb zusammen. Und wenn ich dann eigene Kinder hätte, würde ich sie auch liebhaben und ihnen alles glauben und nie böse zu ihnen sein. Und wenn meine Tochter groß wäre, würden alle denken, daß sie meine Schwester ist.

Jetzt ist Silvester schon vorbei. Die anderen schlafen schon. Ich bin noch gar nicht müde. Ich sitze auf dem Klo und schreibe. Eben hat noch ein Kracher geknallt. Vielleicht einer von Vatis Blindgängern.

Wir hatten am meisten Raketen von allen in der Straße. Vati hat außerdem eine Leuchtpistole mit roten und grünen Patronen. Damit ist er aber nur auf dem Balkon gestanden und hat in die Luft geschossen. Er sagt, daß das eigentlich verboten ist. Aber schön war es doch.

Später haben wir Sekt getrunken. Eigentlich hat er mir nicht geschmeckt. Fast wie süßer Sprudel. Was daran so toll sein soll? Aber ich habe so getan, als hätte ich ihn gern gemocht. Vati hat mir sofort nachgeschenkt. Aber da fing Mama an zu schimpfen. Daß das doch wirklich zu weit ginge und so. Wenn die wüßte!

Ich glaube, ich bin etwas betrunken. Mir ist so komisch im Kopf.

1. Januar

Ab heute sind wir mit der ganzen Klasse im Schullandheim. Mama hat's erlaubt, als Vati noch weg war. Er hat getobt und wollte alles rückgängig machen. Aber weil alles schriftlich ausgemacht war, ging das zum Glück nicht.

Ich könnte die ganze Welt umarmen, weil ich nur von ihm weg bin. Bloß wegen Björn bin ich traurig. Er hat so geweint beim Abschied und mir heimlich seinen Lieblingsbär in den Rucksack gesteckt.

2. Januar

Tommy ist auch hier. Seine Klasse wohnt im anderen Gebäudeflügel. Ich habe ihn erst einmal kurz gesehen. Die Lehrer passen auf, daß wir alle nicht zu oft zusammentreffen. Die haben wohl Schiß wegen Sex, die Blödaffen?!

3. Januar

Ich habe mir das Knie verstaucht. Jetzt muß ich hier im Bett liegen. Die anderen haben Spaß. So ein Mist!

Aber dafür hat mir der Fips eine Riesenschokolade geschenkt. Die ist fast besser als Skifahren.

4. Januar

Mit geht's wieder super. Heute ist der vorletzte Tag. Wir bereiten schon alles für die Schlußparty vor. Der Fips ist mit drei von uns und ein paar aus Tommys Klasse in den Ort zum Einkaufen ausgeschwärmt. Wir brauchen Krepp zum Girlandenbasteln und so

Sachen. Nach dem Vesper fangen wir alle zusammen an zu dekorieren. Das wird schön.

Tommy hat eine Ehrenurkunde im Slalom gewonnen und eine Karte fürs Observatorium. Er ist riesig stolz. Ich auch. Auf IHN! Ich bin so froh, daß er mein Freund ist.

Heute abend war's echt granatenmäßig gut. Wir hatten Musik und Pfirsichbowle mit Selterwasser, ein richtiges kaltes Buffet und natürlich einen Tanzboden. Klar kann keiner richtig tanzen. Aber das ist schnurz. Hauptsache, es ist schön und fetzt.

Tommy hat mich ganz oft aufgefordert. Zuerst haben wir es zusammen versucht. Aber das ging nicht. Wir haben uns bloß auf den Füßen gestanden. Und dann habe ich auch seinen Körper so an mir gefühlt. Ich weiß nicht genau, ob ER echt mit mir wollte. Vielleicht bilde ich mir ja alles bloß ein. Es ist häßlich, DAS von IHM zu denken.

Fast hätte ich mir damit alles versaut. Aber der Fips hat mich gerettet. Ich wußte gar nicht, daß der so gut Rock'n Roll kann. Auf einmal hat er gerufen, daß er uns jetzt ein paar Schritte beibringen will, damit wir nicht mehr bloß wie fußlahm im Stehblues einschlafen.

Ausgerechnet mit mir hat er angefangen! Er sagt, ich wäre echt stark dafür, so richtig begabt. Weil ich Rhythmusgefühl hätte und gut auf einen Partner eingehen könnte. Er sagt, für ein Mädchen von elf Jahren wäre das ziemlich außergewöhnlich.

Vielleicht nimmt er mich ja in seinen Tanzclub auf. Hoffentlich, hoffentlich!

6. Januar

Die Rückfahrt verlief ganz schön trostlos. Lust hatte keiner auf die alte Leier zu Haus. Na und ich, ich dachte dauernd an Vati und daß er mich anders liebt als ich will.

8. Januar

So, heute war's wieder mal soweit. Ich hatte den ganzen Tag schon das Gefühl. Als Mama uns eröffnete, sie hätte einen Termin beim Frisör ergattert, war mir klar, was für mich die Glocke geschlagen hatte. Vati hat nämlich seit letztem Abend Fieber – angeblich – und kann nicht zur Arbeit.

Sowie Mama aus der Tür war, schrie er auch schon nach mir. Er wollte Tee. Ich versuchte, Björni zu schicken. Aber Vati warf nur die Zeitung nach ihm und brüllte, daß er mich beauftragt hätte, ihn zu verwöhnen. Ob er nun erst mal wieder beweisen müsse, daß er noch Manns genug sei, sich von uns nicht auf der Nase rumtanzen zu lassen?

Björni verdrückte sich sofort in sein Zimmer. Er hatte keine Lust auf Vatis Beweise. Die kannte er gut genug. Ich auch. Aber ich konnte mich nicht so einfach verdrücken.

Ich bin fast wie eine Gefangene. Ich kann zwar raus, und alle meinen, mit mir ist alles in Ordnung. Aber in Wirklichkeit ist gar nichts in Ordnung.

Als ich klein war, kaufte mir der Vati mal eine Karte für ein Spiegelkabinett auf dem Jahrmarkt. Zuerst war es ganz lustig. Aber dann bekam ich Angst, ich würde nie wieder rausfinden. Ich patschte an alle Wände und suchte unheimlich verzweifelt den Ausgang. Aber überall sah ich nur mich und mein Spiegelbild, immer eins neben dem anderen. Da habe ich mich einfach hingehockt und geheult, bis mich irgendwer mit nach draußen nahm.

Jetzt, das ist ganz ähnlich. Ich will so gern raus aus allem. Aber wo ich hingucke, sehe ich nur immer mich und den Vati. Irgendwo muß ein Ausweg sein. Ich finde nur keinen. Und helfen kann mir auch keiner.

Mama hat wegen Vatis Fieber eine große Kanne Holundertee aufgebrüht. Ich brauchte ihn nur auszuschenken. Trotzdem dauerte es ziemlich lange, bis ich endlich mit der vollen Tasse im Schlafzimmer war. Ich trödelte unnötig herum und horchte dauernd, ob nicht das Telefon klingelte oder der Postbote schellen würde.

Vati verlangte sofort, daß ich hinter mir absperre. Er hatte wohl Angst wegen Björn. Manchmal schleicht sich der Kleine nämlich so leise an, daß man ihn erst bemerkt, wenn er schon hinter einem steht.

Ich versuchte, Vati von seiner Idee abzubringen und sagte, Mama würde das bestimmt merken und vielleicht könnte ja auch Björn uns durchs Schlüsselloch beobachten.

Vati grinste bloß und schlug die Bettdecke hoch »Mich würdest du ja eventuell noch rumkriegen«, sagte er, »aber der kleine Große hier hat da ganz andere Vorstellungen.« Was das für Vorstellungen waren, erfuhr ich ziemlich gleich.

Mir wird immer noch schlecht, wenn ich es mit dem Mund machen muß. Aber es ist trotzdem schön, wenn's bei mir dann soweit ist. Ich warte jetzt jedesmal darauf.

Hinterher habe ich mich übergeben müssen und mich wieder unheimlich geschämt und hatte eine Wut, weil ich jetzt immer so in Fahrt komme, aber eigentlich kann ich doch gar nichts dafür. Ich merke immer, wie es in mir anfängt. Dann versuche ich ganz fest, nicht zu wollen und denke: »Nein! Nein!« Ich glaube, Vati merkt an irgend etwas, wenn ich so weit bin. Er wird dann nämlich jedesmal unheimlich wild und hält mich so fest, daß ich nicht von ihm wegrutschen kann. Dabei kriege ich fast immer einen Höhepunkt und Vati sowieso. Es ist schlecht und gemein und böse. Aber es ist trotzdem schön. Ich kenne mich mit mir nicht mehr aus.

Hinterher war Vati ganz lieb. Er hat nur noch ein bißchen an mir rumgeschmust. Er hat gesagt, er hätte es vor Sehnsucht nach mir einfach nicht mehr länger ausgehalten. Ich hätte ihm so gefehlt. Und daß ich nie mehr so lange von ihm wegbleiben dürfte. Er hat gesagt, ich würde ihm mehr geben als zehn andere gleichzeitig.

Dann wollte er wissen, ob ich immer noch nicht wirklich mit ihm wollte. Ich sagte: »Das weißt du doch!« Da fing er an zu lachen und ließ mich meine Sachen wieder anziehen, »Die kleine Süße da unten bei dir, die behauptet aber das Gegenteil«, sagte er. »Die kann nämlich verdammt schlecht lügen.« Ich hätte ihn am liebsten geschlagen, weil er das so sagen mochte. Aber ich habe mich nicht getraut. Natürlich nicht. Ich trau mich doch nie! Als Mama heimkam, saß ich am Küchentisch und versuchte, Vokabeln zu lernen. Ich hatte die Seiten schon ein paarmal durchgemacht, aber mein Kopf war ganz leer. Wenn ich die Augen zumachte, dachte ich immer nur DARAN. Das kam von ganz allein. Ich konnte einfach nicht wegdenken.

Ob Mama danach auch DARAN denken muß, wenn sie ES mit Vati gemacht hat? Manchmal stelle ich mir vor, wie er mit ihr zusammen ist. Ich versuche, es zu vergessen, wenn ich sie anschaue. Trotzdem schaffe ich es nicht immer. Wahrscheinlich denkt sie nicht DARAN. Sie ist ja seine Frau. Das ist anders. Für sie ist nichts dabei. Unser Pfarrer sagt, sie muß DAS mit Vati machen, weil es Sünde wäre, wenn sie nicht will. Gerade umgekehrt als bei mir. Aber vielleicht ist es bei mir ja keine Sünde, weil ich dem Vati gehorchen muß. Er hat über mich zu bestimmen. Und wenn ich nicht folge, bin ich schlecht.

Ich wünschte, ich könnte mal richtig mit einem über alles reden. Da ist soviel unklar.

9. Januar

An der Kirche bei uns hängt ein Kummerkasten. Das ist eine Idee von unserem neuen Kaplan. Er ist noch ziemlich jung und versucht, neue Moden einzuführen. Wir haben jede Woche einmal Bibelkreis im Pfarrhaussaal mit ihm. Wenn einer ein Problem hat, von dem er nicht will, daß es alle wissen, aber trotzdem darüber diskutieren möchte, kann er einen Brief in den Kummerkasten stecken. Unser Kaplan liest ihn dann und bespricht ihn mit uns im Bibelkreis. Man muß keinen Absender angeben und darf auch auf der Schreibmaschine tippen oder die Wörter aus der Zeitung ausschneiden und zusammenkleben. Heute habe ich mich entschlossen, mal zu schreiben. Ich werde das mit der Zeitung machen, weil ich nicht will, daß einer meine Schrift erkennt. Ich weiß auch schon, was ich schreiben will. Nur das Wichtigste, was ich unbedingt wissen muß, und zwar:

Ein Vater muß erziehen. Ein Kind muß gehorchen. Wenn ein Vater etwas Böses verlangt und das Kind folgt, wer hat Schuld?

Hoffentlich finde ich alle Wörter in der Zeitung, und hoffentlich erwischt mich keiner, wenn ich den Brief einstecke!

11. Januar

Mama kam ausgerechnet zu mir ins Zimmer, als ich beim Ausschneiden war. Ich war zuerst wahnsinnig erschrocken und wollte die Schnipsel unter meiner Hand verstecken. Mama war aber schneller. Was ich da mache? Ob ich vorhätte, jemand einen bösen Brief zu schicken?

Ich stotterte bloß herum. Nee, wieso und so. Bestimmt hätte sie noch alles aus mir rausgequetscht, wenn Björn nicht geschrien hätte, das wäre doch bloß für die Schule, in Kunst, wir müßten da so Bilder kleben. Ich hab sofort zu reden angefangen und getan, als sollte das eine Überraschung werden, und daß ich deshalb zuerst nichts sagen wollte.

Mama blieb irgendwie mißtrauisch, aber zuletzt hat sie's doch geglaubt. Ich war Björn so dankbar. Er hätte sich alles von mir wünschen können. Aber er wollte nichts. Ich glaube, er wird jetzt einfach groß.

12. Januar

Vor der Schule bin ich zur Kirche und hab den Brief eingesteckt. Ich glaube, es hat mich keiner bemerkt. Jedenfalls habe ich keinen in der Nähe gesehen. Ich habe trotzdem riesige Angst. Ich hätte das besser nicht gemacht. Wenn einer merkt, daß ich das war? Oder die Biggi. Wenn die ein bißchen überlegt, die könnte mir wirklich draufkommen. Die glaubt doch sowieso immer noch, ich wäre verrückt auf meinen Vater. Neuerdings fängt sie dauernd von solchen Sachen an. Von Jungs und wer verknallt ist in wen und so. Davon kann sie gar nicht genug kriegen. Manchmal, wenn sie so schwätzt, könnt' ich grad davonrennen. Aber ich tu bloß immer, als fände ich den Schwachsinn auch toll und quatsche am kariertesten von allen. Bloß damit keiner was merkt. Ich meine, daß ich denke, daß alles ein Scheiß ist und abgeschafft gehört. Wenn unser Kaplan den Brief vorliest, paß ich genau auf, was alle machen. Das mache ich auch. Dann kriegt's bestimmt keiner raus.

13. Januar

Tommys Eltern lassen sich jetzt doch nicht scheiden. Seine Mutter hat gesagt, da wäre sie ja schön blöd. Sie hätte jetzt alles und ein prima Leben. Da wäre sie ja meschugge, alles für einen fremden Mann aufzugeben. Es käme selten was Besseres nach.

Tommy sagt, jetzt würden sie sich jeden Tag streiten und streiten. ER hält's nicht mehr aus, sagt er. Und wenn ER sich eines Tages mal vor den Zug wirft, dann müßte ich allen erzählen, warum ER das getan hat. Ich habe gesagt, wenn ER das macht, will ich auch. Aber ER will nicht, daß ich es mache. ER sagt, dafür müßte man einen richtigen Grund haben, sonst ist es Sünde. Dann, sagt ER, kann die Seele nicht in den Himmel. Dann muß sie auf der Erde geistern und nur Böses tun. Ich glaube aber, das ist gelogen. Und ich will trotzdem mit Tommy mit. So oder so. Wenn ER weg ist, habe ich gar keinen mehr.

Ich habe Tommy das mit dem Waisenkind erzählt und daß meine Eltern wahrscheinlich gar nicht meine richtigen sind. Er meint, das ist gesponnen hoch drei, das würde jeder denken, der Probleme mit seinen Eltern hat. Ich hab nichts dazu gesagt. Aber ich weiß es trotzdem besser. Ich fühle das einfach. Richtige Eltern sind anders.

14. Januar

Ich habe heute nacht ganz verrückt geträumt. Zwischendurch wurde ich immer wach. Dann habe ich versucht, etwas anderes zu träumen. Aber es ging nicht. Immer, wenn ich die Augen zu hatte, ging der Traum weiter.

Zuerst ging ich über eine lange gerade Straße. Alles war dunkel. Aber ich hatte so einen leuchtenden

Anzug an, daß die Straße davon hell wurde. Plötzlich kam von weit hinten ein Lichtpunkt. Der teilte sich in zwei Lichter. Dann sah ich, daß es ein Auto war. Es war aber kein normales, sondern eins vom Autoscooter. Hinten hatte er eine lange Antenne. Sie zeigte dauernd in meine Richtung. Wenn ich mich bewegte, bewegte die Antenne sich auch. Das war mir unheimlich. Ich rannte auf der Straße los. Das Auto immer hinterher. Da sah ich, daß das Auto vorn lange Zangen hatte. Die gingen auf und zu. Das knallte jedesmal laut hinter mir.

Ich rannte und rannte und stürzte in ein Moorloch neben der Straße. Ich ging unter und unter. Ich schrie und zappelte. Da kam das Auto und hielt mir die Greifzangen hin. Ich wollte mich hochziehen. Aber ich hatte keine Kraft und fiel wieder in die Matschpampe. Das wiederholte sich immer. Ich war so fertig davon. Irgendwann konnte ich endlich aufwachen. Meine Haare und mein Nachthemd waren richtig feucht. Das kam, weil ich so geschwitzt hatte. Ich hatte Angst, wieder einzuschlafen. Darum habe ich dann bis früh gelesen.

Als ich hörte, wie Mama ins Bad ging, habe ich schnell die Lampe ausgeknipst. Ich wollte nicht, daß sie merkt, daß ich schon wach war. Sie hätte ja doch bloß gescholten und nichts wissen wollen. Manchmal wünsche ich mir, wir hätten mal wieder so einen Abend wie da, wo Vati weg war. Da war's unheimlich gut. Ich versuche, mich ganz oft daran zu erinnern. Wenn ich daran denke, kann ich nicht böse sein wegen Mama. An dem Abend war sie so lieb. So irrmäßig toll. Da hatte ich sie unwahrscheinlich lieb. Da hätte sie alles mit mir machen können. Wenn ich daran denke, spüre ich alles noch immer ein bißchen. Das reicht dann schon. Da geht's mir gleich besser, egal ob Mama mit mir rumschwallt oder nicht.

26. Januar

Mama hat gesagt, sie möchte noch ein Kind, weil Vati dann bei uns bleiben muß. Sie sagt, sie hält das nicht aus, wenn er dauernd weg ist und im Ausland arbeitet. Wer weiß, mit wem er sich dort herumtreibt.

Ich glaube, wenn mein Mann so zu mir wäre wie Vati zu ihr, würde ich ihn gar nicht mehr haben wollen. Aber Mama sagt, der Mann ist das Familienoberhaupt und am wichtigsten von allen. Ohne ihn, sagt sie, würde uns keiner mehr akzeptieren. Da würden die anderen mit Fingern auf uns zeigen und sagen, Mama hätte ihn aus dem Haus geekelt.

Kann denn der Mann alles mit einem machen? Ist der denn alles und die Frau nichts? Warum hat Gott das denn so eingerichtet?

29. Januar

Vati ist unheimlich schlecht gelaunt. Am liebsten bliebe er den ganzen Tag im Bett und würde Mama nur herumkommandieren.

2. Februar

Heute hat Mama uns gesagt, daß sie in Kur gehen muß. Sie kann kein Baby kriegen, weil sie irgendetwas hat, das man nur mit einer Kur reparieren kann. Sie muß nach Bad Nauheim. Bis sie zurück ist, kommen Oma und Opa zu uns. Vati wollte nicht, daß sie kommen. Aber Mama sagte, anders ginge es nicht. Da hätte sie keine Ruhe. Und Ruhe ist das, was sie am wichtigsten braucht. Vati sah es dann ja auch ein. Aber ich weiß, was er dachte.

Mama hat mir eine Liste gemacht, auf der alles

steht, was während ihrer Abwesenheit alles zu erledigen ist. Kochen soll Oma. Ich soll abwaschen und bügeln und beim Putzen helfen. Björn ist für den Müll und den Mülleimer zuständig. Außerdem muß er Schuhe putzen und Schnee schaufeln, falls es schneit. Und dann hat sie uns noch eingetrichtert, was wir dürfen und was nicht. Zum Beispiel nicht ungefragt am Tisch reden, nicht popeln, nicht vom Tisch aufspringen, keine vorlauten Antworten geben, nicht zanken und nicht laut sprechen. Björn sagt, am liebsten würde er ganz allein bleiben. Da würde ihn auch keiner schimpfen. Ich habe Mama gefragt, ob sie in der Kur sterben kann. Sie hat aber gesagt, bestimmt nicht. Sie wäre nur so nervös und müßte allerhand Bäder und Packungen kriegen, weil sie sonst kein Baby mehr bekommt. Sie sagt, sie will ganz unbedingt noch eins, ehe alles zu spät ist. Außerdem will sie doch für Vati eine gute Frau sein und ihm noch ein Kindchen schenken. Er wünscht sich so sehr ein zweites Töchterchen.

Mama hat gefragt, ob ich eine Schwester will. Ich habe gesagt, lieber einen Bruder. Frauen sind viel schlechter dran als Männer. Mama hat ein bißchen gelacht und gesagt, ich käme jetzt wohl schon in die Pubertät.

6. Februar

Zwei Tage nach meinem Geburtstag muß Mama weg. Tommy sagt, ich soll mich nicht so hängen lassen. Sie kommt ja wieder. Ach, Mann, der hat ja keinen Schimmer! Was weiß der schon von allem? Wenn ich an Vati denke, wird mir schon jetzt ganz schwach. Er hat gesagt, Oma würde nichts merken. Die legt doch abends ihre Ohren aufs Fensterbrett. Dann hört sie nichts mehr. Und wenn Vati die Batterien für ihr

Hörgerät wegmogelt, hört sie erst recht nicht mehr.
Ich will nicht, daß DAS wieder losgeht. Ich hatte schon beinahe alles vergessen.

8. Februar

Mama hat sich den ersten Pyjama ihres Lebens gekauft. Sonst schläft sie meistens nackt.
Ich will nie nackt schlafen. Nie, nie! Und mit einem Mann erst recht nicht.

10. Februar

Tommy hat eine neue Frisur. So einen Ami-Schnitt. Stiftenkopf sagt er. ER sieht ganz anders aus. Ich finde, vorher war ER hübscher. Birgit sagt, ER würde männlich aussehen. Doof! Männlich, daß ich nicht kichere!

13. Februar

Vati hat mich gefragt, was ich zum Geburtstag will. Ich habe gesagt, ich möchte nur, daß er DAS sein läßt. Aber das will er nicht. Er sagt, daß er nicht mehr leben will, wenn ich ihn DAS nicht mehr machen lasse. Er sagt, dann steigt er mit mir auf den Turm auf dem H.-Berg und springt von oben runter.

14. Februar

Tommy sagt, wenn einer vom H.-Berg springt, ist er hin. Da war schon mal einer. Der war mit einem Hechter gesprungen. Der ganze Kopf war zerschmet-

tert. Einer, der so was macht, wäre nicht ganz normal.
Vielleicht ist der Vati ja wirklich nicht ganz normal. Vielleicht macht er DAS deshalb. Vielleicht braucht er einen Arzt. Und Mama will noch ein Baby. Merkt denn keiner was? Oder bin ich verrückt?

15. Februar

Ich habe Vati heimlich beobachtet. Er kommt mir vor wie immer. Wie sieht man denn, daß einer nicht normal ist? Ich habe Vati gefragt, ob er immer noch so Kopfweh hat wie früher. Er wollte wissen warum. Da habe ich gesagt, weil ich mir Sorgen um ihn mache. Das stimmt ja auch. Er soll nicht da runterspringen und ganz kaputt unten liegen. Wir brauchen ihn doch. Was sollen wir denn machen, wenn er weg ist?

17. Februar

Nur noch zehn Tage bis zu meinem Geburtstag. Ich freue mich schon unheimlich. Björn malt mir, glaube ich, ein Bild. Das macht er zwar jedes Jahr. Aber er tut immer, als wäre das das größte Geheimnis. Er könnte sich ja auch mal etwas anderes ausdenken. Naja, er hat ja auch nie Geld. Und eigentlich malt er wirklich schön. Er ist ja auch noch ziemlich klein.
Vati tut die ganze Zeit so geheimnisvoll. Dauernd zwinkert er mir zu und reibt sich die Hände. Ich bin wirklich sehr, sehr, sehr neugierig. Vielleicht ein neues Fahrrad oder ein Pony. Ich wünsche mir doch so sehr ein Pferd. Es könnte im Reitstall stehen. Ich würde es täglich putzen und füttern und natürlich ausreiten. Ich hätte immer einen Freund. Ich könnte ihm alles sagen. Auch DAS. Es würde mich immer

verstehen und mich niemals verraten oder im Stich lassen. Ich würde alles tun, was Vati will, wenn's ein echtes lebendiges Pony wäre. Eins, das mir ganz allein gehört.

19. Februar

Vati sagt, ein Pony wäre es nicht. Aber der Gedanke wäre gar nicht so schlecht. Ich soll mir schon mal ein passendes Dankeschön überlegen.

23. Februar

Mama packt und packt. Sie hat schon so viele Blusen und Röcke in ihren Koffern verstaut, daß ihr Schrank leer sein muß. Vati macht dauernd Witze. Er stichelt sie mit einem Kurschatten, den sie sich anlacht und so. Neulich hat er sie richtig wütend gemacht damit.

Mama steht jetzt oft vor unserer Fotowand im Flur. Da sind vor allem Bilder von Björn und mir. Sie sagt, sie weiß nicht, wo die Zeit hin ist. Sie hätte das Gefühl, als wäre ich gerade erst geboren. Ich sagte, da wäre sie wohl gar nicht froh, daß ich schon so groß bin. Aber Mama nahm mich mal wieder überhaupt nicht ernst. Sie zupfte mich bloß am Haar und lachte. Dabei sagte sie so ähnlich, als daß sie nur selbst groß geworden wäre und sich die ersten weißen Haare ausgezupft hätte; ich wäre ja trotzdem immer noch nur ein Kind und ein kleines Mädchen. Noch würde viel Wasser die Donau runterfließen, bis ich wirklich groß wäre.

26. Februar

Als Vati mir gute Nacht sagen kam, schob er dauernd seine Hand unter meine Zudecke und zu mir heran. Ich rutschte aber bis an den äußersten Bettrand von ihm weg. Da war er ganz schön grätig. Er sagte, daß ich mich schon wieder DARAN gewöhnen würde. Er hätte schon unheimlich Sehnsucht nach mir.

27. Februar

Mein 12. Geburtstag.

Der Tag fing mit einem ›Ständle‹ für mich ganz allein an. Björn spielte auf der Mundharmonika, Mama und Vati sangen ›Zum Geburtstag viel Glück‹, und dann faßten sie sich zum Geburtstagstanz an den Händen und tanzten um mich herum. Das war schön.

Auf dem Tisch standen 12 weiße Kerzen in einem Brezelkringel. An meinem Platz lagen rosa und weiße Anemonenblüten. Und daneben die Geschenke. Von Björni war's diesmal gar kein Bild. Er hatte einen Spiegel in einem Beutelchen für mich. Und auf das Beutelchen hatte er mit Blättern und Farbe gedruckt. Die Abdrucke sahen wie echte Bäume aus. Ich wußte gar nicht, was für schöne Sachen Björni schon kann.

Von Mama habe ich ein Parfüm bekommen. Aus Frankreich. Mama stupfte mir etwas an die Ohrläppchen, an den Hals und an die Pulsadern. Da wäre der Duft am schönsten, sagte sie. Vati grinste ganz gemein. Manchmal kann er richtig doof sein.

Als ich alles von ihnen ausgepackt hatte und dachte, jetzt kommt nichts mehr, brachte Vati eine Holzkiste rein. Im Deckel waren Löcher. Und irgendwas fiepte drinnen. Ich riß ganz schnell die Bänder auf.

In der Kiste war ein goldiges Hundebaby. Es ist

ganz schwarz, mit braunen Flecken über den Augen und auf der Brust. Vati sagt, es ist ein Dackel mit echtem Familienstammbaum. Und daß ich ihr, es ist nämlich ein Mädchen, einen Namen mit B geben muß. Warum hat er auch gesagt. Hab' ich aber vergessen. Ist ja auch egal. Ich wollte sie Belinda nennen oder Bettina. Aber Vati sagte, ein Hundename muß kurz sein, weil man ihm sonst nicht brüllen kann. Typisch Vati! Ich brülle doch meinem Hund nicht!

Wir haben meinen Hund dann Biene getauft. Das gefällt mir auch. Obwohl ich lieber meinen Namen gewollt hätte. Weil es doch mein Hund ist. Naja, aber Biene ist wirklich süß.

Als ich ins Bett ging, durfte Biene mit. Björn war ganz neidisch. Er hätte auch gern etwas Lebendiges, das nur ihm gehört. Ich erlaube ihm ja normal auch, daß er mal mit Biene spielen darf. Aber schlafen soll sie nur bei mir. Sonst weiß sie gar nicht, wem sie gehört.

Mama wollte es zuerst nicht zulassen. Aber Vati sagte, ich dürfte, wenn ich ihm verspreche, von nun an immer schön brav und lieb zu sein. Ich weiß natürlich, was er damit meint. Ich habe es trotzdem versprochen. Für Biene.

1. März

Tommy hat mir erst heute gratuliert. Er hat mir eine Haarspange mit einer Schleife geschenkt. Weil ich doch jetzt die Haare immer flechten oder hochstecken muß. Vati sagt, wenn ich sie offen trage, denkt jeder gleich, ich wäre ein Flittchen.

Ich habe im Lexikon gelesen, was das ist.

Tommy übt jetzt wie verrückt Gitarre. Er fährt total auf die Beatles ab. Er sagt, er hat nur noch Stunk mit seinen Eltern. Er soll nicht üben. Er soll die Musik leiser drehen. Er soll sich die Haare schneiden lassen. Er soll mehr lernen. Er soll nicht auf dem Sofa rumflegeln. Er soll keine patzigen Antworten geben. Am liebsten hätten sie irgendwo ein Grab zum Pflegen, sagt Tommy. Nämlich seins. Da wäre er ihnen dann wohl endlich brav genug.

Also ich dürfte schon Gitarre spielen, wenn ich Lust hätte. Vati kauft mir ja auch Mini-Röcke und Spitzenhöschen. Er sagt, ich hätte noch die Beine dazu. Im Gegensatz zu Mama. Aber die ist sowieso jetzt in Kur.

3. März

Oma ist wahnsinnig süß. Wenn Biene auf den Teppich pinkelt, putzt sie alles immer gleich weg und petzt kein bißchen bei Vati.

4. März

Vati war heute zum ersten Mal wieder bei mir. Er kam, bevor er zur Arbeit mußte. Ich hatte so fest geschlafen, daß ich erst von seinem Gemache wach wurde.

Mich kotzt das alles an. Sein ekliges Ding auf meinem Bauch und sein Gestöhne und alles. Ich habe ihm gesagt, er soll verschwinden. Ich schreie. Dann kommt Oma oder Opa oder alle. Ich will das nicht mit ihm.

Da hat er Biene aus ihrem Korb gezogen. Er sagt, er schneidet ihr den Hals ab, wenn er will. Er wäre hier im Haus der, der bestimmt. Ihm würde alles gehören. Wenn er den Hund totschlägt, ist das seine Sache. Und wenn ich mich so albern anstellen würde wegen dem bißchen Gefummle, wäre ich selbst schuld an dem, was er dann macht.

Ich war dann ganz still und hab versucht, ihm alles schön zu machen. Aber er hat mich trotzdem auf die Brust geboxt und gesagt, das müßte jetzt allmählich schon etwas besser werden. Lange genug wüßte ich ja schon, was Sache ist. Als er endlich weg war, habe ich die ganze Zeit geheult. Wenn er Biene wirklich was antut?

Zu Oma habe ich gesagt, ich hätte wegen Mama geheult. Weil sie weg ist und so. Da hat Oma sich noch gefreut, daß ich Mama so liebhabe.

5. März

Ich habe Tommy gefragt, was wäre, wenn Vati Biene was tut. Ich habe gesagt, er wäre stinksauer auf sie, weil sie immer noch auf den Teppich pinkelt.

Tommy hat gesagt, das wäre Tierquälerei. Das müßte angezeigt werden. Dann würde Vati bestraft. Für IHN ist das alles einfach. Ist ja auch nicht sein Vater und seine Familie.

Ich habe mir überlegt, wenn Vati nochmal wegen Biene droht, haue ich ab von zu Hause und nehme Biene mit. Dann kann er mal sehen, was er davon hat.

7. März

Vati kommt jeden Morgen. Ich weiß gar nicht, was er so toll DARAN findet. Ich hasse ES.

8. März

Manchmal möchte ich solange in der Badewanne bleiben, bis meine Haut abfällt. Dann wäre ich ganz neu.

Mama schreibt, es geht ihr gut. Sie hat auch an mich geschrieben. Den Brief klebe ich ein.

Meine liebste Marie-Claire,

Du bist ja nun schon mein großes vernünftiges Mädchen und wirst bald schon eine junge Frau sein. Da kann ich schon mit Dir reden, als ob Du meine beste Freundin wärest.

Vati und ich, das hast Du sicher längst bemerkt, denn Du bist ja sehr reif und verständig für Dein Alter, wir haben uns in der letzten Zeit ein wenig auseinandergelebt. Ich weiß auch nicht, warum. Wenn erst das Baby unterwegs ist, das wir uns so sehr wünschen, kommen wir uns sicher wieder näher. Noch ist es aber nicht soweit, wie Du weißt. Sonst wäre ich jetzt nicht weit fort, sondern bei Vati und Euch.

Wenn ich in meinem Bett liege, denke ich oft, daß Vati mich vielleicht nicht mehr richtig liebt und sich eine andere Frau sucht. Dieser Gedanke macht mich ganz krank. Da möchte ich am liebsten sofort zu Euch kommen. Aber das geht ja nicht. Vati würde mich nie mehr anschauen, wenn ich versage und sein Kindchen nicht zur Welt bringen kann. Das verstehst Du aber erst, wenn Du selbst soweit bist, meine Kleine.

Ich möchte Dich nun um einen kleinen Gefallen bitten, meine liebste Marie-Claire. Willst Du für mich etwas auf Vati achten und mir sofort schreiben oder mich anrufen, sobald Dir etwas an ihm auffällt? Ich meine, wenn er z. B. jeden Tag später heimkommt oder nach einem fremden Parfüm riecht oder abends immer noch mit irgendwem zum Essen fortgeht oder so; Du weißt schon.

Sag bitte Oma nichts von allem. Sie regt sich sonst

nur auf. Das möchte ich nicht. Sie hat so ein schwaches Herz.

Bist Du auch immer schön folgsam und fleißig? Du weißt, Du bist Vatis Ein und Alles. Er möchte so gern stolz auf Dich sein können. Versuche, ihn nicht zu enttäuschen. Er liebt Dich doch so.

Ist Björn auch artig? Vermißt er mich ein wenig? Sag ihm, ich vermisse ihn sehr und schicke ihm tausend liebe Küsse.

Ich umarme und grüße Dich, mein Herz,
Deine Mama

10. März

Vati sagt, er will Mama ein Kind machen, damit sie beschäftigt ist und ihn endlich in Ruhe läßt. Er sagt, er liebt sie schon noch. Er braucht sie ja auch. Sie hält alles in Ordnung und sorgt gut für uns. Das nimmt er sehr wichtig. Er sagt, er würde sie nie verlassen.

Dann hat er angefangen, mich überall zu küssen und hat gesagt, außerdem wäre er bei mir so voll ausgelastet, daß er gar keine Lust mehr auf andere Weiber hätte. Von denen würde ihn eh keine so hochbringen wie ich.

12. März

Heute und morgen ist Vati zu Mama gefahren. Ich bin ganz happy. Oma hat erlaubt, daß ich bei Birgit schlafe. Biene nehme ich mit. Sie ist jetzt stubenrein.

13. März

Es war riesig toll bei Birgit. Sie hat wahnsinnig dufte Platten. Wir haben dauernd Elvis gehört und Simon and Garfunkel und die Beatles. Birgits Eltern sind super. Sie hatten kein bißchen was dagegen, daß Tommy und Eike am Nachmittag auf ihr Zimmer kamen und so. Wir durften Limo und Cola trinken und quatschen. Birgit und Eike haben zuerst ein bißchen geknutscht. Da wollte Tommy auch anfangen. Ich war total erschrocken und hab sofort angefangen zu heulen und wollte nicht. Da hat ER nichts mehr gemacht. ER hat sich sogar entschuldigt und gesagt, es wäre blöd von ihm, ER hätte ja wissen müssen, daß ich keine von denen bin. Ich hab nichts gesagt. Ich hab mich so geschämt.

Später haben Birgit und Eike ein bißchen getanzt. Tommy und ich auch. Aber es war nichts. Ich hatte dauernd Angst, an IHN ranzukommen. Wenn ER mich mit seinen Kleidern gestreift hat, dachte ich immer, ER hätte eine Erektion oder so. Ich bin ganz sau-sau-blöd. Ich finde mich widerlich. Ich hasse mich, weil ich so bin und denke. Aber ich muß. Das denkt in mir drinnen. Ich kann nichts dagegen machen.

Ein Glück, Tommy hat nichts gemerkt. ER meint halt, ich wäre so schüchtern und wüßte noch gar nichts.

Na, vielleicht wäre ich ja auch so, wenn das mit Vati nicht gekommen wäre. Eigentlich weiß ich gar nicht, wie ich richtig wäre.

14. März

Vielleicht werde ich ja nie mehr wie die anderen. Vielleicht behält Vati mich ja immer.

15. März

Oma sagt, ich würde Vati schöne Augen machen. So dürfte kein Kind den Vater anschauen. Sie hat zu Vati gesagt, er müßte allmählich aufhören, dauernd mit mir zu schmusen und mich auf den Schoß zu nehmen. Ich würde ja schon langsam erwachsen. Da würde sich so etwas nicht schicken. Vati hat gelacht. Er hat gesagt, Oma wäre halt hoffnungslos verklemmt und uraltmodisch. Da könnte man nichts machen. Aber die Zeiten hätten sich geändert.

16. März

Ich versuche, Vati nicht mehr anzuschauen. Ich weiß nicht, wie das geht, schöne Augen machen. Aber ich will es nicht machen. Und es soll auch keiner denken, ich würde.

17. März

Ich habe mit Mama telefoniert. Sie wollte nur von Vati reden. Ich habe ihr gesagt, daß er abends wie sonst auch heimkommt und keine andere hat. Ich glaube, sie war richtig erleichtert. Sie hat gesagt, sie bringt mir etwas Schönes mit.

18. März

Vati ist wütend, daß Mama jetzt schon zurückkommt. Er sagt, jetzt muß er ihr das Kind machen. Da könnte er vielleicht ein paar Wochen nichts mehr mit mir anfangen. Ich habe nichts gesagt. Aber ich freue mich schon so auf Mama.

19. März

Vati hat Oma und Opa Karten für einen Ausflug zum See geschenkt. Als Dankeschön für ihre Hilfe in der Zeit, wo Mama weg war. Sie haben Björn mitgenommen. Ich mußte dableiben. Ich mußte sagen, daß ich so viel lernen und eine wichtige Klassenarbeit schreiben muß. Das verstehen Oma und Opa ja immer.

Sie wußten natürlich nicht, daß Vati sie nur weggeschickt hatte, damit er mit mir allein sein konnte. Zuerst hat er Hähnchen und Pommes an der Frittenbude geholt. Dann hat er mich ausgezogen. Und ich mußte ihn ausziehen. Dann hat er mit mir auf dem Fußboden gerauft und Verstecken gespielt. Eigentlich war es richtig schön.

Plötzlich hat es an der Tür geklingelt. Vati hat sich sofort angezogen. Das sah so witzig aus, weil er vorn die Hose nicht richtig zukriegte. Ich mußte unheimlich lachen. Aber er schrie, ich sollte mich anziehen und die Betten machen. Da bin ich ins Bad.

Die geklingelt hatten, waren Tante Mia und – MAMA.

Tante Mia hatte Mama eigentlich nur besuchen wollen. Aber dann hat der Kurarzt ihr erlaubt, Mama mitzunehmen, weil die Zeit ja sowieso zu Ende war. Da hatten sich die beiden gedacht, sie wollten Vati überraschen. Na, die Überraschung war ihnen wirklich gelungen.

20. März

Vati hat ihr weisgemacht, er hätte mit mir das Haus putzen wollen – für sie. Daß ich nicht kichere!

22. März

Mama hat sich prima erholt. Sie ist sechs Kilo dünner und hat eine neue Frisur. So mit ziemlich viel Löckchen und Mini-Pli. Sie sieht richtig fesch aus und viel jünger.

Birgit sagt, Mama wäre einfach hausbacken gewesen. Ihre Mutter behauptet, Mama hätte Vati fast aus dem Haus getrieben, weil sie immer wie eine graue Maus rumgelaufen wäre. Männer hätten nun mal gern Frauen, mit denen sie angeben könnten.

Mit mir kann er jedenfalls nicht angeben.

Mama würde gern ein, zwei Wochen allein mit Vati fort. Oma würde in der Zeit nochmals kommen. Aber Vati will nicht. Er hat geschrien, ob sie denkt, er wäre nur noch als Deckhengst zu gebrauchen. Mama hat geweint. Wenn sie so weitermacht, ist die Kur bald wieder weg.

26. März

Mama hat mich schon wieder gefragt, warum Vatis Pantoffeln dauernd vor meinem Bett stehen. Sie findet es nicht in Ordnung, daß er immer noch zu mir ins Bett kommt. Sie sagt, ich müßte aufhören, ihn darum zu bitten. Vati wäre doch auch nur ein Mann. Ich habe sie gefragt, warum sie ihm das nicht sagt. Aber sie hat gesagt, ich wüßte schon ganz gut, was sie meint.

Ich habe Björn gefragt, ob er Vati und mich bei Mama angeschwärzt hat. Hat er aber nicht. Er hat gar nicht gemerkt, daß Vati abends zu mir kommt. Jetzt hat er gesagt, er will auch zuhören. Ich habe ihm nämlich erzählt, Vati würde mir immer noch wie früher Karl May vorlesen.

28. März

Vati möchte mit uns Kindern eine Tour auf dem Fahrrad machen. Mama soll zu Hause bleiben. Er sagt, sie wäre ja vielleicht schon schwanger und würde auf so einer anstrengenden Fahrt das Kind verlieren. Mama ist sehr traurig. Aber sie ist ganz tapfer. Sie sagt, sie freut sich, daß Vati sich endlich wieder Sorgen um sie macht und sie wieder liebhat.

Ich weiß nicht, ob ich mich freuen soll. Ich finde es ziemlich komisch. Vati hat bestimmt etwas vor. Hat er doch immer, wenn er mit mir allein ist. Björn zählt ja nicht. Den nimmt er gar nicht für voll.

30. März

Wir haben neue Schlafsäcke bekommen und ein Zelt mit einer Extrakabine. Mama sagt, es wäre viel zu groß für eine Radtour. Aber Vati meint, wir könnten es ja auch ein andermal noch gebrauchen.

1. April

Björn ist schon so aufgeregt, daß er nachts nicht mehr schlafen kann. Letzte Nacht hat er Vati erwischt. Er kam gerade vom Klo, als Vati zu mir reinschleichen wollte. Vati hat dann so getan, als hätte er ein Geräusch wie von Einbrechern im Haus gehört. Er hat mit einer Taschenlampe unter alle Betten geleuchtet und hinter alle Vorhänge geguckt. Björn wollte vor lauter Angst sogar bei mir schlafen. Ätsch! Ätsch!

2. April

Heute hat Vati Hotelzimmer bestellt. Ein Doppelzimmer für Björn und mich, ein Einzelzimmer für sich. Er sagt, zelten wäre noch zu riskant, weil es im April doch so leicht regnet. Mama ist sauer, weil er so viel Geld für das Zelt aus dem Fenster geschmissen hat. Aber Vati macht sich nichts daraus. Er sagt, wenn man schwanger ist, wäre man sowieso nicht ganz zurechnungsfähig. Ich möchte wirklich gern, daß Mama mitkommt. Sie will jetzt auch gar nicht mehr. Sie glaubt wirklich, Vati macht sich Sorgen um das Baby. Wenn sie wüßte!

3. April

Tommy sagt, er findet Vati prima. So einen Vater, der was unternimmt mit einem, hätte er auch gern. Ich werde immer ganz wütend, wenn er so redet. Ich kann ihm doch nicht erzählen, daß Vati nur Schau macht und was er heimlich mit mir tut. Tommy darf davon nie wissen. Ich will nicht mehr leben, wenn er es weiß.

Ich glaube, ich bin in Tommy verliebt. Ich finde es nur komisch, daß ich nicht will, daß er mich abknutscht und so was. Birgit und die blöde Alexandra finden es doch ganz toll mit ihren Freunden. Ich denke dauernd, das wäre wie mit Vati. So dreckig und eklig und alles. Mama sagt, Birgit wäre eben frühreif. Sie sagt, bei manchen Mädchen erwacht die Weiblichkeit früher. Das wäre schon alles okay.

Ich würde ihr so gern von Vati und mir erzählen. Wirklich. Sie ist so lieb jetzt und hört einem auch mal zu. Aber dann wäre sie bestimmt wieder wütend und würde bloß sagen, ich hätte mir alles selbst zuzuschreiben, weil ich dauernd mit Vati im Bett rumgemacht hätte. Sie würde mir doch nie glauben. Für sie zählt doch nur Vati. Er könnte ihr alles aufbinden. Das würde sie immer glauben. Ist das eigentlich immer so, wenn man groß ist?

4. April

Heute wollen wir also losfahren. Ich habe mein Tagebuch nicht mitgenommen. Zu gefährlich! Ich schreibe alles auf, wenn wir zurück sind.

5. April

Ich will nicht mehr seine Tochter sein! Ich will ihn nie mehr sehen! Ich hasse ihn! Ich will, daß er tot ist! Ich hasse ihn!

10. April

Ich muß ES aufschreiben. Ich kann es nicht aushalten.

Wir sind am 4. April fröhlich aufgebrochen. Unterwegs war alles wunderschön. Björn und Vati waren lustig. Ich konnte gar nicht aufhören zu lachen.

Als wir abends in B. ankamen, waren Björn und ich todmüde. Am liebsten wollten wir sofort ins Bett. Aber Vati wollte unbedingt noch mit uns essen. Björni war danach so kaputt, daß Vati ihn ins Bett tragen mußte. Natürlich im Einzelzimmer. Ich hatte es doch gewußt.

Vati wollte dann mit mir zusammen baden. Er war auch wirklich ganz lieb und tat mir gar nichts. Ich dachte schon, er würde mich jetzt doch wegen Mama und dem Baby sein lassen. Dann legte er sich aber zu mir ins Bett und sagte, ich wäre jetzt alt genug, eine

Frau zu werden. Er hätte sich diesen Augenblick schon lange ausgemalt und wüßte, es würde ein wundervolles Erlebnis für mich werden.

Ich war plötzlich ganz wach. Ich sagte, ich will nicht. Er nahm mich aber in die Arme und legte sich auf mich. Dann machte er ES. ES tat furchtbar weh und war gar nicht schön. Ich zappelte und schlug um mich. Aber Vati hörte nicht auf. Er hielt mich nur fest und schlug mich nur einmal mit der flachen Hand, als ich ihn in die Lippe gebissen habe. Als er endlich fertig war, kam Blut bei mir unten. Er sagte, das wäre gut. Das wäre der Beweis, daß er wirklich der erste bei mir gewesen wäre.

Ich sah, daß er so ein komisches Ding auf dem Penis hatte. Er sagte, es wäre ein Pariser, und den brauchte er, damit ich kein Baby bekommen könnte.

Ich weinte und weinte. Ich konnte gar nichts machen. Mir war so schlecht. Und unten hatte ich Schmerzen.

Später sagte er, er würde ES nochmal machen, aber ohne Pariser. Das wäre schöner für mich. Er würde vorher abbrechen. Dann würde auch nichts passieren. Er wollte, ich sollte aufhören zu weinen. Aber es ging nicht. Da zog er sich an und ließ mich liegen. Er sagte, ich wäre zickig und eine alberne Gans. Und wenn ich mir einfallen lassen würde, mit Mama zu reden, käme ich in ein Heim für Schwererziehbare. Dafür würde er schon sorgen. Er kam dann ziemlich betrunken zurück. Zuerst wollte er ES gleich mit mir machen. Aber es ging nicht. Erst morgens. Ohne Pariser tat es nicht mehr so weh. Aber ich haßte ES. Und ich hasse ihn, auch wenn er mein Vater ist. Ich will nicht mehr sein Kind sein. Ich will, daß ihn einer überfährt. Ich würde nicht weinen, wenn er im Grab liegt. Ich würde höchstens weinen, weil ich so froh bin, daß er weg ist.

11. April

Mama sagt, sie ist nicht schwanger. Sie ist ganz traurig. Mir ist alles egal. Von dem soll sie sowieso kein Baby haben. Von dem nicht! Nie, nie, nie!

13. April

Ich sehe noch genauso aus wie vorher. Aber ich bin nicht mehr wie vorher. Ich glaube, Marie-Claire, die richtige, die von vorher, ist tot. Ich lebe weiter. Aber ich habe nur meine Haut und alles. Das Ich in mir drinnen ist weg oder kaputt. Ich bin immer noch Marie-Claire, aber bloß, weil ich so aussehe und alle mich deshalb so anreden. In Wirklichkeit bin ich ganz wer anders. Ich weiß bloß nicht, wer.

Man hätte doch was merken müssen . . .

Der Kinderschutz ist mittlerweile zu einer nicht mehr aus Gesetz und öffentlichem Leben wegzudenkenden Einrichtung geworden.

Seit Jahren haben sich einige Mitarbeiter im Kinderschutz verstärkt der Problematik des sexuellen Mißbrauchs angenommen und intensive Forschung betrieben. Ausgehend von der Erfahrung, daß Hilfe nachhaltigere Wirkungen zeigt als Strafe, begann man, ein Programm zu erarbeiten, welches die Familie in ihrer Ganzheit umfaßt, nicht aber den Täter und/oder seine Opfer isoliert.

Heinz Wolffram, Mitarbeiter des Kinderschutz-Zentrums Berlin e. V. und im Umgang mit Inzest-Beziehungen erfahren, versucht mit nachstehendem Artikel, Verständnis für die ganz besondere Situation eines mißbrauchten Kindes und dessen familiäres Umfeld zu wecken.

Die Aufdeckung des sexuellen Mißbrauchs – Krise und Chance

Bis vor einigen Jahren galten sexuelle Beziehungen zwischen Vätern und Töchtern als extreme Ausnahmefälle, die, wenn sie überhaupt je angesprochen wurden, eher der ödipalen Phantasie der Kinder als der Realität zugerechnet wurden. Inzwischen wissen wir, daß inzestuöse Beziehungen in Familien keineswegs selten sind, wir müssen aber auch feststellen, daß nur ein sehr kleiner Teil dieser Fälle bekannt wird und auch diese eher durch Zufall oder erst Jahre nach dem Geschehen. Obwohl über den sexuellen Kindesmißbrauch in der Familie inzwischen vermehrt öffentlich diskutiert wird, versuchen die betroffenen Familien, und zwar nicht nur die Väter, sondern auch die Mütter und auch die mißbrauchten Kinder, verzweifelt, das Familiengeheimnis zu wahren. Es hat den Anschein, als sei bei den Opfern, den mißhandelten Kindern, die Angst vor der Aufdeckung des sexuellen Mißbrauchs größer als vor dem Mißbrauch selbst. Die Angst vor den Konsequenzen des sexuellen Mißbrauchs verhindert in den meisten Fällen zuverlässig, daß dieser bekannt wird.

Wenn, auf welchem Weg auch immer, doch ein Fall von Vater-Tochter-Inzest bekannt wird, stürzt die Familie in eine tiefe Krise. Oft hat es zum Zeitpunkt der Aufdeckung bereits eine jahrelange sexuelle Beziehung zwischen dem Vater und der Tochter gegeben, sie ist ein Bestandteil des Zusammenlebens der Familie geworden. Das Bekanntwerden des Familiengeheimnisses zerstört die fragile und fragwürdige Balance innerhalb der Familie und stellt die Position und Funktion aller Familienmitglieder in Frage. Jeder in der Familie ahnt oft mehr, als er vor sich selbst zugeben kann, daß etwas geschehen ist, was die Gesellschaft, deren Bestandteil die Familie ja auch ist, auf das allerschärfste verurteilt. Alle Beteiligten rechnen mit Vorwürfen und Strafe, ja mit Zerstörung. Verständnis und annehmende Hilfe erscheint unvorstellbar. Ein weiteres Zusammenleben, ohne das jeder in der Familie nicht weiterleben zu können glaubt, ist nur denkbar, wenn der Vorwurf des sexuellen Mißbrauchs entkräftet werden kann. Das Bekanntwerden des sexuellen Mißbrauchs, der Bruch des Familiengeheimnisses, setzt die Familie unter Druck, das Geschehene zu verleugnen. Eine Alternative sieht die Familie nicht.

Außenstehende sind überrascht, daß Kinder sexuellen Mißbrauch durch den Vater oder andere Verwandte oft jahrelang erdulden, ohne das Geheimnis aufzudecken. Wir können sogar davon ausgehen, daß der weitaus größte Teil aller Fälle sexuellen Mißbrauchs niemals anderen als den Beteiligten bekannt wird. Der Grund liegt in der spezifischen Familienstruktur von Inzest-Familien, die Außenkontakte des Kindes behindern und die Beziehung zwischen Mutter und Tochter brüchig werden läßt. Das Kind erlebt seine Beziehung zum Vater als die einzig positive und kann diese nur aufrechterhalten um den Preis sexueller Mißhandlung und des Schweigens darüber. Das Kind spürt unbewußt auch, daß die Existenz der Familie mit der Wahrung des Familiengeheimnisses verknüpft ist. Die meisten sexuell mißbrauchten Kinder wollen ihre Eltern nicht verlassen, ihre Familie nicht zerstören und wollen auch ihren Vater nicht bestraft sehen. Wenn sie sich in einzelnen Fällen doch jemandem anvertrauen, geschieht dies nicht aus der Hoffnung, ihre Situation zu verbessern und Hilfe zu bekommen, sondern eher aus dem ausweglosen Druck, den sexuellen Mißbrauch, koste es, was es wolle, zu beenden. Ihr Verhältnis zu jeglicher Maßnahme ist deshalb bestenfalls ambivalent, in vielen Fällen versucht das Kind nach kurzer Zeit, den Vorwurf des sexuellen Mißbrauchs zurückzunehmen.

Müttern wird oft vorgeworfen, sie hätten vom sexuellen Mißbrauch ihrer Tochter gewußt und trügen deshalb eine Mitschuld an dem Geschehen. Erfahrungen aus der Praxis bestätigen das kaum. Wenn Mütter nach der Aufdeckung des sexuellen Mißbrauchs äußern: »Ich hatte ja keine Ahnung«, so ist dies subjektiv meistens wahr. Es gilt aber auch eine Aussage, die oft von sexuell mißbrauchten Kindern formuliert wird: »Meine Mutter hätte es wissen können, wenn sie es hätte wissen wollen.«

Das erste Gefühl der Mutter nach der Aufdeckung des sexuellen Mißbrauchs ist das des Betrogenseins, betrogen von ihrem Ehemann und betrogen von ihrer Tochter. Zu ihrer Verletztheit und Wut kommt das Gefühl, daß ihre Ehe und ihre Familie gescheitert sind. Sollten sich die Anschuldigungen ihrer Tochter bestätigen, sieht sie sich einer Zukunft mit Scheidung, Sozialhilfe, sozialem Abstieg, Vorwürfen und Ausgrenzung durch Verwandte und Bekannte wegen des Geschehenen und möglicherweise der Verwicklung in ein Strafverfahren gegen ihren Ehemann gegenüber. Sie muß sich oft entscheiden zwischen ihrem Mann, zu dem die Beziehung schwer gestört ist, ohne den sie es aber nicht zu schaffen glaubt, und ihrer Tochter, die sie bislang eher als Rivalin denn als Tochter erlebt hat. Nur wenige Frauen sind diesem auf sie zurollenden Berg von Problemen ohne Hilfe von außerhalb gewachsen. Ihr Gefühl, der Tochter zu glauben, hieße, nichts zu gewinnen und alles zu verlieren.

Der Vater sieht sich durch die Aufdeckung des sexuellen Mißbrauchs in der Situation, daß sein ganzes bisheriges Leben zur Disposition steht. Er verliert ja nicht nur die sexuelle Beziehung zu seiner Tochter, sondern auch seine Frau, seine Familie, sein Zuhause, seinen Beruf und möglicherweise seine Freiheit.

Vor dieser übermächtigen Drohung flüchten die meisten Väter in eine Haltung wütender Verleugnung. Er wird alles tun, um seine Tochter als Lügnerin darzustellen und die Mutter auf seine Seite zu ziehen. Diese Strategie geht allzuoft gut. Auch wenn die Mutter zu Beginn der Tochter Glauben schenkt, kommen ihr nur zu bald Zweifel, angesichts einer Mischung von Unschuldsbeteuerungen, Drohungen und ungewohnter Aufmerksamkeiten von seiten des Mannes. Wenn die Eltern sich in der Verleugnung zusammengefunden haben, wird versucht, die Tochter zurückzugewinnen mit einer ähnlichen Mischung von Drohungen und Versprechungen. Wenn dies nicht gelingt, wird die Tochter verstoßen.

Wer in Fällen von sexuellem Mißbrauch helfen will, bekommt es zuallererst mit der Angst zu tun. Zunächst mit der Angst der Familie, der Angst vor den Konsequenzen des sexuellen Mißbrauchs. Danach aber auch mit der eigenen Angst, sich entscheiden zu müssen, entweder dem übergroßen gleichzeitig verführerischen wie bedrohlichen Verleugnungsdruck der Familie nachzugeben und damit das Kind nicht schützen zu können oder aber die bisherigen Beziehungen des Kindes zu ignorieren und sie gewaltsam durchzuschneiden. Wer bei sexuellem Mißbrauch primär dem Strafimpuls gegenüber dem Täter nachgibt oder lediglich das Kind retten will, greift zu kurz, weil er übersieht, daß die Beziehungen auch in so schwierigen Familien oft stärker sind als jedes Hilfesystem.

Der Weg zwischen den Klippen Rückfall in die Verleugnung und gewaltsame, traumatisierende Intervention stellt hohe Anforderungen an die Qualität der Hilfe. Der Helfer muß über sexuellen Mißbrauch sprechen können, da die Familie es nicht kann. Der Helfer braucht eine mutmachende Perspektive für das Kind und seine Familie, da diese sonst nur die Flucht in die Verleugnung sehen. Gerade wenn der Helfer die Sicherheit und das Wohl des Kindes an die erste Stelle rückt, muß er alle Familienmitglieder in die Hilfe einbeziehen.

Erst das Angebot helfender Beziehungen von außen kann der Familie ermöglichen, ihre krankmachende Dynamik im Innern zu verändern. Da die Familie durch die Aufdeckung des sexuellen Mißbrauchs in eine tiefe, verzweifelte und ausweglose Krise gerät, muß die Hilfe gerade in den ersten Tagen für jedes Familienmitglied täglich und intensiv verfügbar sein, um jedem die Anpassung an die neue Situation zu ermöglichen, in der der sexuelle Mißbrauch kein Geheimnis mehr ist. Nur wenn der Helfer jedem Familienmitglied eine Perspektive trotz des sexuellen Mißbrauchs ermöglicht, kann der Druck in Richtung Verleugnung vermindert werden.

Je besser die Hilfe bei sexuellem Mißbrauch wird, desto eher werden auch andere Kinder, Mütter und vielleicht auch Väter den Mut fassen, Hilfe zu suchen und anzunehmen.

Heinz Wolffram
wurde 1948 im schwäbischen Ebingen geboren.

Nach der Schulzeit entschloß er sich, Grund- und Hauptschullehrer zu werden. Diesen Beruf übte er drei Jahre aus. Anschließend legte er sein Diplom in Erziehungswissenschaften ab.

Seit 1975 arbeitet er im Krisendienst der Familienberatung des Kinderschutzzentrums Berlin e. V., dessen Gründungsmitglied er ist.

Der Vereinsgründung vorausgegangen war ein Forschungsprojekt der Freien Universität Berlin. Diesem entwuchs zum einen das erste Frauenhaus Berlins sowie das Kinderschutzzentrum.

Das Tagebuch der Marie-Claire

– Juni bis Oktober –

8. Juni

Ich weiß gar nicht, was ich habe. Ich glaube, ich bin mit den Nerven am Ende. Ich halte das alles nicht mehr aus. Ich kann jetzt einfach nicht mehr. Ich habe keine Lust mehr zu leben. Alles ist Scheiße.

9. Juni

Mir ist schon wieder so schlecht. In der Schule mußte ich ein paarmal rausgehen und spucken. Die Hartungin hat gleich gefragt, ob ich was Unrechtes gegessen habe. Die mit ihrem Eßfimmel. Als ob das alles im Leben wäre! Sie hat gesagt, wenn ich krank wäre, müßte ich zu Hause bleiben, auch wenn ich kein Fieber hätte. Mama hat auch schon gesagt, ich müßte zum Arzt, wenn das nicht aufhört. Mir wär's recht, wenn ich was ganz Schlimmes hätte. Vielleicht müßte ich ja ins Krankenhaus oder in eine Heilanstalt oder würde sterben. Björni würde bestimmt um mich weinen. Er ist unheimlich süß zu mir und verpetzt auch nichts mehr. Neulich z. B. am Kiosk. Ich stand da mit Tommy, und Björn hat uns genau gesehen. Tommy sagte noch: »Ach, du dickes Ei!« Aber Björni hat nichts verraten. Er hat mir nur gesagt, daß er wüßte, wer mein Freund wäre. Ich habe ihn gefragt, ob er alles petzt. Er hat nur den Kopf geschüttelt. Er hat gesagt, er wäre jetzt alt genug. Er würde nie mehr petzen.

Ob Mama traurig wäre? Keine Ahnung. Manchmal denke ich, sie wäre richtig froh ohne mich. Sie sagt nie mehr etwas Nettes zu mir. Als ich ihr heute ihren Geldbeutel aufheben wollte, hat sie mir auf die Finger getreten. Sie hat sich gleich entschuldigt. Aber ich weiß doch, daß sie es wollte und richtig mit Absicht getan hat. Manchmal kommt es mir vor, als würde sie mich am liebsten los sein. Dann hätte sie Björni wieder für sich allein. Und den Vati vor allem. Den kann sie sich von mir aus einsalzen lassen.

11. Juni

Heute kann ich gar nicht aufstehen. Wenn ich mich setzen wollte, kam alles gleich hoch. Es wurde aber besser, als ich ein bißchen Kamillentee getrunken hatte.

In der Schule denken alle, ich spiele Theater. Birgit behauptet, ich wäre ein Schulschwänzer. Sie sagt, es wäre nur wegen der Arbeiten, weil ich die letzte Zeit dauernd auf vier oder fünf stehe. So ein Quatsch! Aber die können mich sowieso alle nicht leiden.

13. Juni

Ich habe gerade gelesen, was ich zuletzt geschrieben habe.

Stimmt genau, mich mag keiner. Tommy schon gar nicht. Er hat mit mir Schluß gemacht. Er hat gesagt, ich hätte mich wahnsinnig verändert. Ich wäre bloß noch mies gelaunt und alles. Mit so einer, sagt er, will er nicht mehr gehen. Bei ihm zu Hause wäre alle Tage Knatsch und Knies genug, da kann er bei seiner Freundin gut darauf verzichten.

Ich bin ziemlich traurig. Ich weiß auch nicht, warum ich jetzt schon wieder plärr'.

15. Juni

Der soll mich doch mal! Den will ich doch gar nicht zum Freund. Den nicht! Nie, nie wieder! Basta! Schluß, aus, Ende, Amen!

16. Juni

Mama hat mich gleich nach der Schule in die Küche gerufen. Sie wollte wissen, wie's war. Ich sagte: »Ganz gut.« Da hat sie mir einen Brief von unserem Klassenekel gezeigt:

Sehr geehrte Frau S...!
Ich muß Ihnen leider mitteilen, daß die schulischen Leistungen Ihrer Tochter Marie-Claire deutlich schwächer geworden sind. In Anbetracht der Tatsache, daß sie in letzter Zeit häufiger über Übelkeit und Erbrechen klagte, auch oft dem Unterricht fernbleiben mußte, raten wir Ihnen dringend zu einem Arztbesuch mit Ihrer Tochter.

Sollten sich die Lernergebnisse nicht bessern, wäre es auch ratsam, etwa an gezielten Nachhilfeunterricht zu denken oder das sichtlich überforderte Kind in ein anderes Schulsystem einzugliedern.

Hochachtungsvoll
Ihr
Waldemar O.
Klassenlehrer

Das habe ich mir jetzt nur so zusammengestoppelt. Jedenfalls stand's ungefähr so da. Mama wollte natürlich sofort nochmal alle Noten von den Arbeiten für dieses Jahr wissen. Als ich sie hergezählt hatte, hat sie mich an den Armen geschüttelt und dann an den Haaren hochgerissen, daß ich dachte, ich hätte nachher bestimmt kein einziges mehr auf der Kopfhaut. Dabei hat sie gekreischt, wie undankbar und stinkfaul ich wäre und daß ich ihr immer nur Kummer und Schande gemacht hätte. Schließlich hat sie noch gesagt, daß ich vier Wochen Hausarrest bekäme und von jetzt an jeden Tag für jedes Fach eine halbe Stunde extra lernen müßte. Als ob der Tag 48 Stunden hätte! Ich habe nicht geweint. Ich will überhaupt nicht mehr weinen.

17. Juni

Mama hat Vati alles gesagt mit der Schule und so. Er machte natürlich gleich seinen Gürtel ab und wollte mich durchhauen. Björni fing schon vor lauter Mitleid zu schluchzen an.

Ich sagte, wenn du mich haust, sag ich's. Ich schreie es allen ins Gesicht. Ich sag's. Bestimmt!

Da hat er mich nicht geschlagen. Er hat so getan, als wäre sowieso alles umsonst bei mir. Er sagte: »Bei dir sind Prügel zur Zeit total falsch. Du mußt eben mehr mit ihr lernen, Mama. Abfragen und alles. Sie ist ja nicht blöd. Das kommt schon wieder.«

Später habe ich gehört, wie Mama ihm vorgeheult hat, daß er viel zu weich mit mir wäre und ich ihm auf der Nase herumtanzen könnte. Mama hat dabei laut geweint. Ich konnte es nicht mehr hören. Da bin ich zu Bett gegangen und habe geschlafen.

19. Juni

Birgit hat wissen wollen, ob es aus ist mit mir und Tommy. Ich habe Ja gesagt. Da hat sie gesagt, daß sie froh ist, sie würde nämlich gern mit ihm gehen, wenn er will.

Soll sie doch! Und alles andere auch!

21. Juni

Allmählich langt's mir mit der Spuckerei. Mir tut schon alles weh. Ob ich vielleicht doch krank bin? Vati sagt, wenn ich was Ernstes hätte, würde er mich zu den allerallerbesten Ärzten auf der Welt bringen, damit sie mich für ihn retten. Er sagt, ich sollte mir nichts aus Mamas Gemecker machen. Sie wäre halt nur glücklich, wenn sie einen zum Zanken und Keifen hat.

22. Juni

Vati lernt jetzt mit mir. Das ist lieb von ihm. Er fragt mich alle Vokabeln ab und überhaupt alles. Er hat ein neues Spiel gemacht. Das geht so: Wenn ich etwas falsch sage oder nicht weiß, muß ich ein Pfand hergeben. Wenn ich etwas weiß, muß er eins hergeben.

Das spielen wir aber nur, wenn Mama zum Chor oder zur Küchenvorführung in die Volkshochschule geht. Hinterher muß ich dann nämlich immer mit ihm Liebe machen. Es tut jetzt nicht mehr so weh.

25. Juni

Heute bin ich plötzlich umgefallen und ohnmächtig geworden. Mama hat den Arzt gerufen. Er hat mir in die Augen geleuchtet und den Bauch gedrückt. Er hat nichts gefunden. Er hat mir aber Eisenkapseln verschrieben und zu Mama gesagt, ich müßte vielleicht mal in Kur gehen. Er will sich erkundigen. An der Nordsee, sagte er, wäre es gut für Kinder mit schwachen Nerven und wenn sie blutarm sind.

Nordsee! Ach, das wäre himmlisch. Aber es klappt bestimmt nicht. Bei mir schon gar nicht. Ja, wenn es Birgit wäre oder diese blöde Kuh Alexandra.

28. Juni

Soll ich Mama sagen, daß meine Periode diesmal gar nicht ganz aufgehört hat? Ich verblute vielleicht.

29. Juni

Ich habe gelesen, es tut unheimlich weh zu verbluten.

30. Juni

Ich hab' schon alle Binden aufgebraucht, die Mama mir gekauft hat. Ein Glück, daß es nur wenig blutet.

Wenn ich ein paar Tage blute und das nicht aufhört, bin ich bald ganz leer. Kann man eigentlich so viel Blut nachfüllen? »Bitte den Tank vollmachen, mein Herr! Ich muß noch ein paar Jahre weiterfahren, eh, -leben.«

3. Juli

Ich glaube, das Brechenmüssen ist jetzt endlich wieder vorbei. Birgit sagt, als ihre Mutter das Baby bekam, war ihr auch immer schlecht.

Ich kann nichts anderes mehr denken. Ob ich ein Baby kriege? Bitte, bitte, bitte, lieber Gott, das nicht. Nur das nicht! Ich will auch nie wieder etwas Böses sagen und machen! Ich verspreche es. Ich will jetzt immer ganz brav sein. Bitte, lieber Gott, mach, daß es nichts ist. Bitte! In Jesu Christus Namen. Amen.

4. Juli

Ich habe so schreckliche Angst. Ich habe Mama gefragt, ob man jedesmal schwanger werden kann, wenn man mit einem Mann schläft. Sie hat mich zuerst ganz komisch angeschaut und gefragt, warum ich das wissen will. Ich habe gesagt, wir hätten in der Schule davon geredet. Da hat sie richtig aufgeatmet.

Ich glaube wirklich, sie weiß ES. Sie hat gesagt, es klappt nur an ganz bestimmten Tagen. Sie hat ein Beispiel aufgeschrieben. Sie sagt, wenn eine Frau ihre Tage alle 30 Tage bekommt, wird sie nur in den mittleren 10 Tagen schwanger, vorher und nachher meistens nicht. Aber sie sagte, so genau stimmt das nie. Da muß man ein paar Monate ganz genau aufschreiben, wie man sich fühlt. Dann kann man den Tag rausfinden, an dem man bestimmt schwanger wird. Aber dann sagte sie noch, daß es bei ihr trotzdem nicht geklappt hätte. Sie wäre vielleicht schon zu alt. Am leichtesten würde man schwanger, je jünger man ist.

6. Juli

Mama hat gesagt, junge Mädchen haben oft unregelmäßig ihre Tage oder manchmal Schmierblutungen wie ich. Das hätte nichts zu bedeuten. Deswegen müßte ich noch nicht zum Arzt.

8. Juli

Mama hat mich gefragt, ob Tommy schon mal versucht hätte, mit mir zu schlafen. Ich mußte unheimlich lachen.

9. Juli

Mama hat wirklich geglaubt, Tommy und ich ... Die hat vielleicht Ideen! Ich habe ihr gesagt, daß wir Schluß gemacht hätten. Sie war sogar ein bißchen traurig und hat mich fest in den Arm genommen. Ich wünschte, sie würde mich mal wie früher so richtig liebhalten. Aber sie sagt, ich wäre jetzt schon zu groß dafür.

11. Juli

Mir ist wirklich nicht mehr schlecht. Na, endlich! Es wurde ja auch wirklich langsam Zeit.

Vati hat gesagt, ich hätte einen richtig hübschen Busen bekommen und daß es wäre, weil er ihn so schön pflegt. Bäääh!

12. Juli

Mama beobachtet mich heimlich. Sie meint, ich merke es nicht, daß sie mich immer anguckt, wenn ich mit Vati rede. Wenn ich sie dann auch angucke, schaut sie jedesmal schnell weg.

Vati sagt, sie weiß nichts. Er wäre so oft mit ihr zusammen, daß sie nie denken könnte, er hätte eine andere. Und schon gar nicht mich. Er sagt, sie würde halt langsam merken, daß sie alt wird und abtreten müßte. Er sagt, das wäre für keine Frau einfach. Und wenn eine Frau so eine schöne, verführerische Tochter hätte wie mich, wär's eben doppelt hart.

14. Juli

Ich finde Mama überhaupt nicht alt. Sie hat keine Falten und erst ganz wenig weiße Haare. Die sieht man überhaupt nicht oder nur von ganz nah.

16. Juli

Vati sagt, ich müßte mir bald mal die Pille verschreiben lassen, damit er diese ekligen Dinger nicht mehr benutzen muß. Er sagt, ich könnte ja mal zu einem Arzt in die Stadt gehen, der mich nicht kennt. Er würde mitkommen und erlauben, daß ich die Pille nehmen darf. Dann würde ich sie schon kriegen.

18. Juli

Ich habe mir aus Mamas Schrank ein Taschenbuch über die Pille stibitzt. Ich weiß nicht, ob ich sie nehmen soll. Eigentlich bin ich ja noch nicht alt genug. Wenn ich dann vielleicht nicht mehr wachse, oder so? Ich will nicht so klein bleiben. Und außerdem ist mir das peinlich. Ich bin doch erst 12. Man geht doch immer erst mit 20 oder so zum Frauenarzt. Merkt der dann, daß der Vati und ich . . ? Ich glaube schon. Vati hat dieses Häutchen ja kaputt gemacht. Das heilt ja nicht mehr zu. Oder?

20. Juli

Meine Brust ist wirklich größer. Wenn ich mich abtrockne, tut sie auch wieder weh. Sie wächst bestimmt. Blöd! Die anderen in der Klasse giggeln sich noch halbtot, wenn sie mich sehen. Birgit hat zu Melanie gesagt, ich würde schon aussehen wie ein Hängebauchschwein. Melanie hat's mir auf dem Heimweg sofort gesteckt. Sie findet Birgit auch ganz schön doof. Sie sagt, sie findet mich am nettesten aus der Klasse. Aber das sagt sie garantiert nur, weil sie wieder einen zum Hausaufgabenabschreiben braucht, weil die anderen sie nicht lassen. Von mir aus sollen alle abhauen. Ich brauche keine. Birgit schon gar nicht. Die mochte ich sowieso noch nie.

23.10 Uhr

Ist gar nicht wahr! Ich hatte sie sogar richtig lieb. Und ich bin richtig krank, weil sie so zu mir ist.

22. Juli

Manchmal bin ich richtig froh, wenn Vati mich in den Arm nimmt und abknutscht. Da merke ich doch wenigstens mal, daß mich einer mag. DAS müßte danach nicht kommen. Klar. Aber eigentlich ist es auch nicht so schlimm. Ich hab mich jetzt schon ziemlich daran gewöhnt. Meistens denke ich über alles mögliche nach, wenn er da rummacht. Er ist ja dann doch immer bald fertig und läßt mich in Ruhe. Danach ist es sowieso immer am schönsten. Da hält er mich noch eine Weile im Arm und erzählt. Da kann ich ihn alles fragen und so. Er ist dann so richtig lieb und schimpft kein bißchen. So wenn er immer wäre!

23. Juli

Der Vati hat versprochen, mich, wenn ich 14 bin, mit nach Südafrika oder Australien mitzunehmen. Er hat gesagt, dann würde ich einfach von der Schule beurlaubt. Vielleicht, hat er gesagt, würden wir ja ganz auswandern. Dort wäre alles viel freier und schöner als bei uns. Da könnte die Mama Hausboys und Negermatronen haben, die alles machen. Da würde er so viel verdienen wie ein Fürst und ein dickes Auto hätte er auch.

Mama will aber nicht. Sie sagt, alles wäre mal wieder typisch Spinnerei. Aber mitfahren darf ich auf alle Fälle.

25. Juli

Ich habe Tommy mit Birgit gesehen. Ich glaube nicht, daß er mit ihr geht. Aber es kann mir auch egal sein.

27. Juli

Ich bin oft sehr traurig. Nie kommt mich eine aus der Klasse besuchen, dabei sitzt immer eine bei der anderen. Ich bin ein totaler Außenseiter. Mich mag keine. Was ist denn so verkehrt an mir? Ich beiß doch nicht und hab nicht die Tollwut. Ich bin doch auch wer.

Ich möchte so gern, daß die anderen mit mir auch Händchen halten und mich einladen. Aber wenn dann wirklich eine kommt, denke ich sofort, die meint es ja doch nicht ernst. Ich weiß doch genau, daß die nichts von mir wissen wollen und sich bloß über mich lustig machen.

Wenn eine zu mir was sagt, habe ich meistens

Angst, sie lacht mich hinterher wieder aus. Lieber bin ich dann gleich blöd und laß sie auflaufen. Wenn die denken, ich bin blöd, kann ich auch blöd sein. Aber gut finde ich das nicht. Mama hat mir mal erzählt, daß sie auch nie eine richtige Freundin hatte. Sie sagt, dafür habe sie eben Freunde gehabt. Ich hatte Tommy. Aber das ist auch nichts mehr. Ich bin eben eine totale Niete. That's it, baby.

4. August

Jetzt habe ich meine Tage schon ziemlich lange nicht mehr gehabt. Vati sagt, das wäre normal bei Teenagern. Die wären da irgendwie noch nicht so genau darauf eingestellt.

Von mir aus braucht das Zeugs auch gar nicht mehr zu kommen. Ich will sowieso keine Kinder. Und wozu brauche ich das denn dann?

10. August

Ich möchte bloß wissen, wovon ich dauernd dieses Bauchweh habe. Vati sagt, er hätte in der Pubertät auch dauernd Blähungen gehabt. Das wäre ein ganz normales Zeichen, daß ich jetzt langsam eine richtige Frau werde.

Also darauf hätte ich gut verzichten können. Aber ehrlich!

12. August

Mama will mir das Abendbrot streichen. Sie meint, Babyspeck wäre in meinem Alter ja normal. Aber ich würde jetzt doch schon ein bißchen zu fett. Ich soll auf mein Gewicht aufpassen. Was ich jetzt auf die Rippen bekäme, würde ich nie wieder runterhungern. Mir doch egal. Mich guckt doch eh keiner richtig an. Hab' eben keine Taille und bloß Po. Na und.

14. August

Mama nervt mich langsam völlig. Dauernd ihre Hungerkur. Bloß weil sie auf ihrer Kur abgenommen hat. Ist das mein Speck oder ihrer? Was geht sie das an? Sonst merkt sie ja auch nichts. Das ganze blöde Gelabere hängt mir zum Hals raus. Die sollen mich alle in Ruhe lassen.

17. August

Die Blähungen gehen einfach nicht weg. Vor allem abends. Dabei muß ich nicht aufs Klo und gar nichts. Mama will mir schon dauernd Abführtabletten geben. Aber Vati sagt, sie soll mich in Ruhe lassen, es reicht, wenn sie so 'ne Pillentante ist. Nächste Woche will Vati mit mir zum Frauenarzt. Ich habe nur Angst. Und peinlich ist es mir auch. Vati sagt, da gibt's so einen Stuhl, auf den muß ich mich legen, damit der Arzt in mich reingucken kann. Iiii!

19. September

Birgit sagt, sie war auch schon beim Frauenarzt. Da hatte sie eine Pilzentzündung in der Scheide. Ich habe nicht gefragt, woher sie das denn kriegen konnte. Ein Pilz in der Scheide, igitt! Birgit sagt, das ist wie Fußpilz und juckt unheimlich. Sie hat dann eine Creme bekommen. Damit mußte sie sich dreimal einreiben. Jetzt ist es wieder gut.

Birgit hat gesagt, der Stuhl beim Frauenarzt wäre echt schlimm. Da würden einem die Beine angeschnallt, damit man nicht weg kann.

21. September

Vati hat einen Privattermin bekommen. Er kennt da eine Frau, die mit dem Arzt befreundet ist. Jetzt können wir auch abends oder am Wochenende kommen. Das ist besser, damit Mama nichts merkt. Er will nicht, daß sie dumme Fragen stellt. Er schaut mich neuerdings oft so komisch an, und gestern, als er bei mir lag, sagte er, ich brauchte keine Angst zu haben, es würde schon alles wieder gut. Ob er jetzt meint, ich wäre schwanger? Er benutzt dabei aber immer diese scheußlichen Dinger. Da kann nichts passieren, außer wenn sie ein Loch haben oder so. Ich glaube, die waren immer heil.

Was soll ich denn bloß machen? Ich bin doch auch noch ein Kind. Ich kann doch noch keine Mutter sein. Und Mama? Dann muß sie alles erfahren. Sie schmeißt mich raus. Sie kann mich ja sowieso fast nicht mehr leiden. Ach, bitte, lieber Gott, mach, daß es nichts ist.

1.30 Uhr

Ich kann nicht einschlafen. Ich merke dauernd, wie es in meinem Bauch rumpelt. Nicht, daß es richtig weh tut. Es ist nur so ein Zupfen und Ziehen. Wenn es nun doch ein Baby ist?

4.00 Uhr

Ich bin schon wieder wach. Ich muß immerzu daran denken. Wenn es ein Baby wäre, ich hätte es schon lieb. Babys sind so süß und niedlich. Und es kann ja auch nichts dafür. Trotzdem will ich keins. Ich will noch keine Mutter sein.

Ich will viel lieber spielen und mit den anderen zusammen sein. Muß ich dann von der Schule? Die anderen lachen bestimmt über mich. Die finden sicher, daß ich selbst schuld bin. Ich hätte den Vati einfach hauen und beißen müssen und schreien, egal, ob er mich dann zurückhaut. Ich hätte ihn nichts mit mir machen lassen dürfen. Und jetzt ist es zu spät.

23. September

Noch zwei Tage, bis wir gehen. Ich halt's nicht mehr aus.

24. September

Ich habe Frau Matthiessen von nebenan gefragt, wann man denn dicker wird, wenn man schwanger ist. Sie hat nämlich gerade erst ein Baby bekommen. Sie hat nur gelacht und gesagt, das kommt darauf an, wie dick man sowieso schon ist. Aber meistens würde man es so nach dem fünften, sechsten Monat sehen. Und dann hat sie gefragt, warum ich das wissen will. Das hatte ich mir vorher schon zurechtgelegt. Darum habe ich gleich gesagt, wegen Mama. Weil ich so gern noch ein Geschwisterchen hätte und Mama uns nichts verrät. Da hat Frau Matthiessen bloß noch mal gelacht und nichts mehr weiter wissen wollen.

Wenn mich einer ansieht, denke ich jetzt dauernd,

alle merken es mir schon an. Dabei kriege ich bestimmt kein Kind. Wenn man keines will, kriegt man doch auch keins. Mama hat mir mal gesagt, das klappt nur, wenn man verheiratet ist und beide wollen. Aber ich glaube, das war gelogen. Die Isabell von Mergentheimers hat ja auch eins, und der Mann hat sie sitzen lassen. Mama sagt, die Schande würde sie nicht überleben, wenn ihr so was passiert wäre. Sie hätte sich das Leben genommen.

Ich habe aber Angst zu sterben.

25. September

Der Tag war schrecklich lang. In der Schule bekam ich einen dicken Tadel, weil ich nicht aufgepaßt habe. Aber das ist ja nichts Neues. Der Fips hat gemeint, normalerweise wären Buben in der Pubertät faul und unaufmerksam. Ich könnte mir aber an ihrem Fleiß sogar noch ein Beispiel nehmen. Ich find's ja auch mies, daß mit mir nichts wird. Aber ich kann und kann nicht aufhören, an DAS zu denken und Angst zu haben.

Am Abend hat Vati zu Mama gesagt, er geht zu Karl. Der ist Frisör und schneidet Vatis Haare immer nach Feierabend. Ich mußte sagen, daß ich auch mitwill. Mama wollte natürlich nicht. Sie hat ja neuerdings immer gegen alles was einzuwenden, was ich möchte. Aber Vati hat es erlaubt. Wir sind natürlich nicht zu Karl, sondern zum Arzt. Er wartete schon. Vati sagte dann, ich hätte solche Angst vor der Untersuchung, daß er mit mir nicht in die normale Sprechstunde könnte.

Der Arzt fragte mich dann aus, wann ich zuletzt meine Tage hatte. Als ob ich mir das merken würde! Dann wollte er wissen, wie lange ich meine Tage immer hätte. Wußte ich auch nicht; mal so, mal so eben. Da habe ich nie so aufgepaßt. Dann hat er mich abgehorcht und mir gesagt, daß er Pipi und ein bißchen Blut von mir braucht. Den Stuhl habe ich die ganze Zeit schon gesehen. Birgit hat recht, er ist fürchterlich.

Dann mußte ich mich ganz ausziehen und auf den Stuhl. Die Beine hat er mir aber nicht angeschnallt. Er hat mich dann überall abgetastet, auch innen. Dabei hat er immer erstaunter geguckt. Gesagt hat er aber nichts. Ich durfte mich auch gleich wieder anziehen.

Danach mußte der Vati sich vor den Schreibtisch setzen und meine Hand nehmen. Und dann hat er uns gesagt, daß ich in fortgeschrittenem Stadium schwanger wäre und er nur noch prüfen lassen müßte, ob mein Blut okay ist. Das ginge nur im Labor. Da wäre aber jetzt keiner mehr.

Der Vati war schneeweiß im Gesicht. Er fing an zu brüllen und mit der Faust auf den Tisch zu hauen. Daß ich mich rumgetrieben hätte und diese Schande und was ich mir dabei nur gedacht hätte. Ich mußte ganz laut weinen. Ich konnte doch nicht sagen, daß er alles gemacht hat.

Der Arzt hat uns dann heimgeschickt und gesagt, ich müßte noch mal kommen, damit wir in Ruhe alles besprechen.

Als wir draußen waren, hat der Vati mich sofort ins Auto gestoßen und ist los. Wir haben dann an der Autobahn gehalten. Und dann hat er geweint.

Er hat gesagt, sein Leben wäre hin, und alles wäre, weil ich mich wegen der Pille so doof angestellt hätte. Jetzt hätten wir den Salat. Und wie er das der Mama beibringen soll.

Ich habe auch geweint und gesagt, daß es mir leid tut wegen der Pille und daß es bestimmt eine Strafe Gottes ist, weil man DAS nicht darf. Aber da hat mir Vati eine geknallt und geschrien, den Namen darf ich nie mehr in den Mund nehmen. Der wäre doch an allem schuld, weil er Männer und Frauen so geschaffen hat und daß sie sich vögeln wollen und alles.

Es war jetzt schon ziemlich dunkel. Wir würden der Mama noch nichts verraten. Der Arzt würde uns ja vielleicht helfen. Ich sollte nur sagen, ich hätte mich mit Susi gestritten. Das ist Karls Tochter. Deshalb wären wir heim und hätten uns auch nicht die Haare schneiden lassen. Und weil es so spät ist, sollten wir sagen, Karl wäre zuerst nicht da gewesen, und wir hätten gewartet.

Mama hat alles geglaubt. Sie hat bloß gesagt, wegen einem Streit brauchte ich nicht so zu plärren.

26. September

Ich will nie mehr aufstehen. Keiner soll mich sehen.

27. September

Vati will, daß ich zur Schule gehe. Er will, ich soll ganz normal tun. Er sagt, er hilft mir dann schon. Was soll ich denn machen? Ich kann nichts tun. Ich bin so schrecklich allein. Und ich habe Angst.

28. September

Ich kriege ein Kind. Ich sehe aus, als hätte ich einen Ball verschluckt. Den könnte man aufpieksen und alles wäre weg. Kann man Bäuche auch aufpieksen?

Vati sagt, ich muß wieder zum Arzt. Er will mit mir reden. Und er soll das Kind wegmachen. Ja, wie denn? Vielleicht Hokuspokus Simsalabimbus? Ich bin vielleicht blöd, aber so blöd auch nicht.

29. September

Ich glaube, ich will nicht, daß das Baby sterben soll. Es ist so klein. Und es kann ja auch nichts dafür.

Ich habe Vati gesagt, daß er das dem Arzt sagen muß, daß ich das nicht will. Vati hat gesagt, wegmachen ist, wenn das Baby stirbt, weil ich Medizin kriege und so. Genau weiß er es selbst nicht. Er hat mich geschlagen. Es tut noch immer weh. Er will mich zum Arzt prügeln, wenn ich nicht will. Er sagt, er läßt sich von mir nicht sein Leben ruinieren.

Heute hat er es ohne das Dings gemacht. Er sagt, daß es jetzt eh schon gleich ist. Da will er wenigstens den ganzen Spaß fürs ganze Geld. Was denn für Geld?

30. September

Vati will, daß ich das mit uns nicht verrate. Er sagt, sonst muß er brummen und Mama mit uns an den Bettelstab. Ich soll behaupten, es wäre einer von den Jungen an der Schule. Aber den Namen soll ich nicht sagen.

Ich will aber nicht lügen. Nachher schwätzen alle, daß es von Tommy ist. Vati hat bloß gelacht. Er sagt, das wäre überhaupt die Lösung.

5. Oktober

Ich muß zum Arzt. Er hat gesagt, ich bin ungefähr im sechsten oder siebten Monat. Dann hat er wissen wollen, mit wem ich sexuell verkehrt hätte. Der Kindsvater müßte herangezogen werden. Wenn er volljährig wäre, würde er bestraft wegen Verführung. Ich habe nichts gesagt. Ich habe mich so arg geschämt. Der Vati hat dann gesagt, ich wüßte es ja gar nicht, wer's war. Wir hätten halt so Doktorle gespielt. Da wären mehr gewesen. Und jetzt sei's halt passiert. Und daß er will, der Arzt soll's wegmachen.

Der Arzt hat aber gesagt, das macht er nicht, weil er verpflichtet ist, Leben zu schützen. Vati hat ihm dann Geld angeboten. Aber der Arzt hat trotzdem nicht wollen. Zuletzt hat er noch gesagt, daß das Jugendamt eingeschaltet werden muß, weil ich ja noch ein Kind bin. Und er hat auch gesagt, ich müßte jetzt jede Woche herkommen, weil ich ja ein Risikofall wäre.

7. Oktober

Mama hat mich gefragt, was eigentlich los ist. Sie hat gesagt, ich würde schrecklich aussehen und daß sie immer glaubt, ich bekäme eine Baby. Zuerst habe ich gar nicht geantwortet. Ich habe immer nur gedacht, ob ich es sagen soll oder nicht. Dann hat sie mich in den Arm genommen und gesagt, ich müßte ihr jetzt mal richtig vertrauen und die Wahrheit sagen. Da habe ich gesagt, daß Vati es war und daß ich ein Baby kriegen muß.

Mama hat kein Wort herausgebracht. Sie hat mich von sich weggestoßen und die Hände vors Gesicht geschlagen. Endlich hat sie gesagt, das kann sie nicht von Vati glauben. Ich wäre eine Lügnerin und eine Hure noch dazu. Und Gott soll mich für solche unerhörten Lügen strafen.

Ich habe versucht, sie zu umarmen und als sie mich nicht gelassen hat, bin ich auf den Fußboden gesessen und hab' geredet und geredet, bis alles draußen war.

Mama hat nichts mehr gesagt. Aber ich habe trotzdem gemerkt, daß sie mir jetzt glaubt.

Sie hat die Hände an die Stirn gelegt und gesagt, ich soll auf mein Zimmer, weil sie allein sein und denken muß. Und dann hat sie noch gesagt, daß ich ihre Tochter wäre und ihr trotzdem so etwas hätte antun können! Ich hab's doch gar, gar nie wollen, Mama!

8. Oktober

Mama hat mit Vati gestritten. Ich habe sie die halbe Nacht gehört. Björni hatte solche Angst, daß er zu mir ins Bett ist. Er hat gesagt, ich wäre jetzt so richtig schön knuddelig, weil mein Bauch so kullerig aussieht. Ich mußte wieder heulen.

15.00 Uhr

Mama sagt, Vati hätte ihr alles gestanden. Es wäre schon so, wie sie immer geahnt hätte. Ich hätte ihm ja nie Ruhe gelassen und wäre auch dauernd unter seine Decke gekrochen. Sogar nachts. Ich hätte mir das Kind selber zuzuschreiben.

Dann hat sie angefangen zu weinen und hat mich wieder beschimpft. Daß sie wünschte, sie hätte mich nie bekommen und womit sie so ein verkommenes Ding verdient hätte.

Zuletzt hat sie gesagt, ich müßte weg von hier, damit nicht alle mit Fingern auf uns zeigen. Die Schande wäre fast das Schlimmste. Sie würde Oma und Opa bitten, daß ich dort wohnen darf, bis alles vorbei ist. Und dann hat sie gesagt, daß ich das Kind nicht behalten darf. Ich muß es gleich weggeben.

9. Oktober

Der Arzt hat zu Vati gesagt, er würde mit einem Freund sprechen, der eine eigene Klinik hat. Er glaubt, daß ich dort hingehen kann, wenn das Baby kommt. Es ist wegen der Leute. Vati sagt, die würden mich in einem normalen Krankenhaus bestimmt alle begaffen, wenn ich das Baby habe. Oder dumme Fragen stellen.

Ich habe ein Attest bekommen, damit ich in der Schule nicht mehr mitturnen muß. Ich will nicht mehr zur Schule. Aber der Arzt sagt, ich dürfte erst wegbleiben, wenn alle sehen, daß ich ein Kind kriege. Noch merkt man es fast nicht, wenn ich weite Sachen anziehe.

10. Oktober

Ich glaube, Björni ist der einzige, der mich jetzt toll findet. Er sagt, ich wäre so knuddelig. Er hat gefragt, ob ich es mit den Drüsen habe. Er kennt nämlich einen, der wird auch immer fetter, obwohl er wenig ißt. Der hat eine Drüsenkrankheit oder so.

Ich wünschte, ich hätte auch eine.

11. Oktober

Mama nimmt jetzt alles in die Hand. Seit ich ihr die Wahrheit gesagt habe, ist sie ganz lieb mit Vati und wirklich schlimm zu mir. Vati tut, als ob er krank wäre oder so. Er spricht nur noch ganz leise und entschuldigt sich für alles. Wenn er zum Beispiel mit Sandschuhen reingekommen ist oder sich das Hemd bekleckert hat. Außerdem hilft er der Mama auf einmal abräumen oder geht einkaufen. Früher hätte er das nie gemacht. Oder Schätzchen gesagt! Wenn er mich sieht, macht er so, als ob er stinksauer auf mich ist. Ich darf auch nie mehr mit Björni fernsehen. Er sagt, ich hätte ein eigenes Zimmer und müßte dort bleiben, am besten schon mal Babysachen stricken und alles. Ich will aber nichts stricken. Kann ich auch gar nicht.

Mama hat gesagt, ich soll mir das alles mal richtig vorstellen. Ich würde jetzt meinen eigenen Bruder auf die Welt bringen und was das für eine Schande wäre. Am besten wäre, das Kind wäre tot. Aber ich glaube, sie möchte am liebsten, daß ich tot bin.

12. Oktober

Als ich auf dem Klo war, kam Vati schnell rein. Er sagte, er hätte solche Sehnsucht nach mir. Aber er könnte es jetzt nicht mehr mit mir machen wegen Mama. Sie hat ihm gedroht, daß sie ihn rausschmeißt oder anzeigt, wenn sie ihn bei mir erwischt.

Vati hat mich dann bloß geküßt und gesagt, wenn alles vorbei wäre, hätte er bestimmt eine Idee, was wir dann machen. Ich habe mich nicht getraut zu fragen, ob er meint, dann will er wieder alles mit mir machen. Hört DAS vielleicht nie mehr auf, bis ich groß bin und weg kann? Dann hat er noch gesagt, daß er mich unheimlich liebt.

Wenn er mich wirklich lieben würde, wäre er nicht so feig und würde Mama alles sagen. Wie es wirklich war und alles. Ich wette, ihr erzählt er immer, wie scheußlich er DAS mit mir gefunden hat. Sonst würde sie doch nicht dauernd zu mir sagen, ich wäre schuld.

13. Oktober

In der Schule ist es doch nicht so schlimm wie ich dachte. Der Direx hat, scheint's, nichts verquatscht. Wenn ich weiter so schnell dicker werde, ist trotzdem bald alles raus. Ich habe Tommy gesehen. Er hat mich richtig blöd angestarrt. Und dann hat er zum Jochen gesagt, der bei ihm stand: »Und mit der Fetthenne bin ich ’mal fast gegangen.« Das hat mir schon wehgetan.

14. Oktober

Mama heult ständig. Sie macht mich noch vollends fertig. Manchmal denke ich, ich platze, wenn ich nicht sofort ganz laut schreie. Aber ich platze nicht und schreie auch nicht. Ich kann gar nichts mehr. Ich sitze fast immer nur rum und denke. Ich möchte das Kind eigentlich ganz gern behalten. Mama wollte doch die ganze Zeit ein Baby. Meins will sie nicht, obwohl Vati doch auch der Vater ist. Bestimmt ist es nur wegen mir, weil sie mich für schlecht und verdorben ansieht.

Vielleicht meint sie, das Kind muß auch so werden.

Ich möchte so gern mit ihr reden. Aber sie will nicht. Sie sagt, ich muß ihr aus den Augen, oder es geschieht ein Unglück.

15. Oktober

Der Arzt hat Vati und mich schon wieder bestellt. Mama ist auch mitgegangen. Sie will nicht, daß der Arzt denken könnte, sie weiß nichts. Der Arzt hat mich gefragt, ob ich jetzt endlich den Vater angeben will oder was wir machen wollen. Er sagt, das wäre eine Sache fürs Jugendamt oder vielleicht die Polizei. Man könnte schließlich nicht so tun, als wäre es normal, wenn ein Kind ein Kind kriegt.

Ich habe nicht geantwortet. Ich habe nur immerzu gedacht. Ich dachte, daß ich den Vati noch liebhabe, trotz allem, was er getan hat. Er wollte ja selbst nicht, daß ich ein Kind bekomme. Er ist auch fast so arm wie ich. Vielleicht kann er wirklich nichts dafür, dachte ich, weil er halt eben ein Mann ist. Mama sagte mal, daß Männer DAS tun müssen, sonst werden sie krank oder kriegen es im Kopf. Ich weiß es ja auch nicht. Und dann dachte ich noch an Björni. Wenn DAS jetzt alle erfahren mit mir, will bestimmt keiner mehr was mit ihm zu tun haben. Und bestimmt wird er mich deshalb auch gar nicht mehr lieb haben. Weil er ja sicher meint, alles ist meine Schuld.

Plötzlich hat der Arzt ganz laut gesagt, daß er es nicht vor seinem Gewissen verantworten kann, wenn er alles für sich behält. Er müßte dem Jugendamt Meldung machen. Dann käme wer zu uns, der alles genau überprüft. Vielleicht gleich oder jedenfalls in ein paar Tagen.

Mama weinte sofort los. Sie rief, daß man ja nicht wüßte, wer's war, weil alles schon so lange her wäre und ich mich nicht mehr erinnern könnte, wer überhaupt dabei war. Wir hätten gespielt. Da wär's eben passiert. Ich hätte ja freiwillig mitgemacht. Was es da schon zu untersuchen gäbe. Sie hat so richtig den Himmel runtergelogen. Aber der Arzt hat ihr überhaupt nicht zugehört, sondern dauernd mich angeschaut.

Ich dachte nie, daß Vati noch Angst kriegen kann. Aber er hatte welche. Das konnte man deutlich sehen. Seine Hände zitterten sogar so arg, daß er sie die ganze Zeit zwischen die Knie klemmen mußte. Und dabei hat er dauernd gesagt: »Ja, genau, so war's, ja, jawohl.«

Nur ich machte nichts. Ich dachte, was ist, wenn ich jetzt sage, daß sie lügen. Alle beide.

Und dann habe ich es gesagt.

Männer können sich halt nicht beherrschen

Michael C. Baurmann, Fachmann für Sexualprobleme beim Bundeskriminalamt Wiesbaden ging in seinen Forschungen unter anderem der Frage nach, warum immer wieder Kinder, hauptsächlich Mädchen und Frauen aller Altersgruppen vergewaltigt werden. Wobei Vergewaltigung keineswegs immer das sein muß, was man landläufig darunter versteht. Nämlich eine mit roher Gewalt erzwungene, unter Umständen lebensbedrohliche sexuelle Vereinigung zweier einander vollkommen unbekannter Personen.

Der nachfolgende Beitrag von Michael Baurmann soll die Gründe hinterfragen, welche Marie-Claire in so völliger Abhängigkeit aufwachsen ließen, daß sie nie in Erwägung zog, sich ernsthaft zu verweigern und um Hilfe zu schreien – sei's auch gegen den eigenen Vater.

Strukturen und Einstellungen, die sexuelle Gewalt fördern

Im folgenden Abschnitt sollen beispielhaft und ohne den Anspruch auf Vollständigkeit erheben zu wollen einige psychosoziale Problemfelder angeführt werden, die zeigen, wie Einstellungen immer wieder dazu führen, daß Männer versuchen, den Geschlechtsverkehr bei jungen Frauen gewaltsam zu erzwingen. Leider werden diese und ähnliche gewaltfördernde Bedingungen nur allzu häufig eher schmunzelnd zur

Kenntnis genommen, und zwar vor allem von Männern. Ein solches Schmunzeln legt die Vermutung nahe, daß der so schmunzelnde Mann nicht bereit ist, sich von solchen gewaltfördernden Einstellungen zu distanzieren. So steht der Spruch vom ›Vergewohltätigen‹ für viele andere alltägliche, phantasierten Vergewaltigungen. Daran kann man erkennen, wie schwer es ist, Denk- und Verhaltensgewohnheiten zu ändern.

Je nachdem, ob Kinder männlich oder weiblich sind, werden an sie im Laufe ihrer Entwicklung Erwartungen, Einstellungen, Aufforderungen zum Verhalten und Verstärkungen oder Belohnungen herangetragen, die sich geschlechtsspezifisch sehr stark unterscheiden. Zwar werden nicht alle Mädchen gleich erzogen, aber insgesamt lassen sich viele Erziehungsinhalte und Umwelteinflüsse ausmachen, die speziell an Mädchen und andere, die speziell an Jungen adressiert sind, und die sie zu bestimmtem geschlechtsspezifischen Rollenverhalten erziehen. Zur Problemanalyse ist es nützlich, sich zu vergegenwärtigen, welchen geschlechtsspezifischen, gewaltunterstützenden Einflüssen ein potentielles Vergewaltigungsopfer, also jedes Mädchen und jede Frau, ausgesetzt ist.

Das Mädchen kann in einer Atmosphäre aufwachsen, die charakterisiert ist durch Erziehung zur Angst, speziell zur Angst vor diffus beschriebenen, beängstigenden sexuellen Ereignissen. Dabei wird die Gefahr sexueller Angriffe durch die Erzieher, Medien und sogar durch präventive Aktionen häufig dramatisiert. Beim weiblichen Kind kann durch eine derartige Einflußnahme der Eindruck entstehen, bei Dunkelheit, im Wald, in der Stadt, vor fremden Menschen, von Exhibitionisten drohe permanente Gefahr, gar Lebensgefahr. Gleichzeitig hat dasselbe Mädchen meist gelernt, daß es sich gegenüber Erwachsenen und insbesondere gegenüber Bekannten und Verwandten gehorsam und eher passiv zu verhalten habe. Zur Zeit lernt der gleichaltrige Junge vermutlich, daß er sich aktiv, erobernd, durchsetzungskräftig, kämpferisch verhalten und notfalls seine körperliche Kraft einsetzen soll. Die zärtliche Sexualität wird von manchen Männern nur als eher lästiges Vorspiel zu einem eher sadistisch gefärbten Geschlechtsverkehr betrachtet, bei dem vor allem der vaginale Orgasmus angestrebt wird. In diesem Zusammenhang bekommen junge Männer vielleicht den Eindruck, daß eine Frau zwar ›nein‹ sagt, aber ›ja‹ meint. Diese Vorstellung wird leider auch noch gestützt mit sogenannten wissenschaftlichen Erkenntnissen über den angeborenen weiblichen Masochismus.

Einige junge Frauen müssen bei ihren ersten erotischen und sexuellen Erfahrungen feststellen, daß der immer in der Anonymität und Distanz vermutete sexuelle Gewalttäter aber offensichtlich eher aus dem Bekannten-, manchmal sogar aus dem Verwandtenkreis kommt. Dieselben Frauen, die nicht gelernt haben, sich bei Angriffen auf ihre allgemeine Selbstbestimmung zur Wehr zu setzen, sind dann dem nötigenden und gewalttätigen Sexualverhalten des Menschen aus dem sozialen Nahraum relativ hilflos ausgeliefert. Zudem sind die Ratschläge für solche Situationen oft widersprüchlich. Wehrt sich eine Frau nicht oder zu wenig, läuft sie Gefahr, als willig-kooperativ mißachtet und verunglimpft zu werden; bei körperlicher Gegenwehr – so wird andererseits gewarnt – riskiere sie womöglich ihr Leben. Manchmal wird ihr daher geraten, alles über sich ergehen zu lassen – ein Rat, der bezeichnenderweise häufig von Männern zu hören ist.

Ist eine Vergewaltigung passiert, neigt die Umwelt dazu, diese für das Opfer als individuelles Mißgeschick hinzustellen. Auch die Täterschaft wird – sofern es überhaupt zur Anzeige kommt – individualisiert, und zwar durch Pathologisierung. Wenn der Vergewaltiger als Kranker gelten kann, dann lassen sich leichter die sozialen Entstehungsbedingungen sexueller Gewalt sowie die fließenden Übergangsformen hin zur Normalität ignorieren. Oftmals bekommt die Frau auch den Eindruck vermittelt, Gewalttätigkeit gehöre nun mal zur Sexualität, und eine Vergewaltigung sei sozusagen das zu ertragende Risiko im Sexualleben einer Frau. Von Männern wird mitunter entschuldigend erklärt, der sexuelle Trieb sei beim Mann im Gegensatz zur Frau schwer beherrschbar und müsse, wenn sich ein gewisses Maß an sexueller Stimulanz angesammelt habe, eben abreagiert werden; bei solch einem sexuellen Notstand erfolge dies leider manchmal gewaltsam. Diese pseudowissenschaftliche ›Triebstau-Theorie‹ soll alltägliche Vergewaltigungen legitimieren.

Eine ähnliche Praxis, den Täter zu entschuldigen, ist die Beschuldigung des Vergewaltigungsopfers. Der Frau wird eine Mitschuld am Entstehen der Aufreizung des Täters oder ein Genuß bei der passiven Erduldung der Vergewaltigung unterstellt. Wehre sich eine Frau nur ernsthaft genug, so die Argumentation, wäre eine Vergewaltigung nicht möglich. (Hierher gehört auch der üble Vergleich mit dem Faden und dem Nadelöhr.) Oft wird auf Lebensräume (Beispiel: Wald) oder Situationen (Beispiel: Auto-Stop) verwiesen, in denen Frauen ihre Vergewaltigung geradezu herausforderten, nämlich insofern, als sie sich selbst in eine gefährliche Situation gebracht hätten. Nicht selten klingt dabei die Schlußfolgerung an, bei leichtsinnigem Verhalten der Frau sei das Gewaltverbrechen, wenn auch nicht gerade erlaubt, so aber zumindest verständlich.

Inhaltlich in der Nähe liegt die Meinung, eine ›verdorbene‹ Frau könne nicht mehr ›geschändet‹ werden. Das drückt sich etwa darin aus, daß Frauen mit häufigen sexuellen Kontakten und vor allem Prostituierte nach einer Vergewaltigung in der Rechtspraxis häufig als weniger glaubwürdig angesehen werden, oder auch darin, daß die Ehefrau von dem Straftatbestand ›Vergewaltigung‹ (§ 177 StGB) überhaupt nicht geschützt wird. Gleichzeitig fördert die weitverbreitete Vorstellung von den sogenannten ›ehelichen Pflichten‹ die sexuelle Gewalt in der Ehe.

Besonders erschreckend ist die immer wieder aufkommende Diskussion über angebliche Falschanschuldigungen von Frauen, die eine Vergewaltigung anzeigen. Selbstverständlich gibt es im Bereich der angezeigten Vergewaltigungen, ebenso wie bei anderen Deliktarten, Falschanschuldigungen. Erstaunlich sind allerdings die mitunter völlig irrealen Schätzungen mancher ›Fachleute‹. Bis zu 80 oder 90 % Falschanschuldigungen im Bereich der Vergewaltigungen werden von manchen behauptet. Tatsächlich gibt es nach Recherchen von Polizeipraktikern bei den angezeigten Vergewaltigungen nur etwa 2 bis 8 % Falschanschuldigungen (*Baurmann 1983, S. 295 f; Brownmiller 1978, S. 297 und 275 f; Polizei Hamburg 1985*). In anderen Deliktbereichen (Diebstahl, Versicherungsbetrug usw.) ist die Zahl bedeutend höher. Dies wird aber seltsamerweise viel seltener diskutiert. Solche vorurteilsbelasteten Einstellungen gehen natürlich in die Behandlung der Vergewaltigungsopfer mit ein. Zwar muß die Polizei und die Staatsanwaltschaft bei derart schwerwiegenden Vorwürfen selbstverständlich **auch** zugunsten des Tatverdächtigen ermitteln; ein gegenüber Vergewaltigungsopfern stark vorurteilsbehafteter Beamter wird aber tatsächlich vergewaltigte Frauen unangemessen behandeln.

Damit ist das große Problem der sogenannten sekundären Schäden angesprochen, also jener Schäden, die der vergewaltigten Frau erst nach dem Verbrechen durch die Reaktionen der Umwelt, beispielsweise durch Angehörige, Polizeibeamte, Ärzte, Richter, Anwälte usw. zugefügt werden. Vermutlich bei keinem anderen Delikt ist das Opfer in so großer Gefahr, nachträglich noch einmal geschädigt zu werden. Hierher gehört auch das Problem, daß nach immer noch weit verbreiteter Ansicht eine vergewaltigte Frau als ›geschändet‹, also als weniger wert gilt. Es sind Fälle bekannt, wo es aus dieser Einstellung heraus zu einer direkt anschließenden zweiten Vergewaltigung durch einen anderen Mann, manchmal sogar durch den Partner des Opfers gekommen ist. Weiterhin kann aus solchen Einstellungen folgen, daß vergewaltigte Frauen sich wegen ihrer ›Entwertung‹ so schämen, daß sie es nicht wagen, über ihre Vergewaltigung mit anderen zu sprechen und auch keine Anzeige erstatten.

Auch muß auf das Problem gewaltfördernder Strukturen, die häufig Bedingungen für das Entstehen individueller Gewalthandlungen sind, hingewiesen werden. Gewaltfördernde Erziehungsmilieus, in denen Gewalt auch in anderen Bereichen bejaht wird, sind mit ein Grund für die Einstellung des Vergewaltigers, sexuelle Befriedigung könne oder müsse man sich ebenfalls gewaltsam holen. Die Ohnmacht der Frau wird dabei vom Vergewaltiger als Machtgefühl genossen und mit Sexualität gekoppelt.

Besonders augenfällig wird dies bei der sogenannten Gruppennotzucht. Eventuell sind Vergewaltiger Menschen, die an anderer Stelle Ohnmacht erleben und dieses Gefühl durch eine derartige kriminelle Machtausübung kompensieren wollen bzw. an eine andere, stärker diskriminierte Gruppe, die Gruppe der Frauen, weitergeben wollen.

Schließlich ist aus vielen Täterbegutachtungen bekannt, daß ein großer Teil speziell der jüngeren Vergewaltiger selbst Opfer einer repressiven, verheimlichenden Sexualerziehung sind (*die sogenannten ›Mikkermänner‹; vgl. Hentschel 1986a*). Bei der Vergewaltigung nähern sie sich in völlig unbeholfener Weise einem für sie fremden Lebensraum (Sexualität) und einem ihnen fremden Personenkreis (Frauen). Selbstfindung, die befriedigende Gestaltung der eigenen Geschlechtsrolle, Selbstbestätigung, Beziehungsgestaltung und Gefühlsaustausch mißlingen.

(Nachdruck mit freundlicher Genehmigung aus Michael C. Baurmann in: Jürgen Heinrichs (Hrsg.): Vergewaltigung – die Opfer und die Täter, Braunschweig; 1986)

Dr. phil. Michael C. Baurmann

wurde 1946 geboren.

Sein Studium der Psychologie schloß er mit Diplom und Doktorgrad ab. Lange Jahre mit einem Lehrauftrag an der Universität Mainz belegt, arbeitet er heute im Bundeskriminalamt Wiesbaden. Seit 1977 ist er dort innerhalb einer kriminologischen Forschungsgruppe als Referent für Viktimologie tätig.

Als Leiter eines Forschungsprojektes mit dem Thema ›Gewalt gegen Personen‹ liegt einer seiner Schwerpunkte im Bereich der Vergewaltigung im allgemeinen und des sexuellen Mißbrauchs von Kindern im besonderen.

»Ich bin so froh, daß mein Baby ein Junge ist . . .«

Marie-Claires Aussage brachte eine Lawine ins Rollen.

Der Frauenarzt, skeptisch und vom ersten Termin an voll unguter Ahnungen bei diesem ihm befremdlich eng erscheinenden Vater-Tochter-Verhältnis, ließ sich alles Gewesene genauestens von Marie-Claire schildern. Die verzweifelnd schluchzende, alles bestreitende Mutter und den wütenden, schimpfend auf und ab stapfenden Vater ignorierte er zunächst, schickte beide jedoch bald energisch aus dem Behandlungszimmer.

Marie-Claires kindhafter Bericht und die Offenkundigkeit ihrer Angst bewogen ihn, ihr vollen Glauben zu schenken. Da er befürchtete, sie werde zu Hause Angriffen ausgesetzt sein, nahm er sie für eine Nacht zu sich ins Haus. Am anderen Morgen informierte er das Jugendamt sowie Marie-Claires Großeltern, bei denen sie zu bleiben wünschte. Zu ihren Eltern kam das Mädchen nicht mehr zurück.

Wenige Tage darauf sprach eine Angestellte des Jugendamtes bei Marie-Claire vor. Die ersten intensiven Nachforschungen setzten ein, vor allem aber wurde Marie-Claire immer wieder befragt.

In ihrem Tagebuch notierte sie in jener Zeit:

»Immer und immer wieder dasselbe! Ich werd noch wahnsinnig. Warum glauben die mir denn nicht einfach? Man könnte schon meinen, Vati bekommt ein Kind und nicht ich. Und dann dauernd, also wirklich dauernd diese doofen Fragen wegen Tommy. Was hat der denn damit zu tun? Gar, gar nichts. Aber die kriegen das nicht in ihr Hirn rein.«

Als sich der Verdacht gegen Marie-Claires Vater erhärtete, erstattete das Jugendamt offizielle Anzeige wegen sexuellen Mißbrauchs. Die polizeilichen Ermittlungen begannen.

Marie-Claires Schwangerschaft schritt indessen voran. Zunächst schien trotz ihres zarten Alters und der fortgesetzten seelischen Belastung alles gutzugehen. Ende der 30. Schwangerschaftswoche zeigten sich jedoch erste Anzeichen einer Schwangerschaftsvergiftung. Diese schritt rasch und gefährlich fort, so daß Marie-Claire am 1. Dezember mit einem Notkaiserschnitt entbunden werden mußte.

Da sie bereits Wochen zuvor dem Jugendamt mitgeteilt hatte, daß sie ihr Kind nicht behalten könne, sondern zur Adoption freigeben wolle, erfuhr Marie-Claire nur, daß ihr Kind am Leben sei und trotz der Frühgeburt gute Chancen habe, zu überleben. Auch erfuhr sie, daß es ein Junge sei, für den bereits eine Pflegefamilie gefunden wurde. Diese werde das Kind sobald wie möglich bei sich aufnehmen und es nach Ablauf der Formalitäten auch adoptieren.

Für Marie-Claire, die trotz besserer Einsicht unter der Trennung von ihrem Baby litt, war dies eine große Beruhigung. In ihrem Tagebuch notierte sie:

»Ich bin so froh, daß mein Baby ein Junge ist. Mädchen sind viel schlechter dran. Die dürfen sich nie dreckig machen, müssen immer brav sein und folgen. Jungen, wenn die mal frech sind, kriegen vielleicht geschimpft oder eins hinten drauf. Aber richtig böse ist ihnen dann doch keiner, weil Jungen sich eben nicht alles gefallen lassen dürfen, weil sie sonst keine Männer werden, sondern bloß Waschlappen. Und mit Jungen macht, glaube ich, auch keiner DAS. Das ist gut. Aber ich bin schon traurig, daß ich mein Baby nicht haben darf. Ich hätte es schon gern mal im Arm.

Wenn ich es mal im Kinderwagen wo sehe, ob ich es dann erkenne?«

Die Rekonvaleszenz-Zeit in der Klinik – jener Privatklinik übrigens, welche Marie-Claires Frauenarzt bereits ihrem Vater gegenüber einmal ins Gespräch gebracht hatte – wurde für das Mädchen zu einer echten und dringend benötigten Schonfrist.

Die zwischenzeitlich abgeschlossenen Ermittlungen der Polizei deckten sich mit den Erkenntnissen des Jugendamtes und Marie-Claires Anschuldigung. Der Staatsanwalt erhob Anklage gegen Marie-Claires Vater wegen des dringenden Tatverdachtes auf sexuellen Mißbrauch.

Die rechtliche Seite

Ehe Marie-Claire mit der Fortsetzung ihres Tagebuchs erneut selbst zu Wort kommt, ein Kommentar zu den gesetzlichen Aspekten unseres Themas. Gerhard Clauss, erfahrener Anwalt und besonders den Opfern einer kriminellen Handlung verbunden, hat ihn verfaßt:

Wenn wir uns aus juristischer Sicht mit der Inzestproblematik befassen wollen, müssen wir unser Augenmerk zunächst auf den gesetzlichen Tatbestand richten.

Der Inzest – oder wie der Gesetzgeber in einer etwas antiquiert anmutenden Form formuliert ›Beischlaf zwischen Verwandten‹ – verbietet vor allem den Geschlechtsverkehr mit einem leiblichen Abkömmling. Von dieser Zielrichtung ausgehend, könnte man also annehmen, daß es sich bei dem Inzest um ein Sittlichkeitsdelikt und damit um eine spezifische sexualstrafrechtliche Verbotsnorm handelt. Bei genauerer Betrachtung der Gesetzesdynamik des Strafgesetzbuches finden wir diese Vermutung allerdings nicht bestätigt. Das Verbot des Inzests regelt unsere Rechtsordnung nämlich nicht in jenem Abschnitt des Strafgesetzbuches, der den Katalog der Straftaten gegen die sexuelle Selbstbestimmung (wie etwa Vergewaltigung und dergleichen) zum Inhalt hat.

Vielmehr ist der Inzest in § 173 StGB geregelt und damit im zwölften Abschnitt des Strafgesetzbuches behandelt, der mit der Überschrift ›Straftaten gegen den Personenstand, die Ehe und Familie‹ betitelt ist. In diesem relativ kurzen Abschnitt ist beispielsweise auch die Verletzung der Unterhaltspflicht und die Verstöße gegen die Fürsorge- und Erziehungspflicht sowie die Doppelehe geregelt.

Aufgrund dieses ›Standortes‹ der Inzestverbotsnorm wird bereits deutlich, daß es dem Gesetzgeber bei dem geschützten Rechtsgut in erster Linie um die Integrität von Ehe und Familie ging. Dieses Schutzbestreben wird auch aus den einschlägigen Materialien – insbesondere aus den Protokollen über die Beratung und Gesetzeslesungen im Bundestag – deutlich.

Selbstverständlich geht es auch um die körperliche und seelische Integrität des zumeist minderjährigen Inzestopfers.

Der Wortlaut des § 173 StGB:

§ 173 StGB Beischlaf zwischen Verwandten

I Wer mit einem leiblichen Abkömmling den Beischlaf vollzieht, wird mit Freiheitsstrafe bis zu drei Jahren oder mit Geldstrafe bestraft.

II Wer mit einem leiblichen Abkömmling aufsteigender Linie den Beischlaf vollzieht, wird mit einer Freiheitsstrafe bis zu zwei Jahren oder mit einer Geldstrafe bestraft; dies gilt auch dann, wenn das Verwandtschaftsverhältnis erloschen ist. Ebenso werden leibliche Geschwister bestraft, die miteinander den Beischlaf vollziehen.

III Abkömmlinge und Geschwister werden nicht

nach dieser Vorschrift bestraft, wenn sie zur Zeit der Tat noch nicht achtzehn Jahre alt waren.

Tathandlung ist also, wie es das Gesetz nennt, der Beischlaf. Wir wollen nun, wie es juristischer Manier entspricht, die in dem Gesetzestext vorkommenden Begriffe, die sogenannten Tatbestandsmerkmale kurz definieren.

Wenn das Gesetz von Beischlaf spricht, meint es also den vollständigen Vollzug des Geschlechtsverkehrs. Das Gesetz regelt im wesentlichen zwei unterschiedliche Tatbestände, an die auch eine unterschiedlich hohe Strafandrohung geknüpft ist.

Wenn in Absatz I vom ›leiblichen Abkömmling‹ die Rede ist, meint das Gesetz die Konstellation, daß sich z. B. der Vater an seiner leiblichen Tochter und damit an einer Verwandten absteigender Linie vergreift. Das Gesetz definiert den Verwandtenbegriff daher stets aus der Sicht des strafrechtlich relevanten Initiators.

Auffallend ist, daß der Absatz II der eben zitierten Bestimmung eine niedrigere Strafandrohung hat. Dies liegt daran, daß bei diesem Teil des Tatbestandes die kriminelle Energie vom Abkömmling selbst ausgeht, weil das Gesetz hier mit dem Begriff des ›leiblichen Verwandten aufsteigender Linie‹ arbeitet. Neben der wohl am häufigsten vorkommenden Vater-Tochter-Beziehung werden daher noch folgende denkbare Konstellationen von dem § 173 StGB erfaßt: Mutter–Sohn; Großvater–Enkelin; Urgroßvater–Urenkel sowie die wohl seltene Beziehung zwischen Großmutter und Enkel.

Aber auch leibliche Geschwister untereinander werden nach dieser Norm bestraft, sofern sie miteinander den Beischlaf vollziehen. Von dieser Strafandrohung sind lediglich solche Abkömmlinge und Geschwister ausgenommen, welche im Tatzeitpunkt das Volljährigkeitsalter noch nicht vollendet hatten, weil der

Gesetzgeber hier von der fehlenden Reife des Minderjährigen ausgeht.

In der einschlägigen kriminalwissenschaftlichen Literatur finden sich übereinstimmende Vermutungen, daß die Dunkelziffer, also die Anzahl der nicht zur Strafanzeige gebrachten Verstöße dieser Art, sehr beträchtlich ist.

Beispielsweise erfolgten in der Bundesrepublik Deutschland im Jahre 1965 insgesamt nur 111 Verurteilungen wegen Inzests. Die Anzahl der abgeurteilten Fälle lag in den 80er Jahren deutlich höher, wobei verläßliches Zahlenmaterial insbesondere deshalb nicht vorliegt, weil sich nicht alle Bundesländer an den statistischen Erhebungen beteiligt haben. Aus der kriminalwissenschaftlichen Literatur zu diesem Problemkreis wird jedoch erkennbar, daß die Dunkelziffer, also die Anzahl der nicht zur Strafanzeige gebrachten Delikte, erschreckend hoch ist. Im Vergleich zu den abgeurteilten Fällen wird die Zahl der unentdeckt bleibenden Delikte auf etwa 1:1000 geschätzt. Manche Kriminologen vermuten, daß diese Zahl sogar höher anzusetzen ist.

Die Größe dieses Dunkelfeldes überrascht uns auf den ersten Blick, weil doch der normal empfindende Mensch, auch ohne daß es eines gesetzlichen Tatbestandes bedarf, vor der Inzestschranke halt macht.

Die Dunkelziffer wird aber auch dadurch begünstigt, daß sich die Tat zumeist innerhalb der Familie und damit in der kleinsten Zelle des Staates abspielt. Der Inzesttatbestand hat zumeist, oder sagen wir zunächst, keine Außenwirkung, wie beispielsweise eine Straftat, die gegen fremdes Vermögen gerichtet ist. Hinzu kommt das besondere Abhängigkeitsverhältnis, welches zwischen dem Inzestopfer und dem Täter eigentlich regelmäßig besteht. Denn der Vater ist es ja, der nach den familienrechtlichen Vorschriften ebenso wie die Kindesmutter zur Personenfrage berufen ist und das minderjährige Kind nach außen hin vertritt. Hinzu kommen aber Angst, Scham und sonstige im seelischen Bereich liegende Hemmschwellen, die eine solche Tat im dunkeln bleiben lassen.

Erst durch eine Strafanzeige fällt Licht in die oft verschwiegene familiäre Dunkelheit. Es sind nur wenige Fälle bekannt, in denen die Ermittlungsbehörden von Amts wegen tätig werden. Dies können naturgemäß auch nur solche Fälle sein, in denen die staatlichen Ermittlungsorgane auf offiziellem Weg Kenntnis einer derartigen Straftat erhalten. Immerhin sind aber solche Fälle denkbar, in denen entsprechende tatspezifische Hinweise z. B. von der Klassenlehrerin oder dem Leiter einer kirchlichen Jugendgruppe und dergleichen kommen.

Es können natürlich auch andere Verwandte sein, die von der schweren seelischen Not des Kindes Kenntnis haben und die dann auf diese Weise den Stein der Ermittlungen ins Rollen bringen.

Nun wollen wir kurz auf das Ermittlungsverfahren eingehen. Wie der § 158 der Strafprozeßordnung normiert, kann die Anzeige einer Straftat bei der Staatsanwaltschaft, den Behörden und Beamten des Polizeidienstes und sogar bei den Amtsgerichten mündlich oder schriftlich angebracht werden.

Die Minderjährigkeit des verletzten Kindes steht der Erstattung einer solchen Strafanzeige nicht im Wege. Es sei ausdrücklich darauf hingewiesen, daß auch eine **vertrauliche Anzeige** zulässig ist.

Gerade bei diesen sensiblen Verfahrensgegenständen kommt es auf ein hohes Maß an Einfühlungsvermögen des betreffenden Beamten an. In fast allen, kleineren und größeren Städten sowie in den entsprechenden Landkreisen sind bei der Kriminalpolizei **Fachkommissariate** vorhanden, die zumeist auch mit weiblichem Personal besetzt sind. Denn die Erfahrung zeigt, daß es einem verletzten Mädchen um einiges leichter fällt, sich einer Frau als Vernehmungsperson anzuvertrauen.

Aber auch bei zugesicherter Vertraulichkeit der Anzeige müssen die Ermittlungen nun aufgenommen werden, denn die Strafprozeßordnung bestimmt, daß Polizei und Staatsanwaltschaft den strafrechtlich relevanten Sachverhalt zu erforschen haben, sobald ein sog. Anfangsverdacht vorliegt. Dies wiederum führt in dem engen sozialen Bezugsrahmen der Familie zu einer regelrechten Zerreißprobe. Hierbei wird die Tochter regelmäßig in eine **Konfliktsituation** mit beiden Elternteilen gestürzt, die sie nur schwer bewältigen kann. Natürlich nimmt das Verhalten der Kindesmutter erheblichen Einfluß auf den Gang der Ermittlungen. Leider ist es nicht in allen Fällen so, daß sich die Mutter schützend vor die Tochter stellt. Man braucht nur daran zu denken, daß der Vater, der sich nun im Fadenkreuz der Ermittlungen befindet, erheblichen Druck auf seine Ehefrau und die Restfamilie ausüben kann. Damit ist es dem Vater auch möglich, wichtige Beweismittel zu verschleiern.

Gegenstand des nun eingeleiteten Ermittlungsverfahrens ist im wesentlichen die Sicherung von Beweisen und Beweismitteln. Nach geltendem Strafrecht kann der Beschuldigte zunächst eine im Gesetz verankerte Unschuldsvermutung für sich in Anspruch nehmen. Er ist bereits hier ausgestattet mit gewissen Rechten. Nachdem ihm eröffnet wurde, welcher Straftat er verdächtig erscheint, hat er beispielsweise auch das Recht zu schweigen, denn die Rechtsverordnung erwartet nicht, daß sich der Beschuldigte selbst belastet.

Er kann sogar von der Möglichkeit Gebrauch machen, den Schuldvorwurf in vollem Umfang in Abrede zu stellen, indem er von der Lüge Gebrauch macht. Die zuständige Staatsanwaltschaft, welche das Ermittlungsverfahren in Zusammenarbeit mit der Kriminalpolizei leitet, ist im Strafprozeßrecht auch zur Objektivität verpflichtet. Dies bedeutet, daß der sachbearbeitende Staatsanwalt auch die entlastenden Merkmale zu prüfen hat und den gegebenenfalls vorgebrachten Schutzbehauptungen des Beschuldigten nachzugehen ist.

Wir wollen uns vor Augen halten, daß das Kind im Gegensatz zum Beschuldigten unter einer Wahrheitsverpflichtung steht und sich gegebenenfalls – sofern bereits Strafmündigkeit vorliegt – strafbar macht, wenn es eine falsche Verdächtigung bei der Polizei protokollieren läßt.

Wenn die Ermittlungen abgeschlossen sind, trifft die Staatsanwaltschaft eine sog. Schlußentscheidung. In Fällen der vorliegenden Art ist davon auszugehen, daß Anklage erhoben wird.

Der Staatsanwalt fertigt also eine Anklageschrift und übergibt den gesamten Ermittlungsvorgang urschriftlich mit Akten dem zuständigen Gericht. Damit geht die Verfahrensherrschaft auf das Gericht und damit auf ein Organ rechtsprechender Gewalt über.

Das Gericht verfügt nun die Zustellung der Anklageschrift an den Beschuldigten und auch an dessen Verteidiger. Nachdem das Gericht die Eröffnung des Hauptverfahrens auf Antrag der Staatsanwaltschaft beschlossen haben wird, steht in der späteren Hauptverhandlung wiederum das Kind im Mittelpunkt des prozessualen Geschehens. Denn das Kind ist der wichtigste Beweismittel der Anklage und insoweit zum Erscheinen bei Gericht verpflichtet. Dies hängt natürlich davon ab, wie sich der Beschuldigte im Laufe des Ermittlungsverfahrens zur Sache eingelassen hat. Sollten wir es mit dem Sonderfall zu tun haben, daß der Beschuldigte den Vorwurf unumwunden einräumt, wäre eine zeugenschaftliche Vernehmung des verletzten Kindes überflüssig.

Die Erfahrung zeigt jedoch, daß wir es fast durchweg mit einem bestreitenden Angeklagten zu tun haben. Wir erleben Angeklagte, die den Schuldvorwurf völlig bestreiten und sogar behaupten, die Initiative zu der Inzesthandlung sei von dem Mädchen selbst ausgegangen. Es ist nahezu erschütternd zu erleben, auf welche Weise sich der Angeklagte zu entlasten versucht. Hier scheint jedes Mittel recht zu sein, wobei regelmäßig hinzukommt, daß sich der erwachsene Angeklagte eben aufgrund seines Lebensalters besser auszudrücken vermag und insoweit gegenüber dem verletzten Kind einen gewaltigen Vorsprung hat.

Die Erfahrung zeigt weiter, daß der Angeklagte, der ein unmittelbares Fragerecht an die Zeugin hat, unter Umständen Fragen nach dem genauen Zeitpunkt und der genauen Örtlichkeit der Handlungen stellt, die das Kind, auch wegen der Länge der inzwischen verflossenen Zeit, nicht exakt beantworten kann. Oft sind es auch die Strafverteidiger, die das minderjährige Kind im Zeugenstand mit Fragen überfordern. Hinzu kommt, daß sich das Kind vor einer ihm völlig fremden Kulisse befindet. Dem Kind stellt sich nämlich das Geschehen vor Gericht – das Warten auf den Fluren, das Hereinrufen durch einen uniformierten Wachtmeister, die Vernehmung in einem großen Saal mit hohen Stühlen und Tischen im Angesicht mehrerer Amtspersonen – als besonders dramatisch dar.

Dieser Eindruck wird noch durch die schwarzen Roben der Richter, des Staatsanwaltes und des Verteidigers unterstrichen. Um diese Situation für eine minderjährige Zeugin erträglicher zu machen, kennt das Gesetz einige Erleichterungsmöglichkeiten. Vom Grundsatz her ist das Verfahren stets öffentlich, weil ja auch das spätere Urteil ›im Namen des Volkes‹ verkündet wird. Nach den einschlägigen Normen des

Gerichtsverfassungsgesetzes kann das Gericht jedoch für die Verhandlung oder zumindest für einen Teil davon die Öffentlichkeit ausschließen, wenn ›eine Person unter sechzehn Jahren vernommen wird‹ *(3172 Nr. 4 GVG)*.

Aber auch nach Ziffer 2 der eben zitierten Bestimmung ist ein Öffentlichkeitsausschluß möglich, wenn Umstände aus dem ganz persönlichen Lebensbereich des Opfers zur Sprache kommen. Auch diese Voraussetzung ist regelmäßig zu bejahen, eben weil der Beweisgegenstand Dinge aus der Privat- und sogar aus der Intimsphäre zum Inhalt hat.

In diesem Zusammenhang sei auch erwähnt, daß die Vernehmung von Zeugen unter 16 Jahren alleine vom Vorsitzenden durchgeführt wird *(3241 a StPO)*.

Hierdurch soll verhindert werden, daß das Kind in dieser starken psychischen Anspannungssituation Fragen von mehreren Vernehmungspersonen zu beantworten hat. Allerdings kann der Vorsitzende nach seinem pflichtgemäßen Ermessen auch eine unmittelbare Befragung anderer Personen zulassen, sofern ein Nachteil für das Wohl des Zeugen nicht zu befürchten ist.

Aus meiner Sicht empfiehlt sich aber, daß sich das verletzte Kind dem Strafverfahren in der Rolle der **Nebenklage** anschließt. Nach gängiger Definition wird die verletzte Person durch den Nebenklageanschluß zu einem Prozeßsubjekt auf der Aktivseite des Verfahrens. Dies bedeutet, daß das nun ebenfalls anwaltlich vertretene Kind in unmittelbarer Nähe des Staatsanwalts eine Art von Parteirolle wahrnimmt. Diesen Weg halte ich schon deshalb für geboten, weil dann auch **Akteneinsicht** möglich ist. Wir wollen uns nämlich vergegenwärtigen, daß der Angeklagte über seinen Verteidiger einen gesetzlichen Anspruch auf Akteneinsicht hat. Er kennt also sämtliche im Ermittlungsverfahren protokollierten Zeugenaussagen; ihm sind auch evtl. gutachterliche Stellungnahmen bekannt. Mithin kann er seine Verteidigungsstrategie hierauf einrichten.

Das Kind hingegen ist als schlichte Beweisperson ohne jede Informationsquellen. Das verletzte Kind weiß somit eigentlich gar nicht, wie sich der Angeklagte im Verlauf des Ermittlungsverfahrens zur Sache eingelassen hat und welches Verteidigungskonzept er in Absprache mit seinem Strafverteidiger verfolgt. Gerade durch die Akteneinsicht wird der Informationsvorsprung des Angeklagten ausgeglichen, so daß beide, also Vater und Tochter, die Hauptverhandlung mit einem in etwa gleichen Informationsstand beginnen.

Natürlich bleibt das Kind, auch wenn es Nebenkläger ist, in erster Linie Beweisperson und ist als solche zur wahrheitsgemäßen Bekundung seiner Erlebnisse verpflichtet.

In dieser Rolle wird vom Opfer verlangt, daß es so objektiv wie nur möglich über den Geschehensablauf berichtet, so als habe das geschädigte Kind beispielsweise einen Verkehrsunfall beobachtet und soll nun aussagen, welches Fahrzeug von links bzw. von rechts gekommen ist.

An dieser Stelle gewinnt auch das **Opferschutzgesetz** an Bedeutung. Hierbei handelt es sich um eine Gesetzesnovelle zur Strafprozeßordnung, die mit Wirkung zum 1. April 1987 in Kraft getreten ist.

Hierdurch wurde die Rechtsstellung des Verletzten im Strafverfahren wesentlich ausgeweitet und verbessert. Dieses Opferschutzgesetz regelt die verschiedenen Tatbestände, die sich nicht nur auf den Gang der gerichtlichen Hauptverhandlung beziehen.

Vielmehr kann der Verletzte, sofern er im Laufe des Ermittlungsverfahrens schon vernommen wird, bei dieser Vernehmung im Beistand einer Vertrauensperson erscheinen. Dies sichert dem verletzten Kind eine

Art psychischer Beistandschaft, die es meines Erachtens auch dringend benötigt. Aber auch in der gerichtlichen Hauptverhandlung – selbst wenn ein Nebenklageanschluß unterbleibt – ist eine sog. Verletztenbeistandschaft möglich. Diese Funktion kann allerdings nach der gesetzlichen Wertung nur von einem Rechtsanwalt ausgeübt werden, dem dann die Anwesenheit während der Zeugenvernehmung vor Gericht gestattet ist.

Auch dies schafft eine spürbare Erleichterung für den betroffenen Personenkreis. Nach dem bereits genannten Opferschutzgesetz kann sich das nach § 173 StGB verletzte Kind dem Strafverfahren in der beabsichtigen Rolle der Nebenklage allerdings nur über einen Umweg anschließen.

Denn die Bestimmung des § 173 StGB gehört nicht zu dem Kreis nebenklagefähiger Delikte. Bei genauerer Analyse des Inzestbestandes stellen wir aber fest, daß dieses Delikt häufig mit dem Vergehen der Körperverletzung und auch der tätlichen Beleidigung einhergeht. Diese beiden jetzt beispielhaft genannten Randdelikte ermöglichen aber den Zugang zum Verfahren in der Rolle der Nebenklage. Dies sollte tunlichst schon bei der Strafanzeige bedacht werden, weil die beiden eben zitierten Straftatbestände sog. **Antragsdelikte** darstellen.

Auf jeden Fall ist es ratsam, wenn sich das verletzte Kind selbst oder durch eine Mittelsperson einem Rechtsanwalt anvertraut, der strafrechtlich oder besser noch opferschutzrechtlich tätig ist.

Im übrigen haben die Bundesländer seit dem Inkrafttreten des Opferschutzgesetzes (1. 4. 1987) **Merkblätter** herausgegeben, die dem Anzeigeerstatter bei der Protokollierung der Strafanzeige ausgehändigt werden und die ihn über seine spezifischen Opferrechte informieren *(s. nachfolgendes Dokument)*.

Da das verletzte Kind in aller Regel sowohl einkommens- als auch vermögenslos sein wird, eröffnen sich hier die Möglichkeiten einer Prozeßkostenhilfe. Dies bedeutet, daß der in der Opferbetreuung tätige Rechtsanwalt einen **Gebührenerstattungsanspruch** gegenüber der Staatskasse hat. Dies muß jedoch für jeden Einzelfall gesondert beantragt werden, wobei eine ›Erklärung über die persönlichen und wirtschaftlichen Verhältnisse‹ vorzulegen ist.

Abschließend sei darauf hingewiesen, daß es sich der gemeinnützige Verein ›WEISSER RING eV‹ zur Aufgabe gemacht hat, sich den schutzwürdigen Belangen von Kriminalitätsopfern anzunehmen. Der WEISSE RING ist ein Verein, der im Jahre 1976 von dem bekannten Fernsehjournalisten Eduard Zimmermann gegründet wurde. Erfreulicherweise hat der Verein mit seinen humanitären Zielsetzungen einen beachtlichen Zuspruch in der Bevölkerung gefunden und zählt mittlerweile ca. 30000 Mitglieder. Hiervon sind etwa 1000 Mitglieder bundesweit als ehrenamtliche Mitarbeiter in der praktischen Opferhilfe tätig. In der Bundesrepublik Deutschland einschließlich des Landes Berlin unterhält der Verein zur Zeit etwa 220 Außenstellen und ist damit flächendeckend in fast allen Städten und Landkreisen durch eine solche Außenstelle vertreten. Hier erfahren die Kriminalitätsopfer Rat und Hilfe in vielfältiger Weise.

MERKBLATT
über Rechte und Befugnisse von Verletzten im Strafverfahren

I. Sie können sich im Strafverfahren jederzeit des Beistandes eines Rechtsanwalts bedienen oder sich durch einen solchen vertreten lassen; achten Sie wegen der Kosten bitte auf Abschnitt III. Dem Rechtsanwalt ist bei Ihrer Vernehmung durch das Gericht oder die Staatsanwaltschaft die Anwesenheit gestattet. Unabhängig hiervon kann bei jeder Vernehmung (auch durch die Polizei) die Anwesenheit einer Person Ihres Vertrauens gestattet werden, wenn Sie dies beantragen.

Sie können beantragen, daß Ihnen, falls es zu einem gerichtlichen Verfahren kommt, dessen Ergebnis mitgeteilt wird. Falls Sie ein berechtigtes Interesse darlegen, können Ihnen auf Antrag Auskünfte und Abschriften aus den Akten erteilt werden. In die Verfahrensakten einsehen oder Beweisstücke besichtigen kann jedoch nur ein von Ihnen beauftragter Rechtsanwalt.

II. Über die in Abschnitt I dargelegten Befugnisse hinaus stehen Ihnen weitere Rechte zu, wenn Sie durch eine Straftat gegen

- die sexuelle Selbstbestimmung (§§ 174, 174a, 174b, 176, 177, 178, 179, 180 und 181 des Strafgesetzbuches),
- die persönliche Ehre (§§ 185, 186, 187, 187a und 189 des Strafgesetzbuches),
- das Leben oder die körperliche Unversehrtheit (§§ 211, 212, 221, 223, 223a, 223b, 224, 225, 229, 230 und 340 des Strafgesetzbuches), im Falle der fahrlässigen Körperverletzung gemäß § 230 des Strafgesetzbuches allerdings nur unter besonderen Umständen, namentlich bei schweren Folgen der Tat,
- die persönliche Freiheit (§§ 234, 234a, 237, 239 Abs. 2, §§ 239a und 239b des Strafgesetzbuches),
- gewerbliche Schutzrechte

verletzt worden sind oder zu den Eltern, Kindern oder Geschwistern eines durch eine rechtswidrige Straftat Getöteten zählen oder dessen Ehegatte sind.

In diesen Fällen hat Ihr Rechtsanwalt grundsätzlich das Recht auf Anwesenheit auch dann, wenn der Richter einen anderen als Sie vernimmt oder den Augenschein einnimmt oder wenn in einer Hauptverhandlung die Öffentlichkeit ausgeschlossen ist. Außerdem brauchen Sie für Auskünfte und Abschriften aus den Akten ein berechtigtes Interesse nicht darzulegen.

Schließlich können Sie sich der von der Staatsanwaltschaft erhobenen Klage als Nebenkläger anschließen und haben dann noch weitere prozessuale Rechte.

III. Die Kosten für einen von Ihnen in Anspruch genommenen Rechtsanwalt müssen Sie im Regelfall selbst tragen.

Gehören Sie zu den Verletzten nach Abschnitt II. gilt folgendes:

Für die Hinzuziehung eines Rechtsanwaltes kann Ihnen auf Antrag Prozeßkostenhilfe bewilligt werden. Voraussetzung dafür ist allerdings, daß

- Sie nach Ihren persönlichen und wirtschaftlichen Verhältnissen die Kosten für den Rechtsanwalt nicht, nur zum Teil oder nur in Raten aufbringen können,
- die Sach- und Rechtslage schwierig ist und Sie Ihre Interessen ohne Rechtsanwalt nicht ausreichend wahrnehmen können oder Ihnen dies nicht zuzumuten ist.

Auch schon vor Bewilligung von Prozeßkostenhilfe können Sie beantragen, daß Ihnen einstweilen unentgeltlich ein Rechtsanwalt als Beistand bestellt wird, und zwar insbesondere, wenn Sie Opfer einer Straftat gegen die sexuelle Selbstbestimmung geworden sind.

Wird der Beschuldigte wegen einer gegen Sie gerichteten Straftat verurteilt, muß er im Regelfall die Ihnen entstandenen Kosten tragen.

IV. Anträge zur Ausübung Ihrer vorstehend genannten Rechte können Sie selbst bereits anläßlich Ihrer Vernehmung zu den Akten erklären.

Sie können die Anträge auch gesondert selbst oder durch Ihren Rechtsanwalt schriftlich oder mündlich bei der Staatsanwaltschaft oder dem Gericht stellen, bei dem das Verfahren anhängig ist. Bei den Amts- und Landgerichten und den Staatsanwaltschaften sind Vordrucke für den Antrag auf Bewilligung von Prozeßkostenhilfe erhältlich. Es wird dringend gebeten, in einem schriftlichen Antrag nach Möglichkeit das Aktenzeichen der Staatsanwaltschaft, notfalls die polizeiliche Tagebuchnummer sowie Vor- und Nachname des Beschuldigten anzugeben.

Das Verfahren, in dem Ihnen dieses Merkblatt ausgehändigt wurde, führt bei a) der (Polizeidienststelle) in die Tagebuchnummer b) der Staatsanwaltschaft in das Aktenzeichen

Wenn davon die Rede ist, daß die Staatsanwaltschaft nach Beendigung der Ermittlungen Anklage bei Gericht erhebt, so stellt sich zwangsläufig die Frage, welches Gericht – also welcher Spruchkörper innerhalb der Justiz – zur Entscheidung berufen ist.

Die Gerichte in Strafsachen sind sog. Organe der Strafrechtspflege, deren Zuständigkeit im Gerichtsverfassungsgesetz im einzelnen geregelt ist. Hier wird zwischen Amtsgericht – Landgericht – Oberlandesgericht und Bundesgerichtshof unterschieden.

Das Tätigwerden dieser Gerichte ist an verschiedene sachliche, örtliche und auch funktionelle Zuständigkeitsvoraussetzungen geknüpft.

Auf der Stufe des Amtsgerichts z. B. entscheidet entweder der Strafrichter (ein Berufsrichter als Einzelrichter) oder das Schöffengericht (besetzt mit einem Berufsrichter und zwei Laienrichtern, den Schöffen). Der Einzelrichter ist hierbei für Vergehenstatbestände aus dem Bereich der leichten Kriminalität zuständig. Er entscheidet also unter anderem über folgende Delikte: Ladendiebstahl, einfache Körperverletzung, Sachbeschädigung, Beleidigung, kleinere Betrugsfälle und dergleichen. Der Amtsrichter als Einzelrichter hat für seinen Zuständigkeitsbereich eine Strafkompetenz von maximal **einem** Jahr Freiheitsstrafe.

Natürlich kann er auch eine Geldstrafe aussprechen, sofern das jeweilige Strafgesetz eine solche Rechtsfolge vorsieht.

Nun zum Schöffengericht. Hier haben wir es mit einem Spruchkörper zu tun, der mit einer Strafkompetenz von drei Jahren Freiheitsstrafe ausgerüstet ist. Mithin entscheidet das Schöffengericht schon über Fälle der mittleren Kriminalität und damit in solchen Fällen, in denen die Strafgewalt des Einzelrichters zur Ahndung der angeklagten Tat nicht mehr ausreichen würde.

Das Landgericht schließlich ist erstinstanzlich mit jenen Strafsachen befaßt, die eine noch höhere Strafsanktion oder die Unterbringung des Täters in einem psychiatrischen Krankenhaus bzw. in der Sicherungsverwahrung erwarten lassen.

Die große Strafkammer des Landgerichts ist mit drei Berufsrichtern und zwei Schöffen besetzt. Hier werden im wesentlichen die Verbrechenstatbestände verhandelt. Als sogenanntes Schwurgericht entscheidet dieser Spruchkörper, um nur einige Delikte zu nennen, über die Verbrechen

- des sexuellen Mißbrauchs von Kindern mit Todesfolge
- der Vergewaltigung mit Todesfolge
- des Mordes und des Totschlags
- der Kindestötung
- der Aussetzung mit Todesfolge
- des erpresserischen Menschenraubs mit Todesfolge
- der Geiselnahme mit Todesfolge

und über viele andere Verbrechen mehr, die sämtlich in der Bestimmung des § 74 Abs. 2 GVG enumerativ genannt sind.

Unabhängig hiervon sind die Landgerichte aber auch dann zuständig, wenn die Staatsanwaltschaft wegen der besonderen Bedeutung des Falles Anklage beim Landgericht erhebt.

Die mit drei Berufsrichtern besetzten Strafsenate bei den Oberlandesgerichten entscheiden nach der ›Geschäftsverteilung‹ des Gerichtsverfassungsgesetzes vor allem bei politisch motivierten Straftaten, so z. B. in Fällen des Friedensverrates, des Hoch- und Landesverrates sowie bei Völkermord.

Schließlich entscheiden die jeweils mit fünf Berufsrichtern besetzten Strafsenate des Bundesgerichtshofes in Karlsruhe als Revisionsinstanz. Zu den Begriffen ›Berufung‹ und ›Revision‹ später mehr.

Zunächst kommen wir nochmals kurz auf die vorhin erwähnte Anklage durch die Staatsanwaltschaft zurück. Der mit den Ermittlungen befaßte Staatsanwalt wird sich nun überlegen, welche Bestrafung die jeweils vorliegende Tat in etwa nach sich ziehen wird, denn hiernach richtet sich schließlich die sachliche Zuständigkeit des Gerichts.

Vergegenwärtigen wir uns noch einmal den gesetzlichen Tatbestand des § 173 StGB. In Absatz 1 dieser Norm wird eine Freiheitsstrafe von bis zu drei Jahren oder Geldstrafe angedroht. Absatz 2 enthält ein reduziertes Höchststrafmaß von zwei Jahren. Die gleiche Strafandrohung gilt auch für leibliche Geschwister, die miteinander den Beischlaf vollziehen.

In keiner der beiden Alternativen ist also eine höhere Freiheitsstrafe als drei Jahre vorgesehen. Somit ist von der sachlichen Zuständigkeit her das Amtsgericht – und zwar das Schöffengericht – zur Verhandlung und Entscheidung über Inzestfälle berufen.

Ausnahmsweise können aber auch Landgerichte zuständig sein, wenn der Staatsanwalt ›wegen der besonderen Bedeutung des Falles Anklage beim Landgericht erhebt‹ *(§ 24 I Nr. 3 i. V. m. § 74 I S. 2 GVG)*.

Sachlich und funktionell sind aber in der Mehrzahl

der Fälle die Schöffengerichte zuständig. Örtlich zuständig ist zumeist dasjenige Schöffengericht, in dessen Bezirk die Straftat begangen worden ist. Daneben können als weitere Hauptgerichtsstände der Wohnsitz oder auch der ›Ergreifungsort‹ des Beschuldigten in Betracht kommen.

Als Besonderheit sei aber noch folgendes vermerkt. Das Jugendgerichtsgesetz (JGG) enthält nämlich spezielle Vorschriften, welche eben nur diesen Personenkreis betreffen. In unserem Strafsystem entscheiden die Jugendgerichte über die Verfehlung Jugendlicher. So sind bei den Anklagebehörden besondere Jugendstaatsanwälte bestellt worden, die sich hauptsächlich mit Ermittlungsverfahren gegen Jugendliche befassen. Wie § 37 JGG anordnet, sollen die Richter bei den Jugendgerichten und die Jugendstaatsanwälte erzieherisch befähigt und in der Jugenderziehung erfahren sein.

Vom Gerichtsaufbau her gibt es beim Amtsgericht:

Jugendrichter (anstelle des Strafrichters)

Jugendschöffengericht (anstelle des Schöffengerichts).

Korrespondierend hierzu sind bei den Landgerichten anstelle der Strafkammer sog. Jugendkammern eingerichtet worden.

Jugendliche gehören nach der gesetzlichen Definition der Altersklasse zwischen 14 und 18 Jahren an. Mit Vollendung des 18. Lebensjahres tritt sodann die Volljährigkeit ein. Trotz des Erwachsenseins des nun Achtzehnjährigen kennt unser Strafsystem jedoch noch eine weitere Kategorie. Wir sprechen vom ›Heranwachsenden‹ und meinen damit solche Personen, die zwischen 18 und 21 Jahre alt sind. Der Heranwachsende, der in strafrechtlich relevanter Weise in Erscheinung tritt, kann nun damit rechnen, daß die meisten, von der Sanktion her sehr günstigen Strafnormen des Jugendstrafrechts auch auf ihn angewandt werden. Dies sieht § 105 JGG nämlich dann vor, wenn die Gesamtwürdigkeit der Persönlichkeit des Täters bei Berücksichtigung auch der Umweltbedingungen ergibt, daß er zur Zeit der Tat nach seiner sittlichen und geistigen Entwicklung noch einem Jugendlichen gleichstand oder es sich nach der Art, den Umständen oder den Beweggründen der Tat um eine Jugendverfehlung handelt.

Wir sehen also, daß der Gesetzgeber den Bogen des sehr milden Jugendstrafrechts recht weit gespannt hat. Zur Aburteilung Jugendlicher und Heranwachsender stellt der Staat besondere mit der Jugendpflege befaßte Spruchkörper bereit und nimmt eben, übrigens auch durch die sogenannte Jugendgerichtshilfe, in vielfältiger Weise auf die Belange Jugendlicher Rücksicht.

Versetzen wir uns nun wieder in den strafbaren Bereich der Vater-Tochter-Beziehung. Hier ist der Täter ein Erwachsener, der naturgemäß nicht vor ein Jugendgericht gestellt wird. Hiervon gibt es jedoch eine wichtige Ausnahmeregelung, die in der Praxis sehr häufig vorkommt.

Geregelt ist dieser Sonderfall in § 26 des Gerichtsverfassungsgesetzes:

›Für Straftaten Erwachsener, durch die ein Kind oder ein Jugendlicher verletzt oder unmittelbar gefährdet wird, sowie für Verstöße Erwachsener gegen Vorschriften, die dem Jugendschutz oder der Jugenderziehung dienen, sind neben den für allgemeine Strafsachen zuständigen Gerichte auch die Jugendgerichte zuständig. Die §§ 24 und 25 gelten entsprechend.

In Jugendschutzsachen soll der Staatsanwalt Anklage bei den Jugendgerichten nur erheben, wenn in dem Verfahren Kinder oder Jugendliche als Zeugen benötigt werden oder wenn aus sonstigen Gründen eine Verhandlung vor dem Jugendgericht zweckmäßig erscheint.‹

Wir sehen also, daß der Staatsanwalt im Falle der Minderjährigkeit der Hauptbelastungszeugin durchaus Klage bei einem Jugendschöffengericht erheben kann. Dieses Gericht wird dann als sogenanntes Jugendschutzgericht bezeichnet, eben weil die Verhandlung vor diesem besonderen Gericht, welches sich normalerweise nur mit jugendlichen oder heranwachsenden Angeklagten befaßt, dem Schutz der jugendlichen Opferzeugin dient.

Insbesondere kommt dem Inzestopfer hier die besondere Erfahrung des Gerichts im Umgang mit Jugendlichen zugute. Auch führt dies in aller Regel vorhandene Einfühlungsvermögen in die Psyche eines Jugendlichen zu einem besseren ›Hineinfühlen‹ in die besondere Problemsituation des noch nicht erwachsenen Zeugen.

Nun noch einige Anmerkungen zu den Rechtsmitteln. Gehen wir von dem häufigsten Fall aus und nehmen an, ein Jugendgericht (bzw. ein Jugendschöffengericht) hat erstinstanzlich entschieden. Gegen dieses Urteil kann der Angeklagte binnen einer einwöchigen Frist das Rechtsmittel der Berufung zum Landgericht einlegen. Einem Begründungszwang unterliegt die Berufungsschrift nicht.

Jetzt wird eine große Strafkammer des Landgerichts mit der Sache befaßt und damit ein zweitinstanzlicher Spruchkörper, der mit drei Berufsrichtern sowie zwei Schöffen besetzt ist. Der ganze Fall wird noch einmal neu aufgerollt und zwar einschließlich der Beweisaufnahme. Die Opferzeugin ist also auch hier zum Erscheinen bei Gericht verpflichtet und wird erneut vernommen.

Gegen das **Berufungsurteil** kann der Angeklagte mit dem Rechtsmittel der **Revision** vorgehen. Hier ist ebenfalls eine einwöchige Einlegungsfrist vorgeschrieben.

Zuständig wird in diesem Fall der mit drei Berufsrichtern besetzte Strafsenat des Oberlandesgerichts. Die Revision unterliegt allerdings einem sehr strengen Begründungszwang. Zur Anfertigung der Revisionsbegründungsschrift wird dem Angeklagten bzw. seinem Verteidiger eine Frist von einem Monat eingeräumt. Diese Frist beginnt ab Einlegung des Rechtsmittels bzw. ab Zustellung des mit Gründen versehenen Berufungsurteils.

Gerhard Clauss,

geb. am 7. 1. 1952, studierte Rechts- und Staatswissenschaften und ist als Rechtsanwalt in Niederdorfelden bei Frankfurt tätig.

Er ist Mitglied im gemeinnützigen Verein WEISSER RING und engagiert sich hier mit vielen anderen Helfern auf ehrenamtlicher Basis für Personen, die von krimineller Gewalt betroffen sind.

Unabhängig davon fühlt er sich auch in seiner Berufsausübung den schutzbedürftigen Belangen der Geschädigten verpflichtet. Insoweit betätigt er sich als sog. ›Opferanwalt‹, um damit jenen beizustehen, die durch eine erlittene Straftat schuldlos auf der Schattenseite stehen.

Das Revisionsgericht ist nun keine Tatsacheninstanz mehr, sondern eine Rechtsinstanz, d. h. das Revisionsgericht prüft nur nach, ob das angefochtene Urteil auf einem Rechtsfehler beruht. Als denkbare Fehlerquellen kommen materielle und formelle Rechtsmängel in Betracht, die auch schon in der Revisionsbegründung gerügt worden sein müssen. Ein Urteil ist z. B. stets als auf einer Verletzung des Gesetzes beruhend anzusehen, wenn das Gericht nicht ordnungsgemäß besetzt war oder seine Zuständigkeit mit Unrecht angenommen hat.

Es ist übrigens auch zulässig, ein amtsgerichtliches Urteil direkt mit der Revision zum Oberlandesgericht anzufechten. Da in einem derartigen Fall die Berufungsinstanz ausgeklammert wird, spricht man auch von der sogenannten Sprungrevision.

Gegen das Urteil des Oberlandesgerichts ist dann kein weiteres Rechtsmittel mehr möglich.

Der Bundesgerichtshof (BGH) in Karlsruhe ist zwar auch – und sogar in erster Linie – Revisionsinstanz. Jedoch entscheidet der BGH nur dann, wenn erstinstanzlich ein Landgericht entschieden hat.

»Vielleicht trägt er Handschellen . . .«

Vom Zeitpunkt der Anzeige durch das Jugendamt bis zum offiziellen Gerichtstermin vergingen etwa neun Monate. Marie-Claire verbrachte sie bei ihren Großeltern und setzte auch ihre Schulausbildung fort. Ihre Klassenkameraden und Lehrer wußten nichts von ihrer Vergangenheit, so daß Marie-Claire die Chance bekam, in ein normales Kinderleben zurückzukehren. Daß dieser Prozeß nur zögernd und von vielen Rückschlägen begleitet war, lag nicht zuletzt an den notwendigen Ermittlungen von Jugendamt und Polizei, deren Eindringlichkeit die Erinnerungen wachhielt. Auch der irgendwann zu erwartende Prozeßbeginn schürte das Vergangene zu immer neuem Leben an, zugleich aber auch die Angst vor einem Wiedersehen mit dem Vater.

Marie-Claire schreibt einmal:

»Wenn Vati ins Gefängnis muß, was wird dann aus Björni und Mama? Bestimmt hassen sie mich, weil alles so gekommen ist. Der Herr Pfarrer sagt, daß Gott mir alles vergeben hat, weil ich ja nicht gewollt habe, daß Vati mit mir Sex macht. Aber Mama vergibt mir nicht. Das weiß ich. Das ist so schlimm. Ich bin doch ihr Kind. Warum schafft sie es nur, mit Vati wieder gut zu sein, wenn sie von mir nichts mehr wissen will? Und warum hetzen sie sogar Björni gegen mich auf? Ich möchte ihn so gern sehen. Aber er darf nicht zu mir. Sie lassen ihn nicht. Vielleicht will er ja selber nicht. Oma sagt, er hätte ihr gesagt, eigentlich müßte ich ins Gefängnis, weil ich so schlecht wäre. Das hätten Vati und Mama auch gesagt. Das tut mir schon weh.

Ich wünschte, ich müßte nie dahin. Vor Gericht! Die Frau vom Jugendamt hat mir zwar erklärt, daß man solche Väter anzeigen muß, daß man nur damit erreichen kann, daß DAS nie mehr passiert. Aber für mich ist Vati einfach immer noch mein Vater. Ich habe ihn immer noch lieb, obwohl er DAS mit mir gemacht hat. Ich habe auch Angst, ihn dort zu sehen.

Vielleicht trägt er Handschellen wie im Film. Oma sagt, bestimmt nicht. Aber sie hat so was ja noch nie erlebt.

Bin ich schuld, wenn er bestraft wird? Vati hat ja gesagt, er hätte nie mit mir Sex gemacht, wenn ich ihn nicht immer angemacht hätte. Aber ich kann doch nicht wirklich was dafür. Ich habe ihn nicht anmachen wollen. Er ist mein Vater!

Ich will eigentlich nicht, daß er ins Gefängnis muß. Ich will nur, daß er mich läßt und DAS nie mehr macht. Und ich will, er soll nie mehr sagen, daß ich eine Hure bin und so. Wo er selber genau weiß, wer mir das Baby gemacht hat. Er soll nicht lügen über mich.

Opa sagt, Vati müßte aber doch ins Gefängnis, weil er ein Sittenstrolch ist und seine Strafe wegkriegen muß. Opa sagt, wo kämen wir denn da hin, wenn einer so was tut und dann noch nicht mal bestraft wird. Er sagt, ich dürfte jetzt nicht daran denken, daß er mein Vater ist, weil er sich wie ein Schwein benommen hat und deshalb kein Recht mehr hat, daß ich ihn achte und ihm helfe. Vielleicht stimmt das ja. Aber ich habe trotzdem Angst, daß Mama und Vati mich nie mehr wollen, weil ich DAS gesagt habe. Ich möchte so gern, daß alles wieder gut und wie früher wäre.«

Die Mutter spielte in diesen letzten Monaten eine eigene besondere Rolle in Marie-Claires Leben. Sie, die während der Zeit des sexuellen Mißbrauchs zeitweilig voll böser Ahnungen und Eifersucht gegenüber Mann und Tochter war, hatte sich vom ersten Tage der Ermittlungen an demonstrativ vor ihren Mann gestellt. Bewußt die Augen vor den Tatsachen verschließend, bedauerte sie ihn als das arme verführte Opfer und verteufelte gleichzeitig die Tochter als böse-verlockende Lilith. Die Schande – denn in ihrem Heimatort sprach zumindest die Nachbarschaft nebst Arbeitskollegen und Freunden über nichts lieber – einer mißratenen Tochter konnte sie scheinbar leichter ertragen als die, mit einem abartig veranlagten, lüsternen und nur zu gern das eigene Kind mißbrauchenden Ehemann geschlagen zu sein. Um diesen Anschein aufrecht zu erhalten, begann die Mutter einen wahrhaft zermürbenden Seelenkrieg gegen Marie-Claire.

Da diese Zuflucht, Verständnis und ein offenes Ohr bei den Großeltern gefunden hatte, versuchte die Mutter, jene gegen die Enkelin einzunehmen. Sie erzählte, was sie von Marie-Claires Vater erfahren hatte. Daß nämlich die Tochter der treibende Keil gewesen sei und sich im übrigen schon früher mit Halbstarken herumgetrieben hatte. Ihre Schwangerschaft sei daher gar nicht sicher von ihrem bedauernswerten, verführten Vater. Dieser reibe sich im übrigen mit Selbstvorwürfen auf. Er habe seine Vaterpflichten immer so ernst genommen, habe sich der Liebe seiner Kinder nie entziehen können und nur darum nicht vermocht, sich Marie-Claires kindlichen Sexspielen zu versagen.

Marie-Claire erfuhr von diesen Bemühungen ihrer Mutter, die Ehre des Ehemannes zu retten, entweder durch die Großmutter, die sie nach solchen Gesprächen zur Rede zu stellen pflegte oder aus zufällig belauschten Diskussionen der Großeltern. Einmal erhielt sie auch einen anonymen, auf der Schreibmaschine getippten Brief, den sie spontan ihrer Mutter zuschrieb. Darin hieß es unter anderem:

»... ist es eine Todsünde, den eigenen Vater zu verführen und ihn deswegen dann auch noch vor Gericht zu ziehen. Du ziehst Deine ganze Familie in den Schmutz. Du stiehlst Deiner Mutter den Ehemann. Du machst Deinen Bruder zum Sohn eines Vaters, der im Gefängnis sitzt. Du bringst sie um ein sauberes, anständiges Leben ohne Sorgen. Vielleicht müssen sie alles verkaufen und in eine fremde Stadt ziehen, wo sie keiner kennt. Du hast sie ins Unglück gestürzt und mit Deinen schmutzigen Lügen geschafft, daß keiner sie mehr zum Freund haben will ... Darum überlege Dir gut, ob Du Deinen Vater wirklich vor allen Leuten dieser ungeheuerlichen Tat beschuldigen willst ... Ich weiß, er und Deine Mutter werden Dich verfluchen und Dir nie verzeihen, wenn Du es tust ...«

An Lügen dachte hingegen nicht nur ihre Mutter. Um Marie-Claires Glaubwürdigkeit zu testen, war von offizieller Seite eine Psychologin hinzugezogen worden. Lange hatte sie sich mit Marie-Claire unterhalten. Und das nicht nur einmal. Ihr Urteil, entnommen Marie-Claires Aufzeichnungen über den Prozeßverlauf:

»Sie müßte über große schauspielerische Fähigkeiten verfügen, wenn es da keinen Lebenshintergrund gäbe.«

Von ihrem Tagebuch sprach Marie-Claire in der langen Zeit der Ermittlungen übrigens nie. So konnte es auch nie als Beweismittel gegen ihren Vater bzw. als Beweismittel für den Wahrheitsgehalt ihrer eigenen Aussagen vorgelegt werden. Über die Bedeutsamkeit des Tagebuchs war sich Marie-Claire gleichwohl absolut im klaren.

»Wenn ich es vorzeige, ist alles aus. Dann wird Vati bestimmt so arg bestraft, daß er ganz alt ist, wenn er aus dem Gefängnis kommt. Das will ich aber nicht. Er soll nicht eingesperrt werden. Er soll nur Angst haben, daß er mich nicht mehr wieder anlangt.«

Das Tagebuch der Marie-Claire

– Juli, die Verhandlung –

6. Juli

Heute kam ein Brief vom Gericht. Ich bin als Zeugin vorgeladen. Die Hauptverhandlung soll am 20. Juli sein. Mir ist ganz schlecht.

7. Juli

Oma sagt, ich muß zum Frisör und ein gutes Kleid anziehen. Sie meint, ich muß einen guten Eindruck auf die Leute machen. Wir sind in die Stadt gefahren und einmal am Gericht vorbeigelaufen. Das ist so ein altes Haus. Gar nicht weit weg kommt dann gleich das Gefängnis. Alle die Fenster mit Gittern. Und am Tor sitzt einer in einem Häuschen; der läßt einen nur raus, wenn er ihm ein Papier vorzeigt.

Ich mußte dann wieder weinen. Doofe Heulsuse! Ich dachte an Vati und wie er sich wohl da drinnen vorkommen würde, und ob Mama zu Hause noch auf die Straße mag, wenn es alle wissen. Ich hab das alles nicht gewollt. Wirklich!

8. Juli

Ob Vati im Zimmer ist, wenn die mich fragen? Wenn er mich die ganze Zeit anguckt und dazwischenbrüllt, bringe ich nichts raus. Was er wohl über mich erzählt hat? Bestimmt die ganzen alten Lügenmärchen. Er ist halt ein Lügenbold. Von dem kann man ja nichts anderes erwarten. Der ist ja nicht ganz dicht unterm Pony.

9. Juli

Ich kann fast nicht mehr schlafen. Oma macht mir jedesmal Honig mit Milch, aber es hilft nichts. Mir ist dauernd kalt und heiß, wenn ich an den Montag denke.

10. Juli

Ein Glück, daß hier keiner davon etwas weiß. Die Leute denken, ich bin bei Oma und Opa, weil Mama krank ist oder so. So was gibt's ja öfters. Man sieht ja nicht immer, wenn einer krank ist.

Verena ist ein nettes Mädchen. Ihr Vater ist schon lange mit einer anderen Frau weg. Ich glaube, Verena denkt fast nie mehr an ihn. Sie sagt, er hat eh bloß mit ihrer Mutter gestritten und hat sich aus ihr überhaupt nichts gemacht. Ich weiß nicht, ob ich Vati vergesse.

12. Juli

Noch eine Woche bis zum Termin. Ich glaube, ich bin krank. Dann kann ich nicht gehen. Wenn ich das Fieberthermometer heimlich hochreibe, – Quatsch! Das ist nichts, ich muß hin. Wenn ich krank wäre, müßte ich halt ein andermal hin. Dann schon lieber jetzt. Dann ist endlich alles vorbei.

Mama wollte mich schon wieder am Telefon sprechen. Sie wollte mir bestimmt wieder ins Ohr schluchzen. Opa hat mich nicht 'rangelassen. Er hat gesagt, wenn Mama mich weiterhin zu beeinflussen versucht, meldet er das dem Gericht. Opa ist so süß!

14. Juli

Ich konnte heute nicht zur Schule. Nasenbluten, schwindlig, Kopfweh. Oma hat gesagt, das wäre schließlich kein Wunder. Sie hat mir aber nur Tee aufgebrüht und kalte Umschläge gemacht.

Mein Bauch ist wieder ganz okay. Ich habe nur überall an den Seiten so weiße Streifen bekommen. Die sieht man schon, wenn ich den Bikini anhabe. Das ist blöd. Ich denke immer, da merkt jeder sofort, daß ich schon ein Kind hatte. Es soll aber keiner wissen. Ich will nicht mehr daran denken. Ich schau auch immer weg, wenn jemand mit einem Kinderwagen kommt. Das ist, weil ich das Kind nicht erkennen will. Es soll nie wissen, daß ich seine Mutter bin. Oder vielleicht bin ich ja auch die Schwester. Oder wie ist das überhaupt? Alle sagen, ich soll das vergessen. Das wäre am besten für mich. Kann ja schon sein. Aber ich kann nicht. Das denkt von ganz allein. Das ist in meinem Kopf und sagt: »Hallo, da bin ich wieder!« und denkt einfach los.

So ist das. Aus. Amen.

15. Juli

Ich habe mir die Haare kurz schneiden lassen. Oma findet es gut. Opa sagt, ich sehe aus wie 16. Er meint, das schadet mir vor Gericht. Warum denn?

16. Juli

In der Schule geht mir so ziemlich alles auf die Nerven. Dauernd Vokabeln, Vokabeln, Vokabeln. Ich behalte einfach nichts. Die sollen mich mal. Alle! Auch Verena. Die erst recht. Mit ihrem Geschwätz, daß ich mit ihr lernen soll. Lernen ist doch nicht alles. Mann, da gibt's doch viel Wichtigeres. Und überhaupt, wenn ich's nun mal nicht hinkriege! Ich krieg' halt eben nichts in mich rein. Dumm geboren, nichts dazugelernt. DBDBHKP. Na und? Ich geh sowieso von der Schule ab. Wozu soll ich denn den blöden Käse mitmachen? Ist doch eh alles nur Mist. Vokabeln und Vokabeln. Wo ich sowieso nie ins Ausland fahren will. Nach Frankreich schon gar nicht. Ich will meine Ruhe. Kapiert das denn nie einer?

17. Juli

Mensch, ist mir schlecht. Ich könnte dauernd spukken. Opa versucht, mich auf andere Gedanken zu bringen. Aber ich muß dauernd DARAN denken und an Vati und alles.

Warum muß ich denn überhaupt vor Gericht? Ich hab denen schon alles gesagt. Xmal! Mann, die haben alles rausgebohrt. Warum lesen die denn die Protokolle nicht? Schweine sind das, jawohl, Schweine. Die wollen nur alles nochmal hören. Das ist es. Und dann bohren sie in allem rum und machen, daß ich wieder an alles denken muß. Ach, Mann!

18. Juli

Heute noch und morgen und dann. Ich halt' das nicht aus. Ich halt' das nicht aus.

19. Juli

Wir waren in der Kirche. Ich habe für jeden ein Wachslicht vor der Jungfrau Maria angezündet. Eins für Björni, eins für Mama, eins für Oma, eins für Opa, eins für Vati und eins für mich.

Oma hat mir eine Schlaftablette gegeben. Sie weckt mich dann. Opa kommt mit mir. Oma nicht. Sie will sich das nicht anhören. Sie sagt, dafür ist sie schon zu alt, um sich das alles noch anzutun. Wenn Mama auf sie gehört hätte, hätte sie diesen Mann, damit meint sie Vati, nie geheiratet. Opa und sie wären immer dagegen gewesen. Der Mann hätte nie zu ihr gepaßt. Aber jetzt wäre das Kind in den Brunnen gefallen, jetzt müßte man sehen, wie man es wieder herausholt.

Die Schlaftablette wirkt schon. Ich kann nicht mehr schreiben. Ich wünschte, ich könnte immer schlafen, bis alles vorbei ist.

20. Juli

Früh um sieben Uhr hat Oma mich also geweckt. Opa war schon fertig. Ich konnte nichts essen, aber Opa hat darauf bestanden, daß ich wenigstens meine Milch trinke und das Ei esse. Dann sind wir mit dem Taxi losgefahren zum Gericht. Wir mußten im Flur warten, bis wir drankamen. Der Frauenarzt und seine Frau waren auch da.

Als wir uns gerade gesetzt hatten, kamen Mama und Vati.

Es war schrecklich!!! Ich hatte ihn die ganze Zeit nicht gesehen. Und auf einmal war er da. Er sah so aus wie immer. Kein bißchen älter oder als ob ihm alles leid tut. Er guckte bloß kurz zu mir hin und schnauzte Mama an, daß er von ›der da‹ wegsitzen wolle, ›die‹ wollte er nie mehr sehen. Das war ich.

Mama hielt seine Hand und gab ihm einen Kuß. Sie sagte, er sollte sich nur jetzt nicht aufregen, das wäre mir ja bloß recht. Das wollte ich ja nur.

Opa nahm mich dann in den Arm und ging mit mir ans andere Flurende, wo wir auch blieben. Ich konnte gar nichts sagen. Ich wunderte mich nur immer, daß ich nicht zu weinen brauchte. Aber in mir drinnen war alles, als hätte ich das eben irgendwie gar nicht erlebt.

Etwas später kam dann der Frauenarzt zu uns. Opa fragte ihn, ob ich aussagen müßte, während mein Vater im Zimmer wäre. Der Frauenarzt wußte aber nichts. Er sagte, daß er froh ist, daß es mir wieder gut geht, und daß es ihm sehr leid tut, daß ich jetzt noch einmal gequält würde. Aber er sagte dann auch, daß Vati wirklich etwas Schlimmes getan hätte, daß dafür jede Strafe recht wäre und das müßte ich doch einsehen. Ich sagte: »Ja«.

Aber ich mußte immer daran denken, wie toll Vati vorher war, wie wir mit ihm getobt hatten, Björni und ich, und alles. Da waren wir eine richtige Familie. Und jetzt war alles kaputt. Und nichts ging mehr heil zu machen. Vati hatte mich ja nicht mehr lieb. Das hatte ich eben gut gemerkt.

Opa sagte dann noch, daß ich keine Angst haben und alles so aussagen sollte, wie es war. Mir könnte gar nichts passieren, solange ich nicht lüge. Ich habe gesagt, daß jetzt schon eh alles gleich wäre, weil ja doch nie mehr alles gut werden könnte. Opa wollte mich noch trösten. Aber ich habe ihm nicht geglaubt. Er versteht das halt nicht.

Um 10.00 Uhr wurde ich endlich aufgerufen. Opa brachte mich noch ein Stück, dann mußte ich allein vor und mich setzen. Ich hatte gar nicht gewußt, wie viele Leute in dem Zimmer saßen und daß die jetzt alle zuhören durften. Ziemlich nah bei Vati und seinem Verteidiger saß Mama. Sie war ganz weiß und putzte dauernd an ihren Augen herum. Vati war auch weiß und machte Fäuste.

Der Richter *(der Vorsitzende; Anmerkung der Herausgeberin)* fing damit an, mich auszufragen. Ich mochte zuerst nicht antworten, weil alle zuhören konnten. Ich mußte aber, weil ich ja die Hauptperson war.

Der Richter wollte dann wissen, wie Vati früher mit uns war. Das sagte ich auch. Dann wollte er wissen, ob Vati DAS immer schon mit mir gemacht hatte, weil er ja vorher auch oft bei mir im Bett war. Ich sagte: »Nein«. Dann wollte er hören, ob mir DAS denn Spaß gemacht hätte. Ich sagte: »Nein!« Da sprang aber Vati plötzlich auf und schrie, daß das eine hundsgemeine Lüge wäre, weil ich doch Spaß gehabt hätte und er ja überhaupt nur dadurch verführt worden wäre, immer weiterzumachen. Der Richter war ziemlich wütend, weil keiner so einfach dazwischen brüllen darf. Er sagte, wenn das noch mal passiert, müßte Vati während meiner Zeugenaussage raus. Vati sagte dann nichts mehr. Der Richter fragte mich wieder. Ich sagte, wenn er Orgasmus meint, den hätte ich schon gehabt, aber Spaß hätte ES mir deswegen trotzdem nicht gemacht. Dann kam die Frage an die Reihe, wie das nach meinem Geburtstag war. Ob Vati da tatsächlich den Beischlaf mit mir vollbracht hätte.

Ich hatte natürlich schon gewußt, daß das käme. Trotzdem wußte ich dann nicht weiter. Ich dachte, warum mir denn keiner hilft, warum ich das jetzt aushalten muß, und ich wünschte mir, ich könnte einfach verschwinden und alles wäre ein Spuk. Alles kam mir so schrecklich vor, und daß es mir passiert, war das Schrecklichste. Irgendwie sah ich dann Mama.

Sie guckte mich ganz riesig an und hielt ihr Taschentuch an den Mund. Sie tat mir so leid. Und ich hatte sie furchtbar lieb in dem Moment. Früher hatte sie mich auch lieb. Als ich klein war. Da hatte Vati mich immer ›Butzelemutzele‹ gerufen. Und dann hatten sie sich geküßt. Das war schön.

Ich dachte, wenn ich DAS jetzt verrate, ist alles aus, für immer. Aber wenn ich ES nicht sage, wird Vati nicht bestraft. Dann sind sie mir bestimmt dankbar und haben mich wieder lieb, und alles wird gut.

Ich habe, glaube ich, ziemlich lange nicht geantwortet, denn der Richter wiederholte seine Frage noch einmal und sagte, wenn ich etwas nicht verstanden hätte, dürfte ich das ruhig sagen.

Ich hatte so ein komisches Gefühl im Magen und dachte, gleich muß ich aufs Klo. Und dann bin ich aufgestanden und habe gesagt, daß alles nicht wahr ist und Vati mir nie etwas getan hat.

Der Richter mußte laut sein Glöckchen läuten, weil alle Leute im Zimmer plötzlich durcheinander schrien. Als alle ruhig waren, sagte er ganz streng, ich wüßte ja wohl, daß ich hier die Wahrheit wiedergeben müßte. Ich sollte also jetzt überlegen, was ich vorbringe und meinen letzten Satz wiederholen, falls er wahr wäre oder mich verbessern.

Ich holte tief Luft und dann sagte ich, ich hätte gelogen und Vati nicht. Damit war der Richter aber nicht zufrieden. Er wollte, daß ich genau erkläre, was das heißen soll. Da sagte ich, ich hätte mir das alles nur ausgedacht, weil ich schwanger war und mich so geschämt hätte, weil ich nicht wußte, woher das Baby war, und weil ich ja auch erst 12 war und nicht wußte, was ich jetzt tun sollte, und weil ich nicht wollte, daß alle über mich lachen.

Mama weinte ganz laut. Und Vati war von der Bank aufgesprungen. Ich glaube, er war irre froh. Die Leute schwätzten alle wie verrückt. Es war unheimlich laut. Und plötzlich hörte ich den Opa rufen: »Du solltest doch nicht lügen, Marie-Claire!«

Da merkte ich erst so richtig, was ich gemacht hatte. Und dann weiß ich nichts mehr.

Marie-Claire war nicht gefragt worden

Wir schließen Marie-Claires Tagebuch an dieser Stelle. Bisher aktiv als Hauptperson am Tatgeschehen beteiligt, wird ihr von nun an das Heft vollständig aus der Hand genommen. Die Ereignisse nehmen ihren Lauf, ungerührt gegenüber Marie-Claires Wünschen und Hoffen.

Marie-Claires Widerruf ihrer gegenüber Arzt, Jugendamt und Polizei geäußerten Anklage führte nur zu einer kurzfristigen Unterbrechung der Gerichtsverhandlung. Bereits zwei Tage später wurde der Prozeß fortgeführt.

Marie-Claires Vater stritt in seiner Aussage harmlose sexuelle Übergriffe auf seine Tochter nicht ab. Küsse oder Berührungen habe man öfter getauscht, auch könne es zufällig geschehen sein, daß er bei den abendlichen Spielen mit den Kindern erregt worden sei. Marie-Claire habe dieses Verhalten jedoch stets herausgefordert und sichtlich genossen. Sie sei so oft als möglich zu ihm ins Bett geschlüpft und habe ihn regelrecht zu sexuellen Spielen verführt. Dabei sei er jedoch nie zu weit gegangen und habe im nachhinein auch oft deswegen Gewissensbisse gehabt. Er habe aber der neuen Herausforderung meistens nicht widerstehen können, da Marie-Claire ihn sehr an ihre Mutter in deren Jugend erinnert habe.

Marie-Claires Mutter bestätigte die Aussage des Vaters im wesentlichen, bestritt aber, jemals etwas von Marie-Claires Phantasien geahnt zu haben. Da sie ein sehr vertrauensvolles Verhältnis zu ihrer Tochter gehabt habe, sei sie sicher, diese würde sich ihr eröffnet haben, falls der Vater die Tat begangen habe. Im übrigen hielt sie an ihrer Behauptung fest, Marie-Claire sei beim Spielen mit Kindern und Jugendlichen geschwängert worden.

Widerlegt wurden diese Aussagen durch die Zeugenbefragung der Marie-Claire behandelnden Ärzte, der Psychologin sowie ihrer Freunde Tommy und Birgit. Letztere äußerte sich besonders zu Marie-Claires Andeutungen über die Aufklärungsbemühungen ihres Vaters. Den Ausschlag gab jedoch Marie-Claires Brief an ihren Vater, welcher bei einer Hausdurchsuchung unter dessen privaten Papieren gefunden worden war.

Der Vater erhielt eine Gefängnisstrafe von vier Jahren und sechs Monaten, die er sofort antrat.

Marie-Claire verblieb bei ihren Großeltern, die sich auch ihres Bruders Björn annahmen, damit die Mutter in ihren Beruf zurückkehren und die Familie unterhalten konnte. Zu Marie-Claire vermochte die Mutter keine Beziehung mehr herzustellen. Auch der Vater empfand keine Reue über das seiner Tochter angetane Unrecht.

Nach seiner Haftentlassung bemühte er sich um einen langfristigen Auslandsaufenthalt bei seiner Firma, die ihn gern wieder eingestellt hatte. Björn und die Mutter begleiteten ihn.

Marie-Claire war nicht gefragt worden.

Männer mißbrauchen Mädchen – Männer zerstören Frauen. Warum?

Ans Ende dieser Dokumentation möchte ich den Beitrag Michael Heilemanns stellen, der seit 1980 im Jugendstrafvollzug tätig ist. Gemeinsam mit Rüdiger Pern baute er in der Justizvollzugsanstalt (JVA) Hameln ein Therapieprogramm für dort inhaftierte Jugendliche, die wegen des Tatbestandes der Vergewaltigung verurteilt worden waren, auf. Dieses Programm verdeutlicht den Tätern einerseits die tiefgreifenden Folgen ihrer Tat und bietet im Erlernen eines besseren Rollenverhaltens Hilfe an.

In seinem Beitrag führt Michael Heilemann uns vom allgemeinen Täterprofil zum Einzelschicksal. Er schildert Fall und Neustart eines Straftäters, dessen berechtigte Hoffnungen auf eine straffreie Zukunft und ein ›normales‹ Sexualleben auch Hoffnung in uns wecken kann. Zugleich aber belegt er, daß nur die Bewältigung festgefahrenen Rollendenkens und des daraus erwachsenden Zwangverhaltens eine Zukunft ohne Vergewaltigungsdelikte garantieren wird.

Überlegungen zu einer Täter-Biographie

Wie sieht er aus, der typische Sexualstraftäter?

Viele Theorien, viele Phantasien, viele Einzelbeispiele – aber wo bleiben die Gemeinsamkeiten bei der Beschreibung von Sexualstraftätern?

Welche Merkmale kennzeichnen den für Frauen so gefährlichen Mann?

Gibt es psychologische Tests oder risikobeladene Verhaltensweisen, die wir als Signal gebrauchen können?

Die Antwort war bisher: Nein.

Denn: Unsere Kultur hält für alle Männer zerstörerische Rollendefinitionen bereit. Die kulturelle Botschaft für kleine Jungs und harte Männer lautet: Du mußt dich durchbeißen. Bloß schneller laufen als die anderen. Du mußt besser sein im Kopfrechnen als die anderen Bengels. Du mußt als erster das kleine ABC des Computers beherrschen. Wenn Du bei einer Klopperei unterliegst und weinst, kriegst Du noch einen drauf.

Und später: Du bist für zwei Orgasmen zuständig. Die Frauen stehen für Dich zur Verfügung, sie sind nur zu feige, die Geilheit zuzugeben – es ist Dein Job, sie dort abzuholen, wo sie sich schämen, daß sie stehen (liegen).

Und auch: Andere Männer lauern nur darauf, daß sie Dir die Freundin ausspannen können.

Also: Sei kompromißlos, sei hart, sei berechnend, sei wachsam und laß Dir die Butter nicht vom Brot nehmen.

Was ist die Folge vom männlichen Sozialisationslied: Männer können sich nicht ›fallenlassen‹, können sich nicht vertrauensvoll in die Kontrolle (z. B. erotische Kontrolle) von Mädchen und Frauen begeben. Männer aquirieren, überzeugen und verkaufen: sich selbst. Männer fordern, nörgeln, pochen, und ihr

Umgang mit Frauen gehorcht einem Gesetz: Das finale Denken ist Trumpf (egal mit welchem Thema ich mich einer Frau nähere: am Ende liegt sie flach – oder man hat versagt).

Das ›Rambo-Idealselbst‹, das ›Chauvinismus-Korsett‹ oder auch das ›Schimanski-Sollprofil‹ hat immer zwei Seiten: Das mißtrauische Beäugen der anderen Mann-Männer und die zynische Abwertung der defensiven (aber immergeilen) Frauen.

Und: Das Männerkorsett macht Angst. Angst vor dem Vergleich. Angst davor, daß andere Männer es einer oder allen Frauen besser ›besorgen‹ können. Angst davor, daß Frauen untereinander tuscheln, wer es wie ›bringt‹. Angst davor, daß eine gemeinsame Bettpartnerin dem anderen Mann ein wissendes Zeichen über die mögliche Lächerlichkeit der eigenen Penetrationsleistung übermittelt. Der Mann als erigierter Penis – die kulturelle Reduzierung männlicher Identität überträgt sich auf alle Lebensbereiche: potent bei der materiellen Aneignung, potent im intellektuellen Wettbewerb, potent auch beim Styling des 3-Tage-Bart-Outfits, potent bezüglich der unwiderstehlichen Aus- und Abstrahlung, potent wenn einer mal ›meinen Engel anmacht‹ und potent, wenn es darum geht, über Potenz zu streiten.

Der Männerstammtisch ist fest in das Gehirn jeden einzelnen Mannes verlagert. Der vorweggenommene Vergleich bohrt doppelt: im Gehirn des Mannes und in der Vagina der jeweiligen Partnerin. Bleibt die in ›Stöhneinheiten‹ gemessene Reaktion aus, wird dies als persönliche männliche Niederlage definiert – schnell jedoch in die Maßeinheit entsprechender ›Frigiditätswerte‹ bei der (ekstatische Explosionen vermissen lassenden) weiblichen Niederlage umgerechnet. Frigidität: eine männlich ausgestopfte Lüge, die die (künstlich) kulturell vorgegebene Angst des Mannes abwälzt auf die Partnerin. Abwälzt auf oft in ihrem Sexualleben verunsicherte Mädchen und Frauen, die im Vergleich zu ihren Geschlechtsgenossinnen ja schon immer für sich ein klein bißchen gespürt haben, daß sie das, was die anderen Frauen beim Geschlechtsverkehr empfinden, ja so nie empfinden würden. Und die sich von daher auch verstellen und die sich daher am allgemeinen ›Stöhnwettbewerb‹ beteiligen.

Wie sieht er aus, der typische Sexualstraftäter?

Er hat ein infames Frauenfremdbild: Alle Frauen sind faul, phlegmatisch und parasitär – sie wollen sich an materiellen Gütern und am beruflichen Erfolg (und mitunter ›Charisma‹) des von ihnen geangelten Partners weiden, ohne sich selbst dafür die Hände schmutzig zu machen. Viel Output ohne eigenes Bemühen. Frauen sind ständig geil, aber zu feige, dies von sich aus als Bedürfnis zu formulieren. Anders ausgedrückt: Du kannst jeder Frau in jeder noch so unerotischen Situation eine erregungssteigernde Brücke bauen, und sie fällt Dir zu Füßen (wird feucht, ist paarungsbereit und zeigt ihr wahres Gesicht). Frauen sind nicht in der Lage, die ehrlichen, gutwilligen und nichtlästernden Männer von ›Einmalverbrauchern‹ zu unterscheiden. Sie wissen nicht, daß dieser vor ihnen stehende, treue, rücksichtsvolle und beschützende Mann im tiefsten Innern seiner Kavaliersidentität doch all ihre Ehrenwünsche einlösen würde. Sie fallen auf Äußerlichkeiten herein. Sie merken nicht, daß die Typen, für die sie die Beine öffnen, doch nur auf Trophäenfang und auf ›geile News‹ aus sind.

Das extrem miese, zynische und abwertende Frauenfremdbild ist der Generalfaktor für Vergewaltigungsbereitschaft und somit Generallegitimation für alle Männer, die weibliche Kinder oder Mädchen oder Frauen mißbrauchen. Dieser Generalfaktor ist aber auch bei Männern anzutreffen, die noch nicht vergewaltigt oder mißbraucht haben (oder von denen es noch nicht bekannt ist). Die Männer, die als Täter ›erwischt‹ worden sind, zeichnen sich aber noch durch einen weiteren (Differential-)Faktor aus: die tatsächlich überführten Täter haben ein vollkommen überhöhtes und illusionäres Idealbild von Männlichkeit. Jedes einzelne ›Härtemerkmal‹ ist bei ihnen in extrem hoher Weise ausgeprägt, wenn es darum geht, den idealen Mann (also die eigene Idealpersönlichkeit) zu beschreiben. Im Gegensatz dazu ist ihr ›Realselbst‹ in all diesen Merkmalen (wiederum von der körperlichen Stärke bis zur Befriedigerpotenz im Geschlechtsverkehr) extrem niedrig ausgeprägt. Diese Differenz macht es. Aus der ständigen Wahrnehmung eigener Unzulänglichkeit entsteht eine hohe Kränkbarkeit und Frustrierbarkeit, die fast täglich eingelöst wird. Bei den Tätern klaffen Ansprüche an die eigene Person und tatsächliche Fähigkeiten in extremer Weise auseinander. Diese Männer sind sehr verwundbar, sehr schüchtern, sehr zurückhaltend, haben wenig soziale Erfahrungen und wenig Kontakte zu Frauen.

Aufgrund ihrer eigenen Unfähigkeitswahrnehmung trauen sie sich nur selten nach vorne. Und wenn sie es einmal wagen, eine Frau anzusprechen, sind sie betrunken. Oft sehr betrunken. Die Frau wendet sich ab. Diese erlittenen Zurückweisungen – die alltäglicher Natur sind – dienen aber nun leider nicht dazu, den überhöhten Anspruch an die eigene Männlichkeit zu reduzieren und das mickrige Realselbst ein bißchen zu trainieren (etwas mehr lesen und etwas mehr joggen, kann da schon helfen). Vielmehr werden die Frustrationen und Kränkungen den Frauen zugeschrieben. Das negative Frauenfremdbild (der Generalfaktor) findet seine ›tägliche Bestätigung‹. Der Mißbrauch von Mädchen, die Vergewaltigung von Frauen, ist somit die doppelte Kompensation oft langjähriger Zurückweisungserlebnisse und persönlicher Kränkungen. In der Vergewaltigung wird die absolute Kontrolle – im doppelten Sinn – über die Frau sichergestellt: Der Vergewaltiger hat die totale Kontrolle über den Menschen und die totale Kontrolle über das Sexualerleben. Er diktiert – nach dem Widerstand der Frau, der mit zum Teil extremer Gewalt gebrochen worden ist –, wie die Frau zu gucken hat, was sie zu sagen hat, mit welcher Stimme sie es mitteilt, welches Kleidungsstück sie wo plaziert und wann sie lächeln darf. Der Vergewaltiger spielt ›Gott‹. Und der Vergewaltiger kontrolliert, welche sexuellen Handlungen die Frau an sich selbst und an dem Peiniger durchzuführen hat. Er simuliert durch orale und anale Bemühungen ein ›Vorspiel‹. Er diktiert, wie die Frau ›abzustöhnen‹ hat und in welchem Tonfall sie die Sätze ›Ich liebe Dich‹ oder ›Du machst mich so geil‹, ›Stoß tiefer‹ glaubhaft herausstoßen muß. Er ist der ›ideale Befriediger‹. Die doppelte Kontrolle als Kompensation und Wiedergutmachung für jahrelang erlittene Schmach. Schmach durch Frauen. Angeblich!

Eines bleibt abschließend mitzuteilen. Auf der Skala des geringen Selbstwertgefühls steht der Inzesttäter oder derjenige, der weibliche Kinder mißbraucht, noch über dem Vergewaltiger. Das heißt, er ist noch mickriger. Der Vergewaltiger traut sich trotz aller Kränkungen immerhin zu, sich einer ›reifen Frau‹ in einer Geschlechtssituation ›zu stellen‹. Zwar scheut auch er den Vergleich mit den Vorerfahrungen der Frau und letztlich mit der Befriedigerpotenz der anderen Männer (die Anonymitätshoffnung ist oft so ausgerichtet, daß die vergewaltigte Frau in keinem Fall Zugang zur eigenen sozialen Gruppe hat), doch gibt es für ihn immerhin das Restrisiko, sich trotz der umfassenden Kontrolle über Situation und Frau ›der Lächerlichkeit‹ preiszugeben. Männer, die ihre sexuellen Handlungen an weiblichen Kindern vollziehen, gehen noch nicht einmal dieses ›Risiko‹ ein.

Auch bei noch so vielen empirischen Untersuchungen von Sexualstraftätern bleibt die Zusammenfassung ein ›abstraktes Täterbild‹. Die hier gemachten ›Generalisierungen‹ *(vgl. auch Groth, 1981, Täterprofil des ›power rape‹)* sind Vereinfachungen. Sie sind aber notwendige Vereinfachungen, um die Resignation der Sexualtherapeuten in den letzten zwanzig Jahren überführen zu können in einen neuen Therapieoptimismus. Das Hamelner Modell *(Geschlechtsrollenseminar)* hat gezeigt, daß für 70–90 % aller ›erwischten‹ und inhaftierten jugendlichen Täter die oben gemachte Beschreibung zutrifft. Und erst das wissenschaftlich herausgearbeitete ›Problemprofil‹ macht es möglich, eine gezielte Männertherapie zum Abbau von Frauenfeindlichkeit und zum Abbau von Vergewaltigungsbereitschaft und somit ein gezieltes ›Partnertraining für Männer‹ zu entwickeln und durchzuführen.

Typisch oder nicht typisch: Sexualstraftäter haben extreme Hemmungen, ihre ›Geschichte‹ mitzuteilen. Zum Beispiel Peter. Peter ist heute 24 Jahre alt. Er lebt in einer deutschen Großstadt. Er ist aus der Haft entlassen. Er wird von seiner (insbesondere weiblichen) Umwelt heute als fairer, als angenehmer, vor allem als nicht angstverursachender Mann erlebt. Peter hat aber auch eine Geschichte als Sexualstraftäter. Diese Geschichte ist nicht ›exemplarisch‹ für die obige Beschreibung. Sie kann aber vielleicht eine Ergänzung sein!

Peter (24):

»Ich bin in einer ganz normalen Familie aufgewachsen. Ich bin das jüngste von vier Kindern. Meine Schwester war schon fast aus dem Haus, als ich zu denken angefangen habe. Meine beiden Brüder sind beide älter als ich. Mein Vater arbeitete als Schweißer in der Stahlproduktion. Meine Mutter war für uns da. Später hat sie dann auch mal Aushilfsjobs angenommen. Mutter war in Ordnung. Was mir aber schon als Kind auffiel: mein ältester Bruder ging aufs Gymnasium, und wir beiden jüngeren Brüder sollten nun auch die großen Leuchten sein. Ab der Note 3 gab es Dresche. Das tat manchmal schon ganz schön weh. Nur für unsere Schwester (die war ja noch älter und war schon aus dem Gröbsten raus und mußte dann oft auf uns aufpassen) galt das nicht: Für Mädchen reichte nach Meinung unserer Eltern eben der Handelsschulabschluß. Ansonsten war ich ein ganz normaler Junge. Ich hatte eine Masse Freunde in der Nachbarschaft. Wir haben – was macht man als Junge denn sonst nachmittags – einige Bälle zerschossen. Manchmal habe ich ihn auch allein gegen die Wand gespielt. Und natürlich wollte ich es meinem älteren Bruder, nicht dem Streber, sondern dem, der nur drei Jahre älter war, immerzu nachmachen. Da fühlte ich mich manchmal schon ganz schön mies, wenn was nicht geklappt hat. Und eines war natürlich beschissen: Im Zweifel war er immer stärker. Besondere Krankheiten hatte ich eigentlich nicht. Als ich sechs war, wurde ich operiert. Meine Eltern sagten: Leistenbruch. Als ich acht war, haben sie einen ganz schönen Aufstand gemacht, es ging um meinen Penis. Ich sollte irgendwie operiert werden. Irgendwas von Vorhaut wurde immer gesagt und daß es ganz schlimm sei und ich vielleicht sterben könnte. Ich hatte natürlich große Angst. Im nachhinein kann ich nicht mehr verstehen, was an der Sache so wichtig war, aber damals war es ein ganz schöner Hammer. Na ja, genesen vom Krankenlager wurde ich dann, ungefähr als ich zehn Jahre alt war, in der Schule auch mal vom Hammer getroffen: Die Lehrer meinten, sitzenbleiben würde sich zu hart anhören. Sie nannten es zurückstellen. Ich glaubte, meine Mutter hatte mich nun etwas weniger lieb. Überhaupt gab es bei uns zu Hause wegen meiner älteren Schwester nun auch einigen Trouble. Sie war mit siebzehn schon ziemlich eigenständig und wohnte mit ihrem Freund zusammen. Das konnte mein Vater überhaupt nicht verkraften. Sie mußte dann auch sofort heiraten. So ein klein bißchen hat er (Vater) dadurch dann wieder seinen inneren Frieden gefunden. Ich selbst war so im Alter von zehn bis zwölf Jahren eigentlich immer ein bißchen ängstlich. Auch im Sportverein wollten sie mich, glaube ich, nicht. Dafür bin ich dann öfter zum Schwimmen gegangen. Mein Bruder hat auch schon mal mit mir gespielt – aber er war ja nun drei Jahre älter und die Töchter der Nachbarn flogen zwar auf ihn, aber nicht auf einen Elfjährigen. Dafür brachte er dann aber gern Wissen aus den Kontakten zu den Nachbartöchtern mit nach Hause. Er zeigte mir, wie man richtig onaniert. Das war für mich mit meinen elf Jahren schon interessant. In der Zeit war es dann irgendwann auch so, daß ich meinen Bruder befriedigen sollte. Er zeigte mir, wie er das gern haben wollte. Als Gegenleistung durfte ich dann doch mal ab und zu mitgehen, wenn er mit den Nachbarstöchtern im Wald oder in der Feldmark etwas anstellte. Ich durfte dann auch mal am Busen grabschen. Nur Knutschen, das hat mir überhaupt nicht gefallen. Jedenfalls nicht zu der Zeit. Na ja, wir haben dann einige verbotene Sachen gemacht. Nur mein ältester Bruder – der ist heute 31 und wohnt immer noch zu Hause – war nicht dabei. Er ist wohl insgesamt etwas zurückhaltender. Na ja, der hat ja auch die Erwartungen der Eltern besser eingelöst. Er ist eben Gymnasiast und Abiturient.

Mit dreizehn – da kann ich mich noch ganz genau dran erinnern – lief dann die erste Aktion unter meiner eigenen Regie. Ein elfjähriger Freund war dabei. Er war nun mal jünger und unerfahren. Ich habe ihm gesagt: ›Das müßtet ihr mal machen‹, und ich zeigte ihm, wie ich onanieren konnte. Heute ist mir klar: Ich habe die Rolle meines mittleren Bruders, die er mir gegenüber eingenommen hat, perfekt kopiert. Ein dreizehnjähriger in dem Hochgefühl des Lehrmeisters. Jedenfalls hat sich mein ›Vorbildverhalten‹ ausgezahlt. Der Freund brachte immer mehr Bengels in dem Alter mit, und es war nachher eine große Gruppe von Jungs, die in der Gruppe onanierten. Am Anfang war ihnen das alles so ein bißchen peinlich, aber dann legten sie richtig los. Es hat ihnen richtig Spaß gemacht, und sie konnten es kaum abwarten, sich dieses ›tolle Gefühl‹ immer wieder zu verschaffen. Gruppenonanieren war nun unser interessantestes Spiel. Es blieb über einige Jahre so. Mädchen brauchten wir dazu nicht. Die konnten ja sowieso nicht abspritzen. In der Zeit habe ich dann auch einen anderen Jungen aus dem Ort kennengelernt, der, ähnlich wie ich, besonders experimentierfreudig war. Ich habe mir dann von ihm einen blasen lassen und habe dies auch bei ihm probiert. Ich muß allerdings zugeben, daß die Sache für mich (das Blasen bei ihm) schon ziemlich eklig war. In dieser Zeit fand ich es auch besonders prickelnd, in meinem Zimmer am Fenster zu onanieren und zu gucken, ob andere Jungen darauf aufmerksam wurden. Ich hätte es am liebsten gesehen, wenn sie dadurch erregt worden wären und vielleicht Kontakt zu mir aufgenommen hätten. Das war natürlich nicht so. In dieser Zeit habe ich auch mehrfach abends am erleuchteten Zimmerfenster meines Bruders onaniert, da mir aufgefallen war, daß eine ältere Frau in der Nachbarschaft (die war ca. 60 Jahre alt) hieran Gefallen fand. Sie hat dann am Anfang ziemlich lange zugeschaut. Als ich dann mit meinem Orgasmus fertig war, war mir die ganze Sache sehr peinlich. Ich habe sofort die Gardinen zugezogen. So richtig losgelegt habe ich erst mit achtzehn Jahren, als ich dann meinen Führerschein und ein Auto hatte und gleichzeitig den Schlüssel für das Jugendfreizeitheim. Anfangs waren sowohl bei meinen exhibitionistischen

Handlungen aus dem Auto heraus wie auch bei meinen ›Animierversuchen‹ im Jugendheim weiterhin Jungs meine ›Ansprechpartner‹. Es war für mich immer wieder prickelnd zu prüfen, inwieweit sich die anderen für meine Onaniervorführung interessierten und ob sie vielleicht selbst davon geil werden könnten. Ich weiß heute nicht mehr, wie oft ich diese Situation wiederholt habe. Aber es war manchmal schon so, daß ich an einem Tag bis zu fünfzehn Versuche gestartet habe, um aus dem Auto heraus eine solche Aufmerksamkeit anderer Jungs zu erreichen.

In dieser Zeit habe ich die exhibitionistischen Versuche dann auch erstmals verstärkt bei Mädchen und Frauen probiert. Ich weiß ganz genau, daß die neun- bis elfjährigen Mädchen hier großes Interesse an meinen Handlungen zeigten. Sie waren eben noch nicht aufgeklärt und waren noch nicht in der Pubertät und wußten noch nicht Bescheid. Denen fielen manchmal fast die Augen heraus. Aber mich anfassen oder sich selbst ausziehen, das kam eigentlich nie vor. Aber allein ihr Interesse hat mich erregt und hat mir gezeigt, daß meine Verführbarkeit als Elfjähriger (da war ich ja Opfer meines Bruders) auch für alle anderen Elfjährigen ›normal‹ ist. Anders haben da schon die älteren Frauen reagiert. Das lief eigentlich immer ähnlich ab. Ich habe manchmal Frauen (Passantinnen), die mich erregt haben, mit meinem Auto überholt. Es war meistens schon dunkel. Ich bin dann schnell auf den Beifahrersitz gesprungen, habe meine Hose heruntergelassen, habe onaniert und habe natürlich das Licht im Auto angeschaltet. Die Frauen haben dann meist kurz in mein Auto geguckt und gesehen, was los ist, und sind dann schnurstracks weitermarschiert. Den ›Geilheitsanregungseffekt‹, den ich mir erträumt habe, hat es eigentlich dabei nie gegeben.

Irgendwie einen persönlichen Knacks habe ich erst

bekommen, seitdem ich mit meiner Freundin zusammen war. Es lief eigentlich alles gut, und wir hatten auch einen ›befriedigenden‹ Geschlechtsverkehr. Ich weiß nicht, was mir noch gefehlt hat. Ich habe nur gemerkt, daß mein altes ›Derbyfieber‹ durch meine Partnerschaft nicht nachließ. Ich brauchte die Onaniererlebnisse vor anderen aus dem Auto heraus. Da habe ich mir gedacht: Mit dir kann doch irgendwas nicht stimmen. In den nächsten zwei Jahren habe ich weiterhin mehrmals in der Woche meinem ›Hobby gefrönt‹. Ich mußte mich hier natürlich auch nach meinen Arbeitszeiten richten. Als ich bei der Bundeswehr war, hat alles ganz gut geklappt. Ich war Fahrer und konnte dann schon immer die Zeiten systematisch planen, an denen ich mich ›zeigte‹. Zu Übergriffen ist es bis zuletzt eigentlich nie gekommen. Das war dann der letzte Akt in meiner ›Abartigkeitsgeschichte‹. Da war ich ungefähr zwanzig. Beim ersten Mal war es ein neunzehnjähriges Mädchen. Der Tag verlief sowieso komisch: Morgens bin ich für meine Firma im LKW unterwegs gewesen und habe an einer bestimmten Stelle einen Jungen (ungefähr 13 Jahre) angequatscht. Er sollte bei mir einsteigen und mit mir zusammen onanieren. Das hat nicht geklappt. Nach der Arbeit bin ich dann mit meinem Pkw an dieselbe Stelle gefahren. Hier habe ich versucht, ein Mädchen für mich zu interessieren, indem ich vor ihr onanierte (natürlich wieder im Auto). Das klappte nicht. Ich faßte sie dann aus dem Fenster heraus an die Brust. Das war eigentlich der erste direkte Übergriff gegen einen meiner ›Zuschauer‹.

Das Mädchen sagte nur ›Du spinnst wohl‹ und haute ab. Dann sah ich die Neunzehnjährige auf dem Fahrrad. Ich hatte mir überlegt, daß ich dieses Mädchen jetzt dazu zwingen werde, mir ›einen zu blasen‹. Ich hatte da eine besondere Strategie, um das Mädchen in mein Auto zu kriegen. Ich sprach sie aus dem

Auto heraus an und bat sie um Hilfe beim Suchen einer Straße. Nachdem sie vom Fahrrad abgestiegen war und sich zu mir ans Fenster beugte, nahm ich den auf meiner Hose liegenden Stadtplan von meinem erigierten Glied (das war meine alte Masche) und zeigte ihr meine Gaspistole. Sie mußte einsteigen. Beim ›Blasen‹ blieb es dann nicht, ich habe sie vergewaltigt.

Die Gaspistole hatte ich zwar schon länger, aber es war mir eigentlich erst an diesem Abend bewußt, daß ich sie nun für solche Zwecke einsetzen würde. Jedenfalls ging alles sehr einfach vonstatten. Die Vergewaltigung gelang mir ohne große Mühen und Anstrengung. Das Mädchen konnte ihr Erschrecken offensichtlich vollkommen vertuschen. Wahrscheinlich – das überlege ich mir heute – hatte sie große Angst vor einer Panikreaktion und den drohenden Folgen. Jedenfalls erschien mir die Vergewaltigung wesentlich einfacher zu klappen als die jahrelangen vorherigen ›Überzeugungsversuche am Autofenster‹. Danach ging es dann Schlag auf Schlag. Zwei Wochen später habe ich mit derselben Masche ein fünfzehnjähriges Mädchen vergewaltigt und nochmals zwei Wochen später ein elfjähriges Mädchen. Ich weiß nicht, ob in dem absteigenden Alter der Opfer ein System liegt. In jedem Fall war mir klar, daß ich bei der Elfjährigen weniger Widerstand zu erwarten hatte und auch weniger mit Entdeckung rechnen mußte. Von daher war sie mir als Opfer schon sehr recht.

Wie es im Leben so spielt: Es kommt oft alles ganz anders, als man denkt. Die Elfjährige war viel pfiffiger als die anderen beiden Opfer. Sie hat sich einfach alle Details bezüglich meiner Person und meines Autos gemerkt. Sie konnte sich an jede Kleinigkeit erinnern und als einzige mich auch voll identifizieren. Ich wurde dann ein paar Tage später verhaftet und war von diesem Zeitpunkt an insgesamt drei Jahre inhaftiert. In diesen drei Jahren habe ich mich auch recht unterschiedlich entwickelt. Das Jahr Untersuchungshaft bescherte mir viele unterschiedliche Erlebnisse auch mit älteren Gefangenen. Es war ein hartes Trainingslager. Man muß viel lernen. Man hat viel Angst. Aber irgendwie weiß man dann auch, welche Gesetze im Knast herrschen. Man weiß auch, wie die Gutachter funktionieren. Man kennt ihre Macken, ihre Erwartungen und weiß, wann sie ein Erfolgserlebnis haben. Gutachter zu steuern war damals mein Job. Heute weiß ich, welche kleinlichen Männlichkeitsideale auch diese ›Strafverfolger‹ bestimmen und warum es mir so leicht fiel, sie an der Nase herumzuführen. Die Mitinsassen waren für mich keine ›Sexualobjekte‹. Sie waren ja in der Regel älter als ich. Hier hätte ich mich selbst kleingemacht, wär' ich der Abhängige, wär' ich der ›Lernende‹. Das war nie mein Ding. Ich wollte aus der Größenphantasie des Wissenden heraus andere verführen, erstaunen und in meine Abhängigkeit bringen. Aber selbst abhängig werden? Nein danke, das hatte ich schon mal mit meinem Bruder.

Die große Frage für mein weiteres Leben ist nun: Kann man das, was man über Bauch und Schwanz usw. während vieler wichtiger Jahre im eigenen Leben gelernt hat, über den Kopf umlernen? Ich habe es jedenfalls probiert. Ich habe mich mit Frauen und ihrer Identität und ihren Erwartungen an mich und andere Männer (Vergewaltiger usw.) eingelassen. Ob ich mich im Griff habe oder ob ich einfach nur gelernt habe, mit mir selbst angstfreier umzugehen und ob ich nun mich und mein Leben mehr genießen kann, aber auch anderen (z. B. Partnerinnen) erlauben kann, mich zu genießen, hoffe ich. Meine ›Sexualbiographie‹ ist jetzt dreizehn Jahre alt. Man kann auch sagen elf Jahre und zwei Jahre. Die Zukunft wird zeigen, ob ich groß genug bin, um auf künstliche Großphantasien auf Kosten jüngerer und schwächerer und unvorbereiteter Menschen verzichten zu können. Das Vertrauen, das Mädchen und Frauen mir momentan entgegenbringen, unterscheidet sich sicher von dem Vertrauen, das sie anderen Männern entgegenbringen. Vielleicht ist dies ein Garantieschein für mich. Ein Garantieschein für die Sicherheit von Mädchen und Frauen vor mir! Garantieschein für das Leben eines Mannes, der nun endlich gelernt hat, Männlichkeit zu handhaben...«

Michael Heilemann

(Jahrg. 1953) promovierte über Formen der Erziehungs- und Behandlungsplanung im Jugendstrafvollzug, in dem er auch seit 1980 arbeitet. Während er in der Jugendanstalt Hameln mehrere Jahre die Aufnahmeabteilung leitete, konnte er – gemeinsam mit dem Diplom-Psychologen Rüdiger Pern – in Kenntnis strafvollzugsspezifischer ›Umsetzungsdefizite‹ in Zusammenarbeit mit ›bewegten Frauen‹ seit 1982 die als ›Hamelner Modell‹ bekannte Vergewaltigungstherapie mit entwickeln und durchführen.

Der Autor hat sein Psychologie-Hauptstudium an der Georg-August-Universität in Göttingen mit dem Schwerpunkt ›Klinische Psychologie‹ und ›Psychopathologie‹ in der Zeit von 1973 bis 1980 absolviert.

Die wichtigsten Beratungsstellen

Zu betonen bleibt, daß jede Beratung und jedes Hilfsangebot Ihrem Willen untergeordnet bleibt. Niemand wird etwas unternehmen, was Sie nicht wünschen.

1. Notrufzentralen und Beratungsstellen für vergewaltigte Frauen bzw. Frauenhäuser

Mit Unterstützung des Bundesministeriums für Jugend, Gesundheit und Familie wurde im Frauenzentrum e. V. Mainz das Projekt ›Vergewaltigung als soziales Problem‹ gestartet. Fragen nach den gesellschaftlichen Ursachen sexueller Männergewalt und deren Folgen für die Opfer stehen im Mittelpunkt der Forschung. Aufgrund der Forschungsergebnisse wurde ein Notruf eingerichtet, der rund um die Uhr besetzt ist. Hier findet jedes Opfer spontane und auch gezielte Hilfe. Telefonnummern entnimmt man jedem öffentlichen Telefonbuch. Die Nummern größerer Städte haben wir hier für Sie zusammengestellt:

Bamberg	09 51/582 80 oder 662 05
Bielefeld	05 21/17 88 57 oder 17 73 76
Berlin	030/251 28 28
Braunschweig	05 31/34 34 74
Bremen	04 21/34 95 73
Bremerhaven	04 71/226 96
Darmstadt	061 51/37 68 14
Düsseldorf	02 11/710 34 88 oder 77 32 69
Duisburg	02 03/622 13 oder 37 00 73
Essen	02 01/66 68 68
Frankfurt a. M.	069/70 94 94
Freiburg/Br.	07 61/310 72

Gießen	06 41/314 38
Göttingen	05 51/483 20
Gütersloh	052 41/341 00 oder 17 01 87
Hamburg	040/560 30 15
Hannover	05 11/69 86 46
Heidelberg	062 21/83 30 88
Hildesheim	051 21/51 55 46
Itzehoe	048 21/617 12
Kassel	05 61/77 22 44
Kiel	04 31/68 18 25
Köln	02 21/56 20 35
Krefeld	021 51/80 05 71
Mainz	061 31/22 12 13
Marburg	064 21/148 30
Minden	05 71/207 02
Moers	028 41/286 00 oder 50 45 31
München	089/64 51 69 oder 354 83 11
Münster	02 51/37 44 88 oder 444 74
Nürnberg	09 11/33 39 15 oder 378 88 78
Offenbach	069/81 65 57 oder 88 61 39
Oldenburg	04 41/710 17
Pforzheim	072 31/522 11
Reutlingen	071 21/30 07 78
Saarbrücken	06 81/367 67
Solingen	02 12/545 00
Stuttgart	07 11/29 64 32
Tübingen	070 71/438 70
Ulm	07 31/61 99 06
Wuppertal	02 02/42 39 46

2. Offizielle Beratungsorganisationen sind:

- Arbeiterwohlfahrt
- Caritasverbände
- Kreisstellen für Diakonie im Diakonischen Hilfswerk

- Pro Familia e. V.
- Schwangerschaftskonfliktberatungsstellen
- Soziale Dienste
- Sozialamt
- Jugendamt

Alle genannten Stellen bieten sowohl telefonische als auch persönliche Hilfe an. Die Telefonnummern und/oder Anschriften entnehmen Sie bitte Ihrem örtlichen Telefonbuch oder dem der nächstgrößten Stadt Ihrer Umgebung. Auskunft kann Ihnen auch die Kirche Ihrer Konfession erteilen sowie die Stadtverwaltung Ihres Wohnortes.

3. Kinder- und Jugendschutzbund

arbeitet mit ehrenamtlichen und festengagierten Mitarbeitern zusammen, welche für ihre jeweilige Tätigkeit sorgfältig geschult wurden. Wird in Projektgruppen aus der öffentlichen Hand gefördert und macht sich auch in gezielten Einsätzen für Einzelschicksale stark. Hilfen werden in Form von Gesprächen, Gruppen- oder Einzeltherapien, aber auch durch finanzielle Unterstützung angeboten.

Telefonnummern finden Sie in den amtlichen Telefonbüchern der nächstgrößten Stadt Ihres Wohnbereiches.

4. Der Weiße Ring

ist ein Opferschutzverein, der vom Fernsehmoderator Eduard Zimmermann (Aktenzeichen XY) ins Leben gerufen wurde. Ehrenamtliche und festangestellte Mitarbeiter haben stets ein offenes Ohr für die Probleme aller Kriminalitätsopfer.

Wenden Sie sich vertrauensvoll an nachfolgende Anschrift. Man wird Ihnen dort mitteilen, welcher Mitarbeiter für Sie in unmittelbarer Ortsnähe zuständig ist.

Auch hier gilt, daß nichts gegen Ihren Willen unternommen werden wird.

Weißer Ring e. V.
Bundesgeschäftsstelle
Weberstraße 16
55130 Mainz
Tel.: 061 31/830 30

5. Kinder- und Sorgentelefon

Hier nehmen speziell geschulte ehrenamtliche Mitarbeiter bei jedem Anruf den Hörer ab. Sie stellen keine Fragen nach Namen oder Anschrift und behandeln das Gehörte streng vertraulich. Sie empfehlen auf Wunsch eine offzielle Beratungsstelle.

Die Telefonnummer des Sorgentelefons erfährt man aus dem Telefonbuch unter dem Stichwort ›Telefonseelsorge‹ oder über die Telefonauskunft.

6. Selbsthilfeorganisationen und/oder Beratungsstellen privater Initiativen

- *Verband alleinstehender Mütter und Väter (VAMV)*

Der Verband ist eine Selbsthilfeorganisation Alleinerziehender. Seine Mitglieder setzen sich für eine Familienpolitik ein, die Eltern und Kindern gleiche Rechte und Chancen einräumt. In diesem Zusammenhang werden unter anderem auch Gesprächskreise für Opfer und/oder andere Betroffene sexuellen Mißbrauchs angeboten.

Der Bundesverband in Bonn teilt auf Anfrage gern die Anschrift und Telefonnummer des in Ihrer unmittelbaren Ortsnähe zuständigen Landes- oder Ortsverbandes bzw. einer direkten Kontaktstelle mit.

Ein regelmäßig aktualisiertes Taschenbuch »So schaffe ich es allein« über Wissenswertes für Alleinerziehende kann kostenlos angefordert werden.

Bundesverband alleinstehender Mütter und
Väter (VAMV)
Von-Groote-Platz 20
53173 Bonn
Tel.: 02 28/35 29 95

- *Wildwasser e. V.*

Die erste Selbsthilfegruppe der Wildwasser-Frauen wurde von zwei Frauen initiiert, die selbst Mißbrauchsopfer sind. Inzwischen wurden Zweigstellen der sehr erfolgreichen und auch öffentlich engagiert auftretenden Frauengruppe in vielen deutschen Städten eingerichtet. In diesen Anlauf- und Kontaktstellen für sexuell mißbrauchte Mädchen erfahren Betroffene umfassend Hilfe.

Die Telefonnummer der Organisation findet man im öffentlichen Telefonbuch unter dem Stichwort ›Wildwasser‹ oder ›Berufsgruppe Wildwasser‹ oder unter ›Frauenzentrum‹. Notrufzentralen kennen die entsprechende Telefonnummer ebenfalls.

Die Anschrift der Zentrale, die natürlich auch gern Auskunft über örtlich zuständige Gruppen gibt, lautet:

Wildwasser e. V.
Mädchenberatungsstelle
Mehringdamm 50
10961 Berlin
Tel.: 030/786 50 17

• *Zartbitter e. V.*

Diese Selbsthilfegruppe wurde ebenfalls von Betroffenen initiiert. Anders als bei ›Wildwasser‹, wo sich die Frauen ausschließlich für Mädchen und Frauen einsetzen, sind hier auch Jungen und Männer willkommen. Die Anschrift der Zentrale lautet:

Zartbitter e. V.
Kontakt- und Informationsstelle gegen sexuellen Mißbrauch von Jungen und Mädchen
Stadtwaldgürtel 89
50935 Köln
Tel.: 02 21/40 57 80

• *Männerzentrum*

Dies ist eine Kontaktstelle für Jungen und Männer mit (nicht nur!) sexuellen Problemstellungen. Hier finden vor allem die sexuell mißbrauchten Jungen eine Anlaufstelle, die ausschließlich mit einem Mann über ihr Problem sprechen möchten. Die Anschrift lautet:

Männerzentrum
Sandweg 49
60316 Frankfurt am Main
Tel.: 069/495 04 46

Literaturverzeichnis

Besonders empfehlenswerte Literatur wurde mit einem (*) gekennzeichnet.

AG humane Sexualität (Hrsg.): Forderungen zum besseren Schutz von Opfern sexueller Gewalt, Berlin 1985.

Ahs, Tagungsmaterialien: Sexuelle Gewalt und strafende Gesellschaft, 23–25. 11. 1984 Marl/Westf.

Amendt, G. u. G.: Zur sexuellen Lage von Jugendlichen im Strafvollzug. In: Kercher, I. (Hrsg.): Konfliktfeld Sexualität, Neuwied und Darmstadt 1977.

Arbeitskreis Junger Kriminologen: Von wem gehen Gefahren aus? In: SM, 1981, 11, S. 73.

Arbeiterwohlfahrt: Prophylaxe, Vorsorge, Prävention, Bezirksverband Niederrhein e.V., Essen 1986.

*Armstrong, Louise: Kiss Daddy Goodnight, Frankfurt a. M. 1985.

Backe, L., Leick, N., Merrick, J., Michelsen, N.: Sexueller Mißbrauch von Kindern in Familien, Deutscher Ärzte-Verlag, Köln 1986.

Bast, Heinrich: Zur Lage der Kinder in der BRD, in: Bast, H., Bernecker, A., Kastien, J., Schmitt, G. und Wolff, R.: Gewalt gegen Kinder – Kindsmißhandlung und ihre Ursachen, Reinbek 1975.

Baurmann, Michael C.: Sexualität, Gewalt und psychische Folgen, Wiesbaden, BKA-Forschungsreihe Bd. 15.

Baurmann, Michael C.: Angst lähmt. Aufklärung hilft. Informationen für Eltern und Erzieher über Sexualstraftaten an Kindern, Mainz 1987 (mit fin. Unterstützung des Vereins WEISSER RING e.V.).

*Beck-Texte, Jugendschutzgesetz: JugR 16. Aufl., dtv 5008, München 1986.

Bernecker, A., Merten, W. und Wolff, R.: Ohnmächtige Gewalt. Kindesmißhandlung. Folgen der Gewalt – Erfahrungen und Hilfen, Reinbek 1982.

Biermann, Gerd: Kindeszüchtigung und Mißhandlung, München/Basel 1969.

Böllinger, Lorenz: Sexualstrafrecht und Herrschaft, in: Kritische Justiz, Heft 1, Baden-Baden 1986.

Brigitte-Taschenbuch: Als Kind mißbraucht – Frauen brechen das Schweigen, München 1983.

*Brownmiller, Susan: Gegen unseren Willen, Frankfurt 1978.

Broschüren des Aktiven Jugendschutz (ajs), Stafflenbergstraße 44, 7000 Stuttgart 1, a) Kindesmißhandlung, b) Sexualdelikte, c) Informationen 6/83.

Buer, M. v.: Hamelner Projekt – Ein alternatives sozialtherapeutisches Angebot an jugendliche Sexualdelinquenten zum herkömmlichen Strafvollzug. (Dipl.-Arbeit), Siegen 1987.

Burt, M. R.: Cultural myths and supports for Rape. J. Pers. Soc. Psychol. 1980, 38, 217–230.

Bundesministerium für Jugend, Familie und Gesundheit (Hrsg.): Kindesmißhandlung, Erkennen und Helfen, Bonn 1984.

Conrad, Hermann: Deutsche Rechtsgeschichte, Karlsruhe 1962.

Deutscher Kinderschutzbund e.V. (Hrsg.): Jahresbericht 1985, Bezirksverband Frankfurt.

Deutscher Kinderschutzbund, Hannover (Hrsg.): Kinderschutz aktuell 3/85.

Dierichs, Helga: Inzest – Sexuelle Gewalt an Töchtern, ZDF 21. 10. 85.

Dierichs, Helga: Sexuelle Gewalt, ZDF 2. 12. 86.

Dirks, Liane: Die liebe Angst, Hamburg 1986.

Donnerstein, E. u. Linz, D.: Sexual violence in the media: A warning. Psychology Today, 1984, I, 14–15.

*Dorpat, Christel: Welche Frau wird so geliebt wie Du, Berlin 1982.

Dührssen, Annemarie: Psychogene Erkrankungen bei Kindern und Jugendlichen, Göttingen 1971.

Ellis, A.: Humanistic psychotherapy: the rational-emotive approach, New York 1974.

Enders, Ursula: Zart war ich – bitter war's, in: Stadtblatt Münster, vom 4. 4. 1986.

Epstein, S.: The self-concept revisited. Or: a theory of the theory. In: American Psychologist, 1973, 28, S. 404–416.

Ernst, Sheila und Grodison, Luca: Selbsthilfe-Therapie – Ein Handbuch für Frauen, München 1981.

Erman: Handkommentar zum Bürgerlichen Gesetzbuch, München 1972.

Gernhuber, Joachim: Lehrbuch des Familienrechts, München 1971.

Gieseke, H. u. Schlupp, M.: Schuldzuschreibung nach Vergewaltigung. Traditionelle Geschlechtsrollenorientierung und Akzeptanz von Vergewaltigungsmythen. Heidelberg, 1985.

Groth, N.: Leitfaden zur Behandlung von Sexualstraftätern, in: Heinrichs, J. (Hrsg.): Vergewaltigung. Die Opfer und die Täter, Braunschweig 1986.

Groth, N.: Men who rape, New York 1981.

*Haffner, Sarah: Gewalt in der Ehe und was Frauen dagegen tun, Berlin 1976.

Heilemann, M.: Realisierungsbedingungen der Erziehungs- und Behandlungsplanung im Jugendvollzug. Frankfurt a. M. 1985.

Heilemann, M.: Handlungsrelevante Hypothesen von Sexualstraftätern. Der Vergewaltiger als »naiver Wissenschaftler mit falschen Theorien«. 1987.

Heinrichs, Jürgen (Hrsg): Vergewaltigung. Die Opfer und die Täter, Braunschweig 1984.

Helfer, R. und Kempe, D.: Child Abuse and Neglect. The Family and the Community, Cambridge 1976.

Hilfen für mißhandelte Frauen, Schriftenreihe des Bundesministers für Jugend, Familie und Gesundheit, Bd. 124, Stuttgart 1981.

*Hirsch, Mathias: Realer Inzest, Psychodynamik des sexuellen Mißbrauchs in der Familie, Berlin 1987.

Huck, Wilfried: Zur Problematik der sexuellen Mißhandlung des Kindes, in: Sozialpädiatrie, 3. Jg. 1981, Nr. 7/8, S. 364–367.

*Kavemann, B. und Lohstöter, I.: Väter als Täter, Reinbek 1984.

Kavemann, B. und Lohstöter, I.: Sexualität – Unterdrückung statt Entfaltung, Leverkusen 1985.

Kavemann, B. und Lohstöter, I.: Sexualität – Beschädigung statt Selbstbestimmung, Leverkusen 1985.

Kelley, G. A.: The psychology of personal constructs, 2 Bde. New York 1955.

Kinderschutz-Zentrum Berlin (Hrsg.): Forum Kindesmißhandlung, Prävention, Intervention, Nachsorge, Berlin 1979.
Derselbe: Kinder im Familienkonflikt, Berlin 1985.
Derselbe: Kinderschutz und Familientherapie, Berlin 1985.

*Kirchbor, Ursula, Habarland, Trixi: Geh nie mit einem Fremden mit, München 1985.

Kohlhaas, M.: Delikte an Kindern und ärztliche Schweigepflicht, in: Der Deutsche Arzt, 1968.

Kommer, D. u. Sommer, G.: Psychiatriereform und Perspektiven der Gemeindepsychologie, in: Sommer, G. und Ernst, H. (Hrsg.): Gemeindepsychologie. Therapie und Prävention in der sozialen Umwelt. München u. a., 1977.

Körner, Harald: Sexualkriminalität im Alter, Stuttgart 1977.

Koers, Arent J.: Kindesmißhandlung, Hintergründe und Praxis der Bekämpfung, in: Der Kinderarzt, 16. Jg. 1985, Nr. 10,S. 1361–1366.

Kramer, Samuel Noah: Die Geschichte begann mit Sumer, Frankfurt 1959.

Kunze-Kamp, Roswitha: Den Müttern wird die Schuld zugeschoben, Frankfurter Rundschau 28. 6. 86.

Kutzleb, U. u. a.: Zeit für Zärtlichkeit. Spielerische Übungen für Liebe und Partnerschaft, Wuppertal 1983.

Malamuth, N. M., Heim, M. und Feshbach, S.: Sexual responsiveness of college students to rape depictions: Inhibitory and disinhibitory effects. J. Pers. Soc. Psychol. 1980, 38, 399–408.

Malamuth, N. M. u. Check, JVP.: Sexual arousal to rape depictions: Individual differences. J. Abnorm. Psychol. 1983, 92, 55–67.

Malamuth, N. M. u. Donnerstein, E. (Eds.): Pornography and sexual aggression, New York 1984.

Mause, Lloyd de: Hört ihr die Kinder weinen: Eine psychogenetische Geschichte der Kindheit, Frankfurt 1977.

Mende, U. und Kirch, H.: Beobachtungen zum Problem der Kindesmißhandlung, Deutsches Jugendinstitut, München 1968.

Metzger, Wolfgang: Über die Auswirkungen der Verpflanzung eines Kindes in eine fremde Umgebung, in UJ 1971.

*Miller, Alice: Du sollst nicht merken, Frankfurt a. M. 1983.

Mischel, W.: Toward a cognitive social learning reconceptualization of personality, in: Psychological Review, 1973, 80, S. 252–283.

*Moggach, Deborah: Rot vor Scham, Reinbek 1985.

Nau, Elisabeth: Persönlichkeiten der Täter und Opfer bei Kindesmißhandlungen, in: Kindesmißhandlungen, 6 Vorträge, 1961.

*Olbig, Hermann: Sexueller Mißbrauch von Kindern: Jeder Arzt sollte die Symptome und Verhaltensauffälligkeiten kennen, Pais, Mai 1986, S. 146–150.

Paulick, P.: Jugend und Sexualität, über platte Lust, keusches Verlangen und neue Enthaltsamkeit, Frankfurt 1987.

Petri, H.: Aspekte familiärer Gewalt, in: Psyche, 35. Jg., Heft 10, 1981.
Polizeiliche Kriminalstatistik, Bundeskriminalamt (Hrsg.), Wiesbaden 1985.
Quekelberghe, R. v.: Modelle kognitiver Therapien. München u. a. 1979.
Raabe, N.: Motivische Hintergründe von Vergewaltigungen, in: Arbeitskreis »Sexuelle Gewalt« beim Komitee für Grundrechte und Demokratie: Gewaltverhältnisse. Sensbachtal 1987.
*Rentmeister, Cillie: Frauenwelten – Männerwelten, Leverkusen 1985.
Reuter, Dieter: Kindesgrundrechte und elterliche Gewalt, Berlin 1968.
Rheder, U.: Diagnostik und Behandlung von Sexualdelinquenten im Strafvollzug, Hameln 1984. (Referat für Fortbildungstagung der Psychologen im Nds. Strafvollzug in der JA Hameln)
Roques, V. von: Wenn du was sagst, bring ich dich um, in: Der Spiegel, 29/1984.
Rush, Florence: Das bestgehütete Geheimnis, Berlin 1982.
Saller, H.: Die Macht der Männer ist die Geduld der Frauen, auch bei Vater-Tochter-Inzest, in: Sozialmagazin, Oktober 1985.
Saller, H.: Sexuelle Gewalt gegen Kinder, in: Kinderschutz aktuell, Nr. 3/85.
Saller, H.: Sexueller Mißbrauch von Kindern, in: Gyne, Fachzeitschrift f. prakt. Frauenheilkunde u. Medizin, 6. Jg., Febr./März/April 1985.
Schaller, B., Pfütze, H. und Wolff, R.: Schau unter jeden Stein, Frankfurt a. M. 1981.
Sebbar, Leila: Gewalt an kleinen Mädchen, Nauenburg/Elbenberg 1980.
Selg, H.: Pornographie. Psychologische Beiträge zur Wirkungsforschung, Bern, Stuttgart, Toronto 1986.
Schlötterer, R.: Vergewaltigung, Weibliche Schuld – männliches Vorrecht? Berlin 1982.
Schulze, H.: Konfrontation als Hilfe, Stuttgart 1985.
Sherfey, M. I.: Die Potenz der Frau, Köln 1974.
Sommer, G. u. Ernst, H.: Gemeindepsychologie: Therapie und Prävention in der sozialen Umwelt, München u. a. 1977.

Spiegel-Bericht: Eltern – Im Verborgenen, Heft 29/1984.
Steele, Brandt, F. und Pollock, Carl B.: Psychiatric Study of Parents who Abuse Infants and Small Children, in: Helfer, R. und Kempe, C.: Child Abuse and Neglect, Cambridge 1976.
Steinkamp, V.: »Vergewaltiger« im Strafvollzug – Theorien, Therapien, Strafrechtliche Verantwortung, Osnabrück 1987.
Stern 12/86: Sex mit 14? – Kinder zwischen Liebe, Verführung und Mißbrauch.
Stern 1/87: Die neue Verführung – Lolitas '87.
Störzer, H. U., Streng, F. und Hess, H.: Sexualität und soziale Kontrolle, Heidelberg 1978.
Stössinger, Jutta: Das ist unser Geheimnis, sonst mußt du ins Heim, Frankfurter Stadtrundschau, 12. 8. 1986.
*Trube-Becker, Elisabeth: Gewalt gegen das Kind, Heidelberg 1982.
Tügel, H. u. Heilemann, M.: Wer, wenn nicht wir? Frauen verändern Vergewaltiger, Frankfurt 1987.
Ullerstam, Lars: Die Abartigen, 1970.
Volk, P. u. a.: Vergewaltigungstäter. Versuch einer Typologie nach psychischen und kriminologischen Kriterien. Genetische endokriminologische Untersuchungen, in: Wather, G. und Haffner, H.-T. (Hrsg.): Festschrift für H. Leithoff, Heidelberg 1985.
*Wachter, Oralee: Heimlich ist mir unheimlich, Zürich, Köln 1985
Weiß, K.: Die Vergewaltigung und ihre Opfer, Stuttgart 1982.
*»Wildwasser«, Berlin (Hrsg.): Sexueller Mißbrauch von Mädchen – Strategien der Befreiung, Berlin 1985.
*Zenz, Gisela: Kindesmißhandlung und Kindesrechte, Frankfurt a. M. 1979, 1981.